알렉스 캘리니코스의
국제 관계에 대하여

세계적 마르크스주의 석학의 시사논평

이 도서의 국립중앙도서관 출판예정도서목록(CIP)은 서지정보유통지원시스템 홈페이지(http://seoji.nl.go.kr)와 국가자료종합목록 구축시스템(http://kolis-net.nl.go.kr)에서 이용하실 수 있습니다. (CIP제어번호 : CIP2020009528)

알렉스 캘리니코스의 국제 관계에 대하여

세계적 마르크스주의 석학의 시사논평

알렉스 캘리니코스 지음 | 이정구 엮음

책갈피

차례

2장 불안정한 제국주의 세계 체제

5장 중동의 전쟁과 혁명

6장 제국주의 개입으로 생지옥이 된 시리아

7장 팔레스타인 문제

일러두기

1. 인명과 지명 등의 외래어는 최대한 외래어 표기법에 맞춰 표기했다.

2. 《 》 부호는 책과 잡지를 나타내고, 〈 〉 부호는 신문, 주간지, 영화, 방송 프로그램을 나타낸다. 논문과 신문 기사 등은 " "로 나타냈다.

3. 본문에서 [ ]는 엮은이가 독자의 이해를 돕거나 문맥을 매끄럽게 하려고 덧붙인 것이다. 인용문에서 지은이가 덧붙인 것은 [— 캘리니코스]로 표기했다.

4. 본문의 각주는 엮은이가 넣은 것이다.

엮은이 머리말

이 책은 세계적 마르크스주의 석학인 알렉스 캘리니코스가 국제 관계와 세계경제에 관해 쓴 시사논평을 모은 것이다. 모두 2004~2020년 영국의 반자본주의 주간신문 〈소셜리스트 워커〉에 연재된 논평이다. 실천하는 지식인의 모습을 몸소 보여 주는 인물답게, 알렉스 캘리니코스의 시사논평은 이 시기에 세계 곳곳에서 벌어진 중요한 사건들의 정치적·경제적 의미를 송곳처럼 정확히 짚어 낸다.

오늘날의 국제 관계는 명료하게 이해하기가 쉽지 않다. 여기에는 그럴 만한 이유가 있다. 2008년 세계경제 위기와 그 여파, 미국 제국주의의 상대적 쇠퇴와 중국의 부상, 신자유주의의 위기와 우파 포퓰리즘의 등장 등 국제 관계를 복잡하게 만드는 요인이 많기 때문이다. 게다가 중동은 제국주의 국가들과 지역 패권국들이 뒤엉켜 석유를 둘러싼 각축전을 벌이고 있고, 동아시아는 세계 자본주의 생산의 새로운 거점으로 떠오르면서 제국주의 갈등이 첨예해지고 있다.

이 책에 담긴 글 하나하나는 특정 시기에 쓰인 만큼 짧고 압축적이지만, 주제별·시기순으로 묶인 한 장 전체를 읽으면 해당 주제의 역사와 쟁점을 모두 포괄하고 있어서 복잡한 국제 관계를 이해하는 데 큰 도움이 될 것이다.

오늘날 세계 자본주의 체제를 형성한 분기점을 찾으려면 냉전이 해체된 1990년대 초로 거슬러 올라가야 한다. 그러나 미국에서 시작해 전 세계로 확산된 2008년 세계경제 위기도 작은 분기점이라 할 수 있다. 2008년에 발생한 세계경제 위기의 여파는 오늘날에도 영향을 미치고 있고, 세계경제는 새로운 불황에 대한 두려움에 휩싸여 있다. 이 책의 1장 "위기에 빠진 세계경제"는 2008년 이후 지금까지 세계경제의 흐름을 일목요연하게 이해하는 데 큰 도움이 된다.

이런 세계경제 위기로 말미암아 기업 간, 국가 간 경쟁은 더 격렬해졌고 제국주의 세계 질서는 더 불안정해졌다. 2장 "불안정한 제국주의 세계 체제"는 2003년 이라크 전쟁의 실패에서부터 최근의 무역 전쟁에 이르기까지의 과정을 잘 보여 준다.

이에 대응해 미국이 고안한 세계 지배 전략은 이런 불안정을 반영하는 동시에 더 키웠다. 3장 "미국의 세계 지배 전략"을 읽으면, 미국이 2000년대 초 중동에서 전쟁을 벌인 이유가 무엇이고 왜 이것이 실패했는지, 이제 아시아로 중심축을 이동하려 하는 이유는 무엇이고 그것이 어떤 장애물에 부딪히고 있는지, 이 모든 상황이 어떤 새로운 위험을 낳고 있는지 전반적 흐름을 이해할 수 있다.

미국의 상대적 약화와 중국의 부상 그리고 미국의 '아시아로의 중심축 이동' 전략은 동아시아에서 정치적·군사적 긴장을 고조시켰다. 4장 "불안정과 위기가 고조되는 동아시아"를 읽으면, 미·중 무역 전쟁과 중·일 영토 분쟁 등의 진정한 배경과 전망을 이해할 수 있다. 북미 정상회담이 한반도에 항구적 평화를 가져오리라는 기대가 과연 현실적인지도 살펴볼 수 있다.

미국은 아시아로 중심축을 이동하려 하지만, 중동에 발이 묶여 진퇴양난에 빠져 있다. 중동에서는 미국과 러시아 등 전통적 제국주의 열강과 이란·이집트·이스라엘·사우디아라비아·터키 등 지역 패권국이 서로 뒤엉켜 군사적 분쟁과 혼란을 만들어 내고 있다. 5장 "중동의 전쟁과 혁명", 6장 "제국주의 개입으로 생지옥이 된 시리아", 7장 "팔레스타인 문제"는 복잡다단한 중동 상황을 얽힌 실타래 풀듯 쉽게 설명한다.

1991년 소련 붕괴 후 많은 좌파 지식인들이 자본주의를 변혁하려던 전망을 버리고 우경화하거나 학술 영역에만 몸을 파묻었다. 그러나 알렉스 캘리니코스는 마르크스주의에 관한 한 세계적 석학이면서도 여전히 혁명적 좌파 단체를 이끌며 현실의 투쟁에 뛰어들고 있다. 이 책에 실린 논평을 한 편만 읽어 봐도 알 수 있듯이, 알렉스 캘리니코스는 전쟁과 야만으로 점철된 이 제국주의 세계 체제를 무너뜨릴 가능성을 항상 염두에 두고 글을 쓴다. 이런 가능성을 현실로 바꾸고자 하는 실천에 독자 여러분이 관심을 기울이게 된다면 이 책은 제 몫을 다하는 셈일 것이다.

2020년 2월 27일

이정구

1장

위기에 빠진 세계경제

서브프라임 모기지 부실 사태

익숙한 위기의 변주곡

2007년 8월 15일

국제금융시장에서 매우 심각한 일들이 일어나기 시작했다. 자본주의 역사를 알고 있는 사람들에게는 매우 익숙한 장면이기도 하다.

간단히 말해, 2007년 8월 11일, 많은 은행에서 돈이 바닥났다. 국제금융시장은 은행들이 서로 돈을 빌리고 빌려줘야 돌아간다. 그런데 8월 초 이 중요한 은행 간 거래 시장에서 돈줄이 말라붙은 것이다. 은행들은 미국의 서브프라임 모기지(비우량 주택담보대출) 시장의 부실채권에 발목이 잡혔다.

서브프라임 모기지 시장은 신용이 좋지 않은 사람들에게 주택을 담보로 돈을 빌려주며 성장했다. 이론적으로는, 은행들이 서브프라임 모기지 시장에 대한 대출을 부채담보부증권CDO이라는* 복잡한

---

* 부채담보부증권 담보로 사용된 대출이나 회사채를 기초 자산으로 만든 신용 파생 상품의 일종.

금융 상품으로 통합해서 이를 헤지펀드 등에 판매하는 방식이다.

그러나 2007년 초 서브프라임 모기지 시장이 붕괴했다. 그 여파로 최근 금융시장은 사실상 공황 상태에 빠졌다. 결국 은행들은 판매할 수 없는 부실채권을 떠안게 된 것이다. 금융시장은 여느 시장과 마찬가지로 수요와 공급에 따라 작동한다. 돈이 부족해지자 금리가 오르기 시작했다. 따라서 중앙은행들은 시장에 개입할 수밖에 없었다.

미국 은행들이 기피하는 부실채권 때문에 몇몇 유럽 은행들이 곤경에 처하자, 유럽중앙은행ECB이 먼저 대응에 나섰다. 유럽중앙은행은 2007년 8월 9일 950억 유로를 시장에 투입했고, 최악의 공황 상태를 보인 8월 10일에는 610억 유로를 투입했다. 개입을 보류한 미국 중앙은행, 즉 연방준비제도이사회(이하 연준)는 겁먹은 딜러들한테 맹비난을 받았다. 그러나 8월 10일에 연준도 380억 달러를 풀어 모기지 증권을 사들였다.

사람들의 이목은 부채담보부증권을 비롯한 이른바 신용 파생 상품들이 공황 상태를 만들어 낸 것에 집중했다. 그러나 이 복잡한 금융 공학에도 불구하고 위기의 동역학은 매우 낯익은 것들이다.

2000년대에 득세한 저금리 경향 덕분에 신용 대출이 쉬워졌다. 이것은 언뜻 보기에 고수익을 보장하는 듯한 모험적 사업에 대한 투자를 부추겼다. 저금리 신용 대출이 실물경제 회복과 결합되면, 2000~2001년 이후 미국에서 그랬듯이, 십중팔구 진정한 고수익 사업 기회들이 많아질 것이다. 그러나 경기순환이 계속되면서 그런 확실한 투자처는 갈수록 줄어든다. 나중에는 더 위험한 거래, 명백한 사기성 거래들이 인기를 끌게 된다. 서브프라임 모기지 시장이 대표적이다. 중개인들은 모기지 판매에 열을 내느라 고객들의 신용 상태를 조사하지 않았다.

아주 드물게 조사가 진행되더라도 주택 구입 희망자들은 www.verifyemployment.net 같은 회사의 도움을 받을 수 있었다. 〈파이낸셜 타임스〉는 "캘리포니아의 이 작은 회사는 수수료 55달러만 내면 당신을 '고용된 사람'으로 만들어 대출을 받도록 도와줄 것이다. 이 회사는 당신의 소득을 입증할 '증빙서류'로 급여명세서를 제공하며, 25달러만 더 내면 당신의 채권자가 신원 조회를 할 때 당신에 관해 좋은 말을 해 줄 사람도 제공한다" 하고 보도했다.

그러나 머지않아 거품은 터지기 마련이다. 영리한 투기꾼들의 요령은 언제 발을 빼지 아는 것이다. 최근 시티코프 회장 척 프린스는 이런 철학을 다음과 같이 표현했다. "춤이 끝나면 … 문제가 복잡해진다. 그러나 음악이 연주되는 동안은 계속 춤춰야 한다. 우리는 여전히 춤추고 있다." 춤이 끝났을 때, 시티코프는 2007년 7월 신용대출 시장에서 7억 달러 이상의 손실을 기록했다. 불행히도 이것은 무도회가 아니다. 금융시장이 춤출 때 발생한 악성 투자 때문에 경제 전체가 불황으로 빠질 수 있다.

전문가들은 계속 "펀더멘털(경제의 기초)은 튼튼하다"고 말한다. 2007년 8월 11일에 〈파이낸셜 타임스〉는 "경제 기초와 성장 전망은 여전히 밝다"고 보도했다. 그 전 몇 년간 세계경제가 상당히 빠르게 성장한 것은 사실이다. 미국의 신용 호황 덕분에 지금 중국에서 대규모로 생산되는 저가 공산품에 대한 수요가 증대했다. 그리고 중국은 특히 독일과 일본에서 시설과 장비를 수입하고, 이 덕분에 독일과 일본 경제는 오랜 지지부진에서 벗어날 수 있었다.

따라서 미국 경제는 여전히 세계 자본주의의 성장 엔진이다. 그런데 미국 경제는 최근의 신용 경색 전부터 이미 둔화하고 있었다. 만약 각국 중앙은행들이 신속하게 금융 안정을 회복시키지 못한다면 험난한 시기가 닥칠 것이다.

세계경제 위기는 끝나지 않았다

2009년 9월 10일

리먼브러더스가 파산한 지 1년도 채 되지 않아서, 은행들은 이 일을 잊은 듯하다. 은행들은 수익을 부풀리며 다시 기를 펴고 있다.

이런 현실이 2009년 9월 4~5일 런던에서 열린 G20 재무부 장관 회의에서 문제가 됐다. 이번 회의는 9월 말 피츠버그에서 열릴 정상회담의 준비 절차다. 이번 정상회담은 전 세계 주요 경제권의 수장들이 1년도 안 되는 기간에 세 번째 모이는 자리다. 이는 이번 위기가 얼마나 심각한지를 보여 준다.

런던 회의에서 모든 이가 주목한 쟁점은 국가가 은행가들의 보너스를 규제할지 말지였다. 많은 사람들의 예상대로, 미국·영국처럼 거대 금융 중심지가 자리 잡고 있는 나라들은 [규제에] 반대했고, 프랑스·독일 등 대다수 유럽연합EU 국가들은 찬성했다.

그러나 논쟁은 한 징후일 뿐이다. 은행들은 자기들의 상투적 수법을 쓰려고 기회를 노리고 있다. 〈뉴욕 타임스〉 9월 6일 자에 요상한 기사가 실렸다. 골드만삭스와 크레디트스위스 같은 은행들이 생명보험 계약을 매입해 증권화해서 투자자들에게 판매할 계획을 세우고 있다는 것이다. 이 계획은 세계 금융계를 강타한 2007~2008년에 하던 짓과* 똑같다. 한 투자은행가는 〈뉴욕 타임스〉에 "우리는 투자자들이 구름떼처럼 모이길 기대합니다" 하고 말했다. 은행들은 [이번 경제 위기에서] 배운 게 하나도 없다. 게다가 수익과 보너스에 대한 규제 강화를 막으려고 기를 쓴다.

이 때문에 영국 금융감독청장 어데어 터너가 외환 거래에 토빈세를** 도입하자고 제안하자 비난이 빗발쳤던 것이다. 저명한 주류 인사들도 은행들의 이런 오만한 태도엔 언짢아한다. 9월 4일 〈파이낸셜 타임스〉의 '시장'란 편집자 질리언 테트는 이번 위기에 책임을 지고 감옥에 가는 은행가들이 너무 적다고 불평했다. "금융인들을 벌하지 않는다면 잘못된 습성을 제대로 고치긴 어려울 것이다."

그러나 은행들의 회생은 오로지 정부가 개입한 결과다. 중앙은행들이 금융권에 돈을 어마어마하게 풀면서 은행들을 떠받쳤고, 이 덕분에 수익이 나는 듯한 모양을 갖추게 된 것이다. 이런 사실은 G20이 마주한 진정한 문제가 무엇인지 알려 준다. 과연 위기는 끝났는가? 주요 경제권은 2008년 겨울에 1929~1930년 대공황 초와 맞먹거나 더 빠른 속도로 수축했다. 지금은 수축률이 둔화했고 몇 군데에서는 아예 수축이 멈췄다는 사실이 분명해졌다. 다시 말하지만, 이것은 십중팔구 주요 국가들이 세계경제에 돈을 어마어마하게

---

* 이때는 주택저당증권을 부채담보부증권으로 묶어서 투자자들에게 판매했다.

** 토빈세 케인스주의 경제학자 제임스 토빈이 제안한 국제 금융거래에 대한 세금. 23쪽 참고.

쏟아부은 결과다. 예컨대, 중국 국유 상업은행들은 정부의 지시를 따라 2009년 상반기에만 1조 달러 넘게 대출했다. 바클리스캐피탈의 분석을 보면, 2009년 4~6월 세계경제 산출 증가는 모두 중국 덕분이었다. 이것은 독일이나 일본 같은 거대 수출 경제 국가들이 미국이나 영국보다 빨리 회복하는 것처럼 보이는 이유를 말해 준다. 그들의 핵심 시장은 중국이다.

이처럼 국가의 재정 지출 덕분에 회복이 시작됐다. 그렇다면 이제 어떻게 될 것인가? 금융 위기 전에 파국을 예언한 것으로 악명 높은 누리엘 루비니는 '더블딥'에 빠질 위험을 경고한다. 즉, 현재의 회복 뒤에, 아마도 2010년 말쯤 경제가 다시 폭락할 것이라고 말이다.*

루비니는 지금의 회복이 매우 허약한데, 이는 금융 시스템의 문제가 해결되지 않았기 때문이라고 말한다. 게다가 정부가 막대한 경기 부양책을 너무 일찍 철회하면 세계경제가 다시 폭락할 것이다. 이것이 프랭클린 루스벨트의 뉴딜 행정부가 저지른 실수였다. 당시 경제는 1937~1938년에 혹독한 침체를 겪었다.

따라서 이번 G20 재무부 장관 회의에서 참석자들이 정부의 경기 부양책을 한동안 지속하기로 결정한 것은 그리 놀라운 일이 아니다. 위기가 끝나려면 아직 멀었다.

---

* 2011년 말 유로존 국가들이 심각한 위기에 빠지면서 루비니의 예언은 실현됐다. 38쪽 참고.

토빈세는 문제를 해결하지 못할 것이다

2009년 12월 17일

국제 금융 거래에 토빈세를 매겨야 한다는 생각이 드디어 실현되는가? 최근 유엔, 영국 총리 고든 브라운, 독일 총리 앙겔라 메르켈, 캔터베리 대주교, 어데어 터너(영국 금융감독청장), 그리고 이제 유럽연합도 토빈세 부과에 동의를 나타냈다. 2009년 12월 11일 열린 유럽연합 정상회담에서는 기후변화에 대처할 자금을 마련하기 위해 국제 금융 거래에 세금을 부과하는 것을 IMF가 연구하게 하자는 브라운과 프랑스 대통령 니콜라 사르코지의 안이 채택됐다. 12월 13일 〈가디언〉의 머리기사는 "왜 토빈세가 고든 브라운의 업적이 될 수 있는가"였다.

이것은 놀라운 변화다. 케인스주의 경제학자 제임스 토빈은 원래 1970년대 말에 외환 거래에 세금을 부과하자고 제안했다. 주된 목표는 "지나치게 효율적으로 돌아가는 국제금융시장 바퀴에 약간의 모래를 뿌려 국민경제들에게 통화의 태환을 자율화하기 이전에 누리던 단기적 자율성의 일부라도 돌려주자"는 것이었다. 다시 말해, 토빈은 세계적으로 통합된 금융시장이 국민국가의 경제적 통제력을 잠식하게 된 상황을 조금이라도 역전시키려 한 것이었다. 그는 1930년대와 제2차세계대전 후 등장한 좀 더 조절되는 자본주의 체제로 돌아가고 싶어 한 것이다.

그러나 이 제안은 1990년대 말 자본주의적 세계화에 반대하는 운동이 등장하기 전까지 철저히 무시돼 왔다. 1998년 프랑스에서 금융거래과세시민연합ATTAC이 결성돼 토빈세 도입을 요구하는 캠페인을 시작했고, 이 움직임은 다른 나라로 들불처럼 확산됐다. 반자본주의 운동의 폭발적 성장으로 프랑스와 독일 정부는 2001년 제노바 시위* 후 토빈세의 타당성을 검토하기 시작했다. 그러나 이런 검토는 실제 도입 움직임으로 연결되지 않았다. 그 이유 하나는 당시 영국 재무부 장관이자 런던 금융가의 수호자였던 고든 브라운이 결사 반대했기 때문이다.

그럼 고든 브라운은 왜 돌연 마음을 바꿨을까? 그것은 전 세계적 경제·금융 위기 때문이다. 주요 서방 국가들은 어마어마한 규모 — 영국은행 조사를 보면, 미국·영국·유로존이** 14조 파운드[2경 6500조 원]를 쏟아부었다 — 의 은행 구제 조치들을 통해 1930년대 규모의 불황이 닥치는 것을 막을 수 있었다. 그 결과 살아남은 은행들은 사상 최대의 몸집을 가진 은행이 됐다. 이들은 정부의 지급보증을 통해 확보한 준독점적 지위를 이용해 엄청난 이윤을 벌 수 있게 됐다.

---

* 제노바 시위 2001년 7월 20~22일 이탈리아 제노바에서 열린 G8 정상회담에 반대한 반자본주의 시위로, 30만 명이 모였다.

** 유로존 유로화를 사용하는 국가들.

정부들의 처지에서 이것은 정치적으로 부담스럽다(은행가들의 보너스에 대한 대중의 분노에서 볼 수 있듯이 말이다). 그뿐 아니라, 은행들이 현 경제 위기를 낳은 파괴적 행위를 지속할 수 있기 때문에 경제적으로도 위험하다.

그래서 은행들의 초과이윤에 세금을 부과하고 그들의 활동을 제한하는 것이 현실 정치의 쟁점이 됐다. 최근 영국 재무부 장관 앨리스터 달링이 은행가들이 2만 5000파운드[약 4700만 원] 이상의 보너스를 받는 경우 50퍼센트의 세금을 부과하겠다고 발표하자 런던 금융가는 난리가 났지만 〈파이낸셜 타임스〉는 이 조치를 지지했고 사르코지와 메르켈도 — 메르켈은 마지못해 — 받아들였다.

바로 이런 맥락에서 서구의 주요 국가들은 갑자기 토빈세를 진지하게 검토하기 시작했고, 토빈세 활동가들도 권력자들에 좀 더 가까이 다가설 수 있게 됐다. 〈가디언〉의 보도에 따르면, "'빈곤 퇴치'라는 잘 알려지지 않은 NGO 단체의 활동가 데이비드 힐먼이 [2008년 WTO] 도하 고위급 회담에서 한 발표가 결정적 계기였음이 증명됐다." [예전에 '조세정의네트워크'에서 활동했던] 데이비드 힐먼은 경험이 풍부한 반자본주의 운동가이자 2004년 런던 유럽사회포럼의 주요 조직자 중 한 명이었다. [그러나] 이 모든 것은 전혀 놀랍지 않다. 토빈세의 목표는 애당초 자본주의 타도가 아니라 개혁이었다. 물론, 토빈세 도입 캠페인이 가치가 없었다는 말은 아니다. 그러나 맥락이 변한 것도 사실이다.

그럼, 토빈세는 효과를 발휘할 수 있을까? 학계의 주도적 토빈세 옹호자 가운데 한 명인 헤이키 파토메키는 토빈세가 "금융의 단기 실적주의 문제 자체"나 "세계 정치경제의 신용과 투자 거버넌스" 문제를 해결할 수 없다고 인정한다. 다시 말해서, 이번 위기의 원인은 토빈이 해결하려 했던 금융시장의 문제보다 훨씬 깊은 곳에 있는 것이다.*

* 2020년 2월 현재까지 세계에서 토빈세를 도입한 나라는 벨기에뿐이다(2004년에 토빈세의 일종인 슈판세를 도입했다). 브라질은 2009년에 토빈세를 도입했지만 2013년에 폐기했다.

세계 자본주의를 뒤흔드는 국가 부채 위기

2010년 2월 11일

1970년대와 1980년대의 제3세계 외채 위기를 기억하는가? 미래에 사람들이 2000년대와 2010년대 제1세계[선진 공업국]의 부채 위기와 비교하면, 당시의 위기는 찻잔 속의 폭풍에 불과했다고 회고할지 모른다.

특히, 미국과 영국 경제에서 1990년대 말과 2000년대 중반 호황을 떠받친 것은 막대한 민간 부채였다. 기업과 가계의 차입이 미국 경제 규모의 몇 배에 이르는 수준으로 늘었고, 이것이 동력이 돼 상품과 서비스 수요가 증가했다.

지금 이 과정은 역전됐다. 미국의 개인과 기업은 위기에 대응해 빚을 줄이려고 필사적으로 노력한다. 그들이 지출을 줄이자 수요도 줄었다. 이것은 1930년대 대공황 때도 일어난 일이다. 그러나 오늘날에는 국가가 적극적으로 경제에 개입하고 은행을 구제하고 재정지출을 늘린 덕분에 1930년대 대공황만큼 심각한 위기로 발전하지 않았다.

그런데 이렇게 추가로 재정지출을 할 수 있었던 것은 정부들이 차입을 늘렸기 때문이다. 각국 정부의 재정 적자가 막대하게 늘었다. 다시 말해, 정부의 지출과 수입 간 격차가 엄청나게 커진 것이다. 따라서 여전히 세계경제는 빚에 의존해 부양되고 있다. 다만, 지금은 민간 부채가 아니라 공공 부채가 그 구실을 하고 있다.

최근 출판된 금융 위기 연구서 《이번엔 다르다》의 공저자 카먼 라인하트와 케네스 로코프는 "[최근] 정부 부채의 증대는 은행 위기의 여파로 나타난 뚜렷한 특징"이며, 이것은 주로 경제 불황으로 국가 수익이 감소해 발생한 결과임을 지적했다. 그들은 '국가 부도 사태'(국가가 부채 상환을 중단하는 상태)가 과거 금융 위기 때 얼마나 자주 벌어졌는지도 상술한다.

1980년대와 1990년대 이전에 그런 문제가 가장 심각했던 때는 1930년대와 1940년대였다. 그때는 심지어 미국과 영국도 금본위제를 포기하고 자국 통화가치를 평가절하해, 예전 통화가치로 빌린 채무를 사실상 갚지 않았다.

지금 유로존도 국가 부도 사태의 공포에 시달린다. 특히 경제가 더욱 취약한 국가들에 관심이 쏠려 있는데, 무엇보다 그리스가 초점이 됐다. 과거 이 국가들은 유로존에 가입해 주요 경제 강대국인 독일과 밀접한 관계를 맺으면서 득을 볼 수 있었다. 가장 중요한 점은 이 국가들이 독일 정부보다 약간 더 낮은 금리로 차입할 수 있었다는 것이다.

그러나 지금 금융시장은 이 국가들이 채무불이행할 가능성이 상당히 높다고 본다. 그래서 그리스 같은 나라들의 국채 금리가 대폭 올랐다. 이 국가들은 독자적 통화가 없기 때문에 통화 평가절하를 통해 부채를 축소하고 수출 경쟁력을 높이는 방법을 활용할 수가 없다. 일부 경제 전문가들, 예컨대 '재앙의 예언자'로 악명 높은 누리엘 루비니는 유럽에서 경제 규모가 작은 국가들의 위기는 유로존 자체의 존속을 위협할 수 있다고 생각한다.

그리스 총리 게오르기오스 파판드레우는 금융시장을 달래려면 재정 적자를 줄여야 한다는 압력을 영국 총리 고든 브라운보다 훨씬 더 크게 받고 있다. 파판드레우는 2010년 1월 마지막 주 스위스 다보스에서 열린 세계경제포럼에 참석한 기업인들 앞에서 "어떤 출혈도 감수하겠다"고 말했다. 이것은 기업인들이 듣고 싶어 한 말이다. 2010년 2월 초에 〈파이낸셜 타임스〉는 벨기에 브뤼셀의 한 싱크탱크가 보낸 기사를 실었는데, 주된 내용은 그리스와 포르투갈이 소비를 10퍼센트 줄여야 한다는 것이었다. 유럽연합 집행위원회는 그리스 정부에 공공 부문 임금을 줄이라고 요구하고 있다.

그리스 노동자들은 1970년대 이후 유럽의 다른 어떤 나라 노동자보다도 끈질기게 투쟁해 왔다. 그들은 이런 정면공격을 순순히 당하고만 있지는 않을 듯하다. 노동자들은 48시간 파업을 선언했다.* 이 때문에 파판드레우가 유로존이나 심지어 중국에게 구제금융을 받으려고 협상하고 있다는 보도가 흘러나왔다.

이 상황은 "불황이 끝났다"는 선언이 얼마나 바보 같은 말인지 잘

---

* 실제로 그리스 노동자들은 30여 차례 총파업을 벌이며 격렬히 저항했다. 이런 저항이 낳은 사회적 좌경화로 좌파 개혁주의 정당인 시리자가 급부상해 2015년 1월 집권했다. 그러나 "긴축을 되돌리겠다"고 약속했던 시리자 정부는 집권 반년 만에 긴축정책을 받아들이고 집행하며 지지자들을 배신했다. 결국, 시리자는 2019년 7월 총선에서 패배해 우파에게 정권을 넘겨줬다.

보여 준다. 1930년대 대공황도 몇 단계를 거쳐 전개됐고 10여 년 동안 계속됐다. 라인하트와 로코프가 "제2의 경기 대위축"이라고 부른 오늘날의 위기는 해결되려면 아직 멀었다.

여전히 롤러코스터를 타는 경제

2010년 8월 26일

금융시장은 더블딥 발생 가능성을 저울질하는 데 골몰하고 있다. 미국 중앙은행인 연준은 미국 경제가 다시 불황에 빠질까 봐 걱정한다. 2010년 8월 중순 연준은 금융 시스템에 돈을 계속 퍼붓겠다고 발표했다. 그러자 시장은 눈앞에 보이는 것들을 닥치는 대로 팔아 치웠다.

그러나 더블딥 가능성으로 고심하는 것은 좋은 출발점이 아니다. [1993~2001년 미국 대통령] 빌 클린턴 정부에서 노동부 장관을 지낸 케인스주의 경제학자 로버트 라이시는 "우리는 대불황에서 벗어난 적도 없다"고 지적했다. "구직 활동조차 포기한 사람들을 포함하면 현재 실업자 수는 2009년보다 많다. 정부가 경기순환을 기록하기 시작한 뒤부터 심각한 불황 뒤에 일자리가 이토록 적게 만들어진 적이 없다. 심지어 경제가 대공황의 충격에서 '회복'하기 시작했던 1933년에도 지금보다 더 많은 일자리가 창출됐다. 물론, 당시 일자리 증가 속도는 오래 지속되지 못했다. 당시 회복은 회복다운 회복이 전혀 아니었다. 대공황은 지속됐다. 그게 내가 말하고 싶은 점이다. 오늘날 대불황도 지속되고 있다."

마르크스주의 경제학자인 존 윅스도 블로그에 올린 글에서 같은 지적을 했다. "대불황이 한 번 발생했고 여전히 진행 중이다. [영국 재무부 장관] 오즈번의 정책은 대불황의 지속에 기여했다." 라이시와 윅스는 모두 대서양 양쪽에서 유행하는 긴축정책을 날카롭게 비판해 왔다.

긴축정책을 옹호하는 이들 — 특히 [영국 총리] 데이비드 캐머런과 재무부 장관 조지 오즈번 — 은 정부 차입과 지출을 줄이는 것이 우선이라고 주장한다. 오즈번은 2010년 10월에 발표할 공공 지출을 삭감해도 민간투자가 늘어 줄어든 공공 지출을 대신할 거라고 생각한다. 그러나 윅스는 그렇지 않을 거라고 반박한다. "현재 공공 지출의 규모는 민간투자의 세 배에 이른다. 그러므로 경기 하강을 방지하려면 민간투자 증가율이 공공 부문 수요 감소의 세 배가 돼야 한다." 윅스는 "그럴 가능성이 거의 없다"고 말했고, 그가 옳다. 윅스는 이렇게 충고한다. "경기가 회복될 거란 기대를 접어라. 2011년 영국 경제는 성장하지 않을 것이다. 오히려 경제가 수축할 가능성이 더 높다."

그러면 2010년 4월에서 6월 사이 생산이 1퍼센트 성장한 유로존은 어떨까? 유로존 성장의 주요 원인은 독일의 생산이 2.2퍼센트 증가한 것이다. 이를 연간 성장률로 환산하면 9.1퍼센트에 이른다. 그러나 〈파이낸셜 타임스〉는 "사실 두 유럽이 존재한다. 독일은 건강한 '중심지'고, 대부분의 남유럽은 곤경에 처한 '주변부'다" 하고 지적했다. 실제로 스페인과 포르투갈은 겨우 0.2퍼센트 성장했고, 그리스

경제는 1.5퍼센트 수축했다. 더구나, 독일의 '건강'은 첨단 제조업 제품을 (특히 중국으로) 수출하는 능력 덕분이다. 독일 기계공업협회의 대표는 "중국이 아니었다면 독일은 이만큼 회복할 수 없었을 것이다. 무서운 일이다" 하고 말했다. 중국이 불황에서 벗어나려고 쏟아부은 엄청난 돈이 독일의 경기회복도 가져온 것이다. 그러나 물가 상승과 주택 시장의 거품을 걱정하는 중국 정부는 성장 속도를 낮추려 한다. 이것은 독일 수출업계에 타격을 줄 수 있다.

다른 곳에서는 디플레이션(물가 하락)을 걱정하고 있다. 1990년대 일본 경제는 디플레이션 덫에 걸려 정체의 늪에서 허우적거렸다. 영국은행 통화정책위원회 위원 출신인 수실 와드화니는 이렇게 말했다. "지금 시장이 우발적 위험에 특히 민감하게 반응하기 때문에 경제가 잠시 디플레에 빠질 가능성이 있다. 유럽에서 그런 우발적 상황이 벌어진다면 리먼브러더스 사태는 소풍처럼 느껴질 것이다."*

2008년 9월 리먼브러더스가 몰락한 것이 대불황을 촉발했다. 그때보다 더 심각한 금융 패닉이 일어날 가능성이 있을 정도니, 경제 위기는 절대 끝난 것이 아니다.

---

* 2008년 경제 위기 이후로 세계경제가 지지부진한 모습을 보이면서 물가도 거의 상승하지 않았다. 일본은 물가 목표치를 2퍼센트로 잡았고 미 연준은 기준 금리를 3퍼센트로 올리려 했지만 모두 실패했다. 물가 상승률이 0퍼센트 언저리에 머문다는 것은 재화·서비스에 대한 수요가 적다는 것이고 이는 투자가 이뤄지지 않는다는 의미다. 2008년 경제 위기 이후로 심각한 디플레 위기는 없었지만 그 위험은 상존하고 있다.

미국의 돈 풀기는 세계적 긴장을 고조시킬 것이다

2010년 11월 11일

케인스는 자본주의가 불안정한 이유 하나는 이 체제가 기본적으로 불확실한 미래에 돈을 거는 행위인 투자에 의해 움직이기 때문이라고 말했다. 오늘날 상황은 이런 자본주의의 본래 성격을 감안하더라도 특별히 더 불안정하다.

2008년 발생한 금융 위기로 세계경제는 1930년대 이래 최악의 경기 침체를 겪기 시작했다. 그러나 최근 버락 오바마가 미국 유권자들에게 상기시켰듯이, 2008년 겨울과 2009년 초 사이에 주도적 자본주의 나라들이 엄청난 돈을 투입한 덕분에 경기 침체는 1930년대 대공황과 비슷하거나 더 심각할 수 있었던 공황으로 빠져들지 않았다.

공식적으로 현재 경제는 '회복 중'이다. 그러나 실제 상황은 모순적이다. 중국은 국유 상업은행들이 뒷받침한 어마어마한 투자 증가 덕분에 2009년 초 이래로 18개월 동안 빠르게 성장해 왔다. 그 덕분에 중국에 재화를 수출하는 많은 나라의 경제가 동반 성장했다. 여기에는 브라질 같은 천연자원 수출국과 독일 같은 첨단 제조업 제품 수출국이 모두 포함됐다.

그러나 여전히 세계경제의 중심인 미국 경제는 저성장에서 탈출하지 못했다. 실업률 통계만 봐도 왜 오바마가 중간선거에서 패배했는지 이해할 수 있다. 일자리 찾기에 지친 사람들과 더 일하고 싶지만 시간제로 일해야 하는 사람들을 포함하면, 미국의 실업률은 노동력의 17퍼센트에 이른다. 2010년 10월은 그 전 6개월을 통틀어 일자리가 가장 많이 생겨난 달이었다. 그러나 [미국] 경제정책연구소의 하이디 시어홀은 이렇게 말했다. "설사 앞으로 일자리 증가 속도가 10월 수준을 유지하더라도 미국 경제는 20년이 지나야 경기 침체 직전(2007년 12월)의 실업률(5퍼센트)을 회복할 것이다."*

저성장과 높은 실업률 때문에 2010년 11월 초 미국 연준은 2차 '양적 완화'를** 추진하겠다고 발표했다. 현 경기 침체가 절정에 이르렀을 때 몇몇 주요 국가의 중앙은행은 경제 붕괴 위험에 맞서 현대적 형태의 '돈 찍어 내기'를 실시했다. 그들은 국채와 회사채를 대거 사들여 경제에 유통되는 통화량을 늘렸다. 이제 연준은 2011년 중반까지 추가로 6000억 달러를 더 투입하려 한다. 2차 양적 완화는

---

* 미국의 실업률은 2010년 9.6퍼센트로 정점을 찍은 뒤 계속 하락해 2019년에 3.7퍼센트에 이르렀다. 그러나 신규 일자리의 질은 좋지 않아서 실질임금 상승률은 0퍼센트대에 머물렀다.

** 양적 완화 금리 인하를 통한 경기 부양이 한계에 이르렀을 때 중앙은행이 시중에 직접 돈을 공급하는 정책. 2008년 말 1조 7000억 달러의 자금 공급(1차 양적 완화)에 이어 2010년 11월 4일 6000억 달러의 자금 공급(2차 양적 완화)을 발표했다.

침체된 경제를 되살리려고 고안된 것이다. 그러나 이것이 성공할지는 확실치 않다.

많은 기업과 가계는 2000년대 중반에 쌓인 빚을 청산하지 못했다. 그들은 지출을 줄이고 있다. 많은 은행도 같은 문제로 고통받고 있다. 따라서, 영국 중앙은행도 실시를 고려하고 있는 2차 양적 완화는 자동으로 지출을 촉진하는 효과를 낳지 못할 것이다. 그러나 여러 선진국의 이자율이 거의 바닥 수준이기 때문에 중앙은행들은 이것 말고는 사용할 수 있는 수단이 거의 없다.

케인스는 이런 상황을 '유동성 함정'이라고 불렀다. 그러나 케인스가 개인적으로 선호한 불황 타개책(국가가 민간 부문을 대신해 지출을 늘리는 것)은 오늘날 정치적으로 실행 가능하지 않다. 유럽에서는 긴축정책이 일반적이고 미국 하원을 공화당이 장악한 이상 오바마의 추가 경기 부양책 요구는 이미 죽은 것이나 마찬가지다.

2차 양적 완화는 미국 달러화 가치를 하락시켜 미국 수출품을 더 싸게 만들고 그것이 미국 경제를 부양하는 효과를 낳을 수도 있다. 지난 몇 달 동안 2차 양적 완화 발표를 예상하고 유로화와 엔화에 비교해 달러화 가치가 대폭 하락해 왔다. 그러나 유일하게 달러화 대비 가치 상승이 지지부진한 통화가 바로 중국의 위안화다. 중국 지배자들은 중국의 엄청난 수출 기계가 원활히 작동할 수 있도록 위안화의 가치를 달러화에 연동시켜 왔다.

2차 양적 완화는 주요 자본주의 국가들 간 갈등을 증폭시킬 것이다. 중국 외교부 부부장 추이톈카이와 독일 재무부 장관 볼프강 쇼이블레는 미국의 2차 양적 완화를 비난했다. 남반구 대국들은 미국이 자기들 나라에 엄청난 투기 자금이 들어오도록 할 조처를 도입한 것에 분노했다. 그래서 2010년 11월 11~12일 G20 서울 정상회담은 아마도 살얼음판일 것이다. 전 세계가 '환율 전쟁'으로 향하고 있다는 브라질 재무부 장관 기두 만테가의 경고는 참으로 적절했던 것 같다.

철저히 파산한 유로존

2011년 11월 17일

유로존 위기가 발생한 근본 원인은 '파산'이다. 그러나 파산한 것은 경제만이 아니다. 지적·도덕적·정치적 파산도 동시에 발생했다.

최근 사례를 들겠다. 첫째는 지적 파산이다. BBC 라디오4의 프로그램 〈투데이〉가 인터뷰한 경제학자들은 죄다 그리스가 디폴트를 선언하고 유로존에서 탈퇴해야 한다고 말했다. 이렇게 경제학자들이 유로존 공식 정책과 대립되는 대답을 할 때마다 라디오 프로그램 진행자들은 충격을 받아 입을 쩍 벌렸다.

〈파이낸셜 타임스〉 칼럼니스트 새뮤얼 브리턴의 최근 칼럼 제목은 "왜 나는 그리스 긴축 국민투표에서 반대표를 던지는 것이 옳다고 생각하는가"였다. 브리턴은 1970년대 통화주의의 탄생에 기여한 인물이므로 이번 사태에 전혀 책임이 없다고 할 수 없다. 그러나 그는 이 칼럼에서 올바른 지적을 했다. "그리스에 금융 지원을 제공하는 조건 하나는 그리스가 더욱 가혹한 긴축재정을 집행하는 것이다. 이런 요구는 2008년에 견줘 그리스 GDP 규모가 9퍼센트, 산업 생산이 거의 23퍼센트나 하락한 상황을 무시한 것이다. 그리스 실업률이 17퍼센트나 되는 것도 무시했다. 여러 국제기구와 채권국은 그리스한테 허리띠를 졸라매라는 말만 반복한다."

둘째는 도덕적 파산이다. 그리스 총리 파판드레우가 새로운 추가 긴축안을 국민투표에 부치기로 결정한 것은 절망적 상황을 극복하려는 최후의 수단이었다. 그러나 그는 이 결정이 불러온 후폭풍에 타격을 입었다. 그러나 유럽연합 엘리트들(특히 앙겔라 메르켈과 니콜라 사르코지)이 국민투표 제안에 드러낸 무지막지한 분노는 많은 것을 보여 줬다.

유럽연합 엘리트들은 그리스 대중이 임금·연금과 일자리 축소, 공공서비스 악화와 증세에 관해 발언권을 가져야 한다는 생각에 분노했다. 이렇게 대중의 의사를 무시하고 위로부터 결정을 강요하는 것이 지금까지 유로존 계획이 추진된 방식이었다. 그러나 이제 메르켈과 사르코지는 유로존 내 재정 통합을 강화하려 한다. 이것은 유로존의 민주주의를 더 약화시킬 것이다. 선출되지 않고 민주적으로 책임을 지지 않는 관료(독일이 밀어붙이는 안이 받아들여진다면 심지어 유럽사법재판소)가 회원국들의 조세와 지출을 감독할 것이다.

셋째는 정치적 파산이다. 2011년 11월 3~4일 G20 정상들이 프랑스 칸에서 회동했다. G20의 설립 목표는 중국, 인도, 브라질 등 '신흥공업국'을 포함하는 국제기구를 통해 전 세계적 경제협력을 강화하겠다는 것이었다. 2008~2009년에 열린 G20 정상회담이 세계경제를 구했다는 것이 '통설'이다. 그러나 이번에 G20은 무엇을 성취했는가? 전혀 없다. 물론, 모든 이가 그 책임을 그리스의 정치적 격변으로 돌린다. 그러나 변명일 뿐이다.

메르켈과 사르코지는 그리스 같은 작은 나라에 분풀이를 할 수 있을지도 모른다. 그러나 그들은 3주 전 열린 또 한 차례의 유로존 '위기 해결' 정상회담에서 결정하기로 했던 '구제' 안도 결정하지 못했다. 그런데 유럽재정안정기금EFSF이* 많은 부채를 가진 유로존의 여러 은행과 정부를 구제하는 데 필요한 막대한 자금을 어떻게 마련할 것인지는 큰 문제다. 그래서 유럽재정안정기금 의장이 베이징으로 날아가 손을 벌리는 망신을 당해야 했다. 옛날 같았으면 미국이 나서서 강제로 합의를 만들고 자금 마련을 도왔을 것이다.

그러나 미국 경제가 정체 중이고 덜떨어진 티파티** 인사들이 하원을 좌우하는 상황에서 버락 오바마는 이 일을 할 수 있는 정치적·재정적 자본이 없다. 〈파이낸셜 타임스〉는 이렇게 논평했다. "미국의 지도력이 약해진 세계의 모습이 궁금한 사람은 유로존 위기를 보면 된다. 유로존 위기는 서구의 약점을 만천하에 보여 줬다. 바로 이런 점 때문에 미국 정부는 중국이 유로존 구제를 도울 수 있다는 소식을 듣고 긴장했다."

유로존 지도자들은 이미 유럽의 구제 정책을 감독하고 있는 IMF 한테도 유로존을 구할 돈을 달라고 요청했다. 그러나 오바마는 영국 총리 데이비드 캐머런의 도움을 받아 IMF 분담금 증액 방안을 무산시켰다. 이것은 부분적으로는 미국과 영국 정부가 분담금을 늘려선 안 된다는 국내의 정치적 압력을 받고 있기 때문이지만, 다른 한편

---

* 유럽재정안정기금 2010년 5월 유럽연합이 재정 위기에 빠진 회원국에 구제금융을 지원하려고 설립한 비상 기금.

** 티파티 미국 공화당 내의 강경 우파.

으로는 유로존이 알아서 돈을 확보해야 한다고 생각하기 때문이다.

1930년대 대공황 당시 레온 트로츠키는 이렇게 말했다. “지금 인류의 위기는 혁명적 지도력의 위기로 표현되고 있다.” 오늘날 그것은 전적으로 자본주의 지도력의 부족으로 표현되고 있다.

자본주의 위기가 급진적 저항을 촉발하고 있다

2012년 1월 13일

2011년은 흔히 마르크스주의자들의 추상적 논의로만 여겨지던 '위기', '혁명', '대중 파업'이 살아 숨 쉬는 현실이 된 해였다. 2011년을 좀 더 잘 이해하기 위해, 단지 되돌아보는 것이 아니라 앞을 내다보기 위해, 세 가지 주제에 초점을 맞추고자 한다.

첫째는 2007년 8월에 처음 발생한 세계경제 위기다. 자본주의에서 신경계 같은 구실을 하는 금융 시스템에서 위기가 시작한 방식을 아는 것은 현재 유로존에서 무슨 일이 일어나는지를 이해하는 데서 핵심적으로 중요하다. 위기는 그리스인의 '흥청망청함'이나 독일인의 '인색함' 같은 세간의 편견과는 아무런 관계가 없다. 유럽 은행 시스템의 위기가 핵심 원인이다. 유럽 은행들은 모두 여전히 유로존 국가의 부채와 국채를 상당량 쥐고 있다. 그리고 이탈리아의 유니크레디트나 독일의 코메르츠방크 같은 일부 대형 은행들은 매우 심각한 상태다. 이른바 그리스·아일랜드 '구제'는 그 나라들을 돕는 것이 아니라 유럽 은행들을 구하는 것이다.

이 모든 것은 꽤 익숙한 얘기다. 그러나 2011년에 일어난 가장 큰 변화는 위기가 선진 자본주의의 역사적 핵심부인 유럽연합과 미국에서 나머지 국가로 확산됐다는 점이다.

세계경제는 2008년과 2009년에 깊은 수렁에 빠졌다. 세계경제의 회복 과정은 흔히 '이중 속도' 회복으로 묘사됐다. [유럽연합·미국과 달리] 이른바 신흥국(중국, 브라질, 인도, 남아프리카공화국이 가장 중요하다)에서는, 2009년 이후로 경제가 활발하게 성장했다. 그러나 몇 달 전부터는 이 경제들도 침체로 빠져들고 있다. 이것은 부분적으로 유로존 위기로 무역이 급감했기 때문이다. 그러나 신흥국들의 위기는 투기적 투자가 매우 많았다는 점과 함께, 중국 경제성장의 불안정성도 반영한다. 크게 보면, 다른 신흥국 경제는 중국 경제에 식료품과 원자재를 공급하면서 성장했다.

내가 보기에 2012년에는 전반적으로 위기가 지속될 듯하다. 이런 배경에서 우리는 2010~2011년 튀니지에서 시작된 혁명이 발전하며 혁명적 전통이 되살아나는 광경을 목격하고 있다. 가장 중요한 것은 이집트에서 일어나는 일이다.

이집트에서 우리는 진정한 급진화 과정을 봤다. 최고군사위원회라는 군부가 권력을 되찾으려고 하지만, 또한 혁명이 심화하고 있다. 이집트에서는 무시하지 못할 혁명적 소수가 형성되고 있다. 그렇다고 그들이 모두 반드시 자본주의가 전복돼야 한다고 보는 것은 아니다. 그러나 그들은 무바라크뿐 아니라 정권을 통째로 제거하고 싶어 한다.

이집트 혁명은 국제적으로 파장을 일으켰다. 이집트 혁명은 반자본주의 반란의 새 물결을 일으키는 데 일조했다. 전 세계 곳곳에서 사람들은 카이로 타흐리르 광장 점거를 따라 했다. 스페인 5월 15일 운동이 먼저 모방을 시작했지만, '월가를 점거하라' 시위와 함께 진정으로 국제적인 현상이 됐다.

'점거하라' 운동으로 대표되는 자본주의에 맞선 도전은 이데올로기적으로 그다지 일관되지 않고, 아직 상징적 수준이다. 그렇지만 이 상징적 변화가 중요하다.

이것은 셋째 쟁점인 대중 파업 문제와 연결된다. 대중 파업은 '점거하라' 운동이 상징하는 것과 현실 사이의 괴리를 메우게 해 준다. 우리는 어떤 사회 세력에 기대를 걸어야 하는가?

우리는 여기저기서 노동계급이 긴 침체의 시기를 지나 되살아나는 것을 보고 있다. 영국에서는 2011년 11월 30일 파업이* 사회에 매우 깊은 영향을 미치며 노동자 조직의 부활을 추동하고 있다는 점은 분명하다.

파업의 미래는 불분명하지만 상황은 열려 있다. 세계를 변혁하고자 하는 우리의 열망과 현실 사이에는 여전히 큰 격차가 있는 듯 보일 때가 있다. 그러나 내 생각에 우리는 2011년에 그 격차를 좀 더 좁힌 것 같다.

---

* 2011년 11월 30일 파업 연금 삭감에 반대해 영국 노조 지도자들이 조직한 공공 부문 하루 파업. 260만 명이 참가해 영국 역사상 최대 규모였으나 노조 지도자들은 투쟁을 배신하고 12월 19일 연금 삭감에 합의했다.

끝나지 않은 세계경제 위기

2012년 3월 29일

세계경제가 최악의 위기 국면은 벗어난 것일까? 지난 몇 달간 상승세를 이어 온 세계 증시는 그렇다는 신호를 보내 왔다.

물론 어느 단계에서는 이번 위기도 끝날 것이다. 자본주의는 언제나 마르크스가 '고장 난 순환'이라고 부른, 호황과 불황의 반복을 거듭해 왔다. 마르크스는 《자본론》 3권에서 불황 그 자체가 실업을 통해 임금을 떨어뜨리고 수익성 없는 자본을 파괴함으로써 경기회복의 기초를 닦는다는 것을 보여 줬다.

그렇다면 자본주의가 현재 그런 시점에 도달했는가? 나는 아니라고 본다. 최근의 증시 반등에는 크게 두 가지 원인이 있다. 첫째는 2011년 11월 유럽중앙은행 총재로 취임한 마리오 드라기가 추진한 장기 대출 프로그램의* 영향이다. 이 프로그램으로 유럽 은행들

---

* 장기 대출 프로그램 유럽중앙은행이 유동성 위기를 겪고 있는 유럽의 은행들에게 연 1퍼센트의 저금리로 3년간 자금을 빌려주는 프로그램.

이 모두 합쳐 1조 유로의 자금을 3년간 저리로 대출받게 되자 유로존 경제가 약간의 시간을 번 것이다. 둘째, 미국 경제의 성장률이 오랜 침체 끝에 약간 더 높아졌다. 2012년 3월 중순에는 신규 실업수당 신청 건수가 대불황 초기인 2008년 2월 이래 최저 수준으로 떨어졌다.

그러나 이 같은 상승 추세는 세계 다른 지역의 그림과는 상반된 것이다. 예컨대 중국 경제는 계속 둔화하고 있다. 최근의 구매관리자지수PMI를* 살펴보면 제조업 생산은 감소하고 있고, 기계류의 납품 물량 감소 등으로 2012년 2월 일본의 대중국 수출은 14퍼센트 하락했다. 유로존 구매관리자지수는 유럽 대륙의 제조업 생산이 프랑스와 독일을 중심으로 2011년 가을 이래 줄곧 하락해 왔음을 말해준다. 게다가 서방과 이란 사이에 전쟁이 벌어지면 석유 공급에 차질이 생길 것이라는 우려 속에 유가도 오르고 있다. 국제에너지기구IEA의 파티 비롤은 유가 상승이 "세계경제를 다시 침체에 빠트릴 수 있다"고 경고했다.**

그러나 더 근본적인 문제가 하나 있다. 이번 위기는 2000년대 중반 값싼 대출에 힘입어 부풀어 오른 거대한 신용 거품이 터지면서 촉발됐다.

---

* 구매관리자지수 제조업 동향에 대한 설문을 통해 제조업 분야의 경기 지표를 나타내는 지수로, 50을 기준으로 그 미만이면 경기 수축을, 그 이상이면 경기 팽창을 나타낸다.

** 2011년 미국 대통령 오바마가 이란에 대한 제재를 강화하면서 중동에서 긴장이 고조됐다가 2015년 미국과 이란 사이에 핵 합의가 체결됐다. 그러나 다음 대통령 트럼프가 이 합의를 무시하면서 다시 중동에서 긴장이 높아지고 있다.

그 결과 가계·기업·정부가 모두 빚더미에 앉게 됐다. 이제 이들은 '디레버리징', 즉 부채 상환에 나서고 있다. 〈파이낸셜 타임스〉 수석 증권 칼럼니스트인 존 오서스는 어느 연구 논문을 인용하며 이렇게 썼다. "스웨덴 가계들이 1990년대의 신용 위기를 거치면서 7년 동안 털어 낸 부채는 GDP의 44퍼센트에 맞먹었다. 미국은 여태껏 GDP의 15퍼센트에 해당하는 액수의 가계 부채를 털어 냈다. 영국과 스페인의 경우 그 수치는 각각 10퍼센트와 6퍼센트다. 부채 해소 과정은 이제 겨우 시작이다."

미국의 경제 사정이 영국이나 스페인보다 나은 것은 어쩌면 미국의 디레버리징이 다른 나라보다 좀 더 진척됐기 때문일 수 있다. 그런데 디레버리징에는 또 다른 문제점이 있다. 부채를 상환하려면 소비를 줄이고 저축을 해야 하는데, 그렇게 되면 재화와 서비스에 대한 유효수요가 줄어든다.

한편 이번 위기는 국가 부채도 불어나게 했다. 이는 부분적으로 각국 정부가 민간 부문 부채를 인수해 왔기 때문이다. 코스타스 라파비차스와 누리엘 루비니 같은 다양한 경제 평론가들이 지적하듯이, 최근에 단행된 그리스 '구제' 조처도 바로 유럽연합과 IMF가 민간 채권자들의 부실채권을 대신 떠안은 것과 다름없다.

만약 그런 다음 각국 정부들이 자신의 부채를 줄이려고 공공 지출을 삭감한다면 유효수요는 더욱 위축될 것이다. 그렇게 경제활동이 위축되면 유로존의 취약한 국가들에게 강요된 국가 부채 한도를 지키기는 더욱 어려워질 것이다. 1930년대 대공황에 버금가는 불황을 겪고 있는 그리스에서 이 모든 일이 재앙적 규모로 실현됐다.

그러나 이제는 그리스보다 훨씬 큰 경제인 스페인에서도 비슷한 일이 벌어질지 모른다는 우려가 제기되고 있다. 스페인의 총부채는 위기 발생 이후 실제로 증가했다. 스페인 경제학자 두 명은 스페인이 유럽연합의 요구대로 2012년 재정 적자를 GDP의 5.3퍼센트 수준으로 줄이는 것은 "미션 임파서블"이라고 말했다. 그렇다. 경제 위기는 끝나지 않았다.

“파멸의 고리”로 엮인 유럽 정부와 은행권

2012년 6월 29일

유로존 위기의 심각성을 보여 주는 한 가지 징후는 매번의 ‘해결책’이 가져다주는 안도감이 갈수록 짧아진다는 점이다. 최근에는 유로존이 스페인 정부에 은행 구조조정 비용으로 800억 파운드를 빌려주겠다고 약속하는 ‘구제’ 조치도 있었다. 그러나 단 며칠 만에 스페인 국채 금리는 경제학자들이 지속 불가능한 수준으로 생각하는 7퍼센트 이상으로 치솟았다.

그러다가 그리스의 보수당인 신민주당이 2012년 6월 17일 총선에서 가까스로 승리하자 증시는 다시 상승했다. 그러나 그마저 잠깐이었다. 그다음으로 스페인 국채와 이탈리아 국채를 사들이려고 유로존이 구제금융 기금을 두 개(그중 하나는 아직 존재하지도 않는 것이지만) 조성한다는 계획이 한바탕 흥분과 기대를 자아냈다. 그런데 6월 23일 독일 총리 앙겔라 메르켈이 프랑스, 이탈리아, 스페인의 수장들과 만난 자리에서 이 계획에 찬물을 끼얹었다.

현재 위기의 배후에는 어느 시장 분석가가 정부와 은행을 하나로 엮는 "파멸의 고리"라고 부른 것이 있다. 유럽에서는 은행들이 2000년대 중반에 벌인 무분별한 대출이 이번 금융 위기를 촉발했다. 예컨대 스페인에서는 '카하caja'라고 불리는 지방 저축은행들이 스페인 연안 지역을 콘크리트로 도배하다시피 한 부동산 거품에 돈을 댔다. 이런 일은 흔히 지역 정치인들과의 유착 속에서 진행됐다.

이런 거품들은 미국에서 진행되던 서브프라임 사기와 대체로 무관했다. 비록 독일의 지방 국유 은행들은 월가의 날강도 은행들로부터 쓰레기나 다름없는 신용 파생 상품을 구매한 것으로 드러나기는 했지만 말이다.

2008년 불황이 닥쳐오자 유럽 정부들은 은행권에 자금을 퍼 줬다. 그러나 은행들이 입은 손실의 대부분은 은폐됐다. 부분적으로는 정부의 구제금융 때문에, 그러나 주되게는 2008~2009년의 경제 침체가 정부 지출을 늘리고 세수를 축소한 탓에 공공부채가 급증했다.

그러던 중 그리스, 아일랜드, 포르투갈의 국가 부채 위기가 찾아왔다. 유럽연합 집행위원회와 유럽중앙은행, IMF가 함께 '구제'에 나섰다. 이 구제 조치에 힘입어 애당초 위기에 빠진 나라들에 주로 대출해 줬던 북부 유럽(독일, 프랑스 등)의 은행들은 빌려준 돈을 계속 돌려받을 수 있었다.

그러나 '구제'의 조건으로 강요된 긴축정책은 위기에 빠진 경제들을 악순환의 도가니에 빠트렸다. 공식적으로 구제금융을 받지 않았던 스페인도 마찬가지였다. 그리스가 마침내 견디지 못하고 유로존을 탈퇴할 것이라는 우려는 취약한 경제들을 더욱 불안정에 빠트렸다. 이에 유럽중앙은행은 2011년 겨울 유럽 은행들에게 8000억 파운드 이상의 자금을 저금리로 대출해 주면서 사태 해결을 시도했다.

은행들은 이 돈의 많은 부분을 자국 국채를 사들이는 데 썼다. 이 덕분에 모두가 시간을 벌긴 했지만 결국 은행과 정부는 한쪽이 망하면 다른 쪽도 망할 수밖에 없는, 서로 더욱 긴밀히 엮인 운명 공동체가 됐다.

유로존의 다른 경제들도 여기에 함께 빨려들고 있다. 이탈리아 국채 금리는 하늘을 찌를 듯 치솟았고, 베를루스코니가* 유로존 탈퇴 공약을 내걸고 정계에 복귀할 것이라는 소문도 들린다.

유럽 각국의 부채를 메우는 데 필요한 돈은 이제 어마어마해졌다. 경제학자인 개빈 데이비스의 계산에 따르면, 스페인과 이탈리아가 재정 적자를 메우고 만기가 도래하는 부채를 상환하려면 거의 4900억 파운드가 필요하다. 아마도 현존하는 구제금융 기금으로는 이만한 재원을 마련할 수 없을 것이다.

이것은 단지 금융의 문제가 아니다. 대다수 유로존 경제들은 몇 개월 동안 마이너스 성장을 해 왔다. 오직 독일 경제의 호조세만이 유럽 경제를 지탱해 왔다. 그러나 최근의 구매관리자지수를 보면 독일의 제조업 생산마저 급격히 수축될 전망이다.**

지금과 같은 거대한 경제 위기는 그동안 숨겨져 있던 구조적 결함

---

* 실비오 베를루스코니 이탈리아 기업인이자 우파 정치인으로, 세 차례 총리를 지냈다. 총리 시절 부패와 언론 탄압으로 악명이 높았다.

** 독일의 제조업 구매관리자지수는 2012년 7월에 43을 기록했지만 그 뒤로 상승해 2014년에 기준치인 50을 넘어섰고 2018년 초에는 60을 넘어서 최고치를 보였다. 그러나 그 뒤 급속히 하락해 2019년 9월에는 41을 기록하며 2009년 이래 가장 낮은 수준을 기록했다.

을 드러내 보여 주는 엑스레이 기능을 한다. 그런 구조적 결함 가운데 가장 큰 축에 드는 것이 바로 유로존에 있다. 유로존은 독일 자본주의의 지배력을 공고화하는 데 이용된 신자유주의적 구성물이다. 이제 그 유로존이 산산조각 날 가능성이 날로 커지고 있다.

갈수록 악화되는 '장기 불황'

2012년 8월 18일

"올림픽 경기가 진행되는 동안 흥청망청 즐겨라. 곧이어 최악의 세계경제 전망이라는 숙취가 찾아올 것이다." 나는 보통 미디어 재벌 루퍼트 머독의 말에 동의하지 않는다. 그러나 이번에 그가 트위터에 쓴 말은 정확하다.

세계 경제·금융 위기가 시작된 지 벌써 5년이 지났다. 2007년 8월 9일 신용 경색이 발생해 유럽중앙은행은 유로존 은행들에 750억 파운드를 지원해야 했다. 그 뒤로 5년이 흘렀지만 사람들은 여전히 유럽중앙은행을 주목하고 있다. 몇 주 전 유럽중앙은행 총재 마리오 드라기는 "유럽중앙은행은 유로존을 유지하기 위해 모든 수단을 사용할 것이다" 하고 말했다.

시장은 들떴다. 시장은 드라기의 발언을 유럽중앙은행이 스페인과 이탈리아의 국채를 사들이겠다는 약속을 한 것으로 해석했다. 시장이 두 나라의 부채 상환 능력을 의심하면서 두 나라 국채 금리가 지속 가능하지 않은 수준으로 껑충 뛰었었다.

그러나 유로존 위기 초기 단계에 유럽중앙은행이 유로존 정부 국채를 사들였을 때 독일 정부와 중앙은행인 분데스방크는 그것에 반대 입장을 표명했다. 그들은 파산할 가능성이 있는 국가들을 지원하는 것이 독일식 자본주의 모델(수출 경쟁력을 유지하기 위해 국내 임금 상승을 억제하는 것)을 약화시킬까 봐 우려한다.

그래서 분데스방크가 난폭하게 껴들어 드라기에게 추가로 국채를 사들이지 말라고 공개적으로 경고했다. 드라기는 얼마 전 기자회견에서 후퇴한 입장을 발표했다. 그는 유럽중앙은행이 이탈리아와 스페인 정부의 국채를 사들이는 것을 "고려할 수 있다"고 말했다. 그러나 이조차 유럽재정안정기금과 긴축 계획을 협의했을 때 가능할 것이다.

유로존 위기라는 지겹고 끝날 줄 모르는 드라마의 이 최근 일화는 그리스와 포르투갈 같은 상대적으로 작은 나라에서 시작된 위기가 어떻게 훨씬 더 큰 나라로 발전했는지 잘 보여 준다. 또 유로존 지배자들이 제시하는 해결책은 긴축밖에 없다.

드라기의 태도에 대한 관심은 유로존 위기의 중요한 특징과 밀접히 연관돼 있다. 경제학자 데이비드 레비는 유로존 위기를 "봉쇄된 공황"이라고 불렀다. 경제의 완전한 붕괴가 방지된 이유는 유럽중앙은행과 다른 중앙은행들의 개입밖에 없기 때문이다.

그렇게 개입했지만 상황은 아주 나쁘다. 마르크스주의 경제학자 마이클 로버츠는 정통경제학자 존 테일러의 계산 결과를 인용했다. 테일러는 미국이 2008년 불황에서 회복한 과정을 "기껏해야 명목상의 회복"으로 규정했다. 또 이렇게 덧붙였다. "이번 불황은 미국 역사상 최악이다. 과소평가해서는 안 될 비극이다."

불황에 빠지면 경제는 보통 잠재성장률보다 훨씬 느리게 성장한다. 그러나 회복 과정에서 성장률이 크게 높아지는 것이 보통이다. 그 덕에, 불황 때 발생한 생산량 손실이 벌충되며 경제는 다시 정상적 성장 궤도에 들어서게 된다. 이런 패턴은 오랫동안 지속돼 왔다. 영국의 경험에 기초를 두고 마르크스는 1859년에 그것을 '법칙'으로 규정했다. 즉, 심지어 위기의 시기에도 "나라의 생산력과 세계시장의 흡수력"은 계속 증가한다는 것이었다. 마르크스는 이렇게 덧붙였다. "이런 능력이 최고점에서 후퇴하는 것은 일시적일 뿐이다. 몇 해에 걸쳐 약간의 변동을 겪은 후에는 한 시기 동안 가장 높은 수준의 생산 규모가 다음 시기 생산 규모의 시작점이 된다."

현 위기의 경우 이 '법칙'은 깨졌다. 테일러는 미국의 실질성장률이 여전히 잠재성장률보다 훨씬 낮음을 보여 줬다. 이것은 금융 위기로 촉발된 위기가 늘 심각한 불황으로 이어진다는 경제학자들의 주장을 감안하더라도 예전 불황들과 크게 다른 점이다.

마이클 로버츠는 이렇게 결론을 내린다. "우리는 장기 불황에 빠져 있다."

여전히 바닥을 기는 세계 자본주의

2013년 4월 13일

요즘 미국은 데이비드 스토크먼의 새 책 얘기로 시끌시끌하다. 스토크먼은 1981~1985년 로널드 레이건 정부의 예산청장을 지낸 인물이다. 레이건이 세금을 인하하고 군비 지출을 늘리는 것을 막지 못해 환멸에 빠진 스토크먼은 우파 자유지상주의자가 됐다.

스토크먼은 [1930년대 대공황 당시 미국 대통령] 프랭클린 루스벨트가 미국에서 금본위제를 폐기하고 국가가 사기업들을 떠받치는 '정실 자본주의'의 시대를 연 1933년부터 미국 경제의 상태가 악화했다고 주장한다. 이 '나라 망치기'는 2007~2008년 금융 대란에 대응해 조지 W 부시와 버락 오바마 정부가 은행을 구제할 때 절정에 이르렀다고 한다. 스토크먼은 연준에 특별히 분노를 느낀다. "월가 카지노를 후원하던 중앙은행 불한당은 예금주들을 제로 금리라는 십자가에 못 박고 국제상품시장 거품을 키워 식량과 에너지 가격을 높이면서 중산층의 생활수준을 떨어뜨렸다."

달러를 다시 금에 연동시키자는 스토크먼의 처방은 자유 시장

공상주의의 전형이고, 오늘날 공화당 우파가 자유 시장 공상주의의 영향을 받는다. 그렇다고 해서 그의 진단이 완전히 틀렸다는 말은 아니다.

위기가 시작한 지 6년 가까이 지나는 동안 긴축재정과 영국 재무부 장관 조지 오즈번이 말한 "통화정책적 행동" 사이의 모순이 드러났다. 즉, 각국 정부는 공공 시출과 공공 부채를 줄여 국민경제에서 국가가 차지하는 비중을 낮추면서, 동시에 중앙은행을 통해 계속해서 금융 시스템(결국에는 세계경제)을 부양하려 했다.

미국과 영국에서 이는 '양적 완화'라는 형태로 나타났다. 양적 완화는 중앙은행이 국채와 회사채를 사들여 금융 시스템에 돈을 쏟아붓는 것이다. 유럽중앙은행은 지금까지 부실채권을 지급보증하고 은행에 값싸게 대출해 주며 유로화가 폭락하는 것을 막았다(비록 키프로스가 유로화를 붕괴시키는 또 다른 암초가 될 수 있지만 말이다).* 금리는 계속 매우 낮은 상태다.

그러나 양적 완화의 가장 극적인 사례는 2013년 4월 초에 있었다. 일본은행 총재 구로다 하루히코는 어마어마한 규모의 양적 완화 정책을 발표했다. 경제학자 개빈 데이비스가 계산한 것을 보면, 이 정책에는 2013~2014년에 일본 국민소득의 15퍼센트에 해당하는 채권을 사들이는 조처가 포함된다. 이는 미국 연준이 같은 시기에 추

---

* 2012년 경제 위기에 빠진 키프로스가 구제금융을 신청하자, 2013년 3월에 유로존 지배자들은 혹독한 합의안(평범한 사람들이 평생 모은 저축과 연금으로 은행들을 구제할 것)을 강요했다. 노동자들의 분노에 밀려 키프로스 의회가 합의안을 거부하면서, 키프로스가 유로존을 탈퇴하고 이것이 다른 나라들의 연쇄 탈퇴로 이어질 수 있다는 우려가 커졌다. 키프로스 정부가 굴복해, 이 우려가 현실이 되지는 않았다.

진하려는 양적 완화의 3배다.

일본 경제는 1990년대 초 거대한 거품이 꺼진 이래 계속 정체했다. 신임 우파 총리 아베 신조는 무엇보다 화폐량을 대폭 늘려 경제를 회생시키려는 목적에서 구로다를 일본은행 총재로 임명했다. 아베는 이 정책으로 다른 통화 대비 엔화의 가치를 떨어뜨려 일본 수출품 가격을 낮추길 바란다. 그러나 자국 통화가치를 떨어뜨려 경제성장을 추동하려는 것이 아베만은 아니다. 미국 연준 의장 벤 버냉키는 양적 완화로 달러 가치를 떨어뜨려 '환율 전쟁'을 촉발한 주범으로 지목된다. 영국은행 총재 머빈 킹 역시 파운드화를 평가절하하겠다고 최근까지 공공연히 말했다.

스토크먼 같은 자유 시장주의자들은 이런 정책이 시행되면 금융시장이 왜곡될 것이라고 불평한다. 값싼 신용이 넘쳐나며 금융시장이 급팽창하기 때문이다.

더 심각한 문제는 양적 완화 정책이 효과가 없다는 사실이다. 파운드화의 가치가 떨어졌지만 영국의 제조업은 여전히 부진하다. 2013년 4월 초에 보고된 최근 미국 실업률 통계를 보면, 2013년 3월에 일자리 8만 8000개가 생겼는데 이것은 예측치의 절반도 안 되는 수준이다.

세계경제 상황은 큰 틀에서 보면 급격한 폭락보다는 정체에 가깝다. 마르크스주의 경제학자 마이클 로버츠는 이렇게 지적했다. "세계 자본주의 경제는 대부분 확장하고 있다. 비록 기어가는 수준이지만 말이다. 유로존만이 눈에 띄게 수축하고 있다."

양적 완화는 잘못된 처방이다. 돈이 부족해서 경제가 성장하지 못하는 게 아니기 때문이다. 기업들은 2008~2009년의 대불황을 이용해 노동자들을 더 쥐어짰다. 2002~2012년 미국에서 종업원당 이윤이 갑절로 늘었다. 그러나 로버츠가 계산한 결과를 보면, 미국의 이윤율(기업들이 투자한 자본량 대비 이윤)은 1997년과 2005년 수준에 못 미친다. 그래서 기업주들은 상황이 나아지기를 바라며 이윤을 현금으로 쌓아 놓고 있는 것이다. 그들은 한참 기다려야 할지 모른다.

새로운 불황으로 빠질 수 있는 미국 예산 위기

2013년 10월 12일

미 대통령 오바마와 공화당이 의회에서 충돌하면서, 2013년 10월 1일 미국 연방정부가 또다시 폐쇄됐다. 백악관과 공화당 주도의 하원이 예산안에 합의하지 못한 탓에 상당수 공무원이 일시적 해고를 당했다.

전에도 연방정부가 폐쇄된 적이 있다. 예를 들면, 1995~1996년 민주당 소속 대통령 빌 클린턴과 공화당 소속 하원 의장 뉴트 깅그리치가 대립했다. 그 대립이 경제에 미친 영향은 작았고 결국 공화당이 물러섰다.

그러나 이번에는 사태가 훨씬 더 심각하다. [기존 채무를 상환하고] 계속 대출을 받으려면 미국 정부는 의회의 승인을 받아야 한다. 공화당 내 강경 우파인 티파티 광신도들은 오바마가 곧 시행될 의료보험 개혁안을 보류하지 않는 한 의회의 승인을 막을 것이라고 협박하고 있다.

미국이 채무불이행에 빠지면 문제는 심각해질 것이다. 달러화는 주요한 세계 기축통화고, 미국 정부가 대출을 안정적으로 받아야 미국 경제와 국제 금융 시스템 모두 순탄하게 작동할 수 있다.

북미에 사는 내 동료들은 미국이 채무불이행에 빠지지는 않을 것이라고 장담했다. 결국 공화당이 먼저 꼬리를 내리고 오바마와 협상에 나서지 않겠느냐는 예측이다. 그럴 수도 있다. 그렇지만 미국 정치가 단지 변덕스러운 것만은 아니다. 미국 정치는 지배계급의 이익과 갈수록 틀어지는 방향으로 발전해 온 듯하다.

티파티 철학의 주된 요소 하나는 균형예산이다. 티파티는 정부 차입을 부도덕한 것으로 보고, 그들 중 적어도 일부는 균형예산이란 목적을 이루기 위해서라면 채무불이행을 강요할 태세까지 돼 있다. 혼란 속에서 그들은 뭔가 중요한 것을 발견했다. 엄청난 규모의 공공 부채와 민간 부채 덕에 미국 경제가 부양되고 있는 상황 말이다. 중앙은행인 미국 연준은 최근 양적 완화를 지속하기로 결정했다. 그 과정에서 연준은 달러를 찍어 내 이 부채의 일부를 사들이면서 금융 시스템에 돈을 쏟아부으려 한다.

따라서 미국 경제가 연방정부의 인위적 지원에 의존하고 있다는 공화당 우파의 지적은 옳다. 그러나 막대한 부채로 돌아가는 기계를 멈추면 또 다른 불황이 촉발될 수 있다. 티파티의 전략은 베트남 전쟁 때 한 미군 소령이 말한 전략과 비슷하다. "마을을 구하려면 먼저 그 마을을 파괴해야 한다."

이 자유 시장 신봉자들의 입김이 왜 이렇게 셀까? 이는 미국 남부의 정치와 큰 연관이 있다. 오바마는 처음 당선했을 때 자신을 프랭클린 루스벨트와 비교하길 즐겼다. 루스벨트가 뉴딜 정책으로 1930년대 대공황에서 미국 자본주의를 살려 냈다면서 말이다.

그러나 루스벨트는 오바마보다 훨씬 더 대담한 정치인으로 민간 자본을 강하게 규제했다. 루스벨트가 그렇게 할 수 있었던 이유는 당시 민주당이 의회에서 확고하게 다수를 차지했기 때문이다. 아이라 카츠넬슨이 최근작 《공포 자체Fear Itself》에서 보여 줬듯이, 당시 민주당이 의회 다수파를 차지하는 데서 남부의 표가 중요한 구실을 했다. 당시에 남부는 여전히 일당 지배 지역이었고, 흑인은 투표권이 없었고, 민주당이 정치를 지배했다. 민주당은 의회 다수파라는 힘을 이용해 루스벨트의 경제적·사회적 개혁을 추진했다. 남부에서의 영향력을 유지하려고 루스벨트는 흑인에 대한 폭력 사건에 전혀 손을 쓰지 않았고, 백인 우월주의를 유지하는 짐 크로 법을* 그냥 놔뒀다.

이런 상황은 1960년대에 와서야 바뀌었다. [존 F 케네디와 린든 존슨의] 민주당 정부는 공민권운동의 압력을 받아 짐 크로 법을 폐지했다. 이 덕분에 1968년 리처드 닉슨의 당선을 시작으로 공화당은 민주당에 불만을 품은 백인 유권자들의 지지를 얻어 남부에서 승리할 수 있었다.

이제는 공화당이 남부를 지배한다. 남부의 선거구는 공화당에 유리하기 때문에, 공화당 현직 의원들은 민주당이 아니라 같은 공화당 경쟁자들의 도전을 더 신경 쓰게 됐고, 더욱 우경화한다. 그래서 티파티가 정치적 힘을 얻는 것이다.

여기서 가장 슬픈 점은 오바마가 공화당과 정부의 추가 대출을 허용하는 합의를 이루려 하면서 이미 너절해질 대로 너절해진 복지를 더 삭감할 태세가 돼 있다는 사실이다. 뉴딜 정책과는 한참 떨어진 상황인 것이다.

---

* 짐 크로 법 1876년부터 1965년까지 존재한 미국의 인종차별법.

과대 포장된 경제 회복과 중국 성장의 현실

2014년 5월 17일

최근 보도되는 세계경제 관련 뉴스는 대부분 마술사의 눈속임 같은 것이라고 보면 딱 맞다. 물론 선진국 경제가 2008~2009년의 대불황에서 빠져나와 회복하기 시작했다는 증거는 있다.

그런데 언론은 그런 증거들을 부동산 가격 폭등과 주식 거래 활성화 얘기와 버무려 크게 부풀린다. 그런 얘기가 영국에 관한 것일 때 우리는 총선이 얼마 남지 않았고 보수 언론이 [보수당 소속의 영국 총리] 데이비드 캐머런을 지지한다는 사실을 고려해야 한다.

그래서 한 걸음 물러나 뉴스를 봐야 한다. 가장 중요한 점은 대불황의 절정이 5년 전인 2009년 봄이었다는 사실이다. 지난 위기들에 견줘 지금의 회복이 매우 더디다는 뜻이다. 보통, 경기후퇴 뒤에는 급격한 성장이 이어져 장기적으로는 성장률이 원상 복구된다. 그러나 이번에는 그렇지가 않다.

마르크스주의 경제학자 마이클 로버츠는 아티프 미언과 아미르 수피라는 주류 경제학자 두 명의 말을 인용했는데, 그들은 미국 경제의 회복이 왜 이렇게 약한 것인지 당혹스러워했다. "지난 2년 동안 GDP가 꾸준히 회복된 것은 사실이지만, 꾸준히 실망스러운 수준이었던 것도 사실이다. 과거의 [경제 위기 이후의] 회복과 비교할 때, 대불황 이후의 회복은 참담해 보인다. 심지어 과거 회복의 근처에도 미치지 못한다."

2014년 5월 초에 미국에 관한 좋은 소식(그러나 뒷맛이 씁쓸한 소식)이 하나 있었다. 4월에 미국 비농업 부문에서 일자리 16만 3000개가 새로 생겨났고, 실업률이 6.3퍼센트로 떨어졌다는 소식이다. 그러나 그 요인 하나는 사람들이 구직을 포기하고 있다는 것이다. 미국의 경제활동참가율은* 1978년 이후 최저 수치인 62.8퍼센트로 떨어졌다. 이는 미국에서 지금까지는 비교적 낮았던 장기 실업이 급격히 늘어난 현실을 보여 준다.

영국 경제의 규모는 여전히 2008년 위기 전보다 작다. 유로존의 성장은 계속 꽁꽁 얼어붙어 있고, 여기에 디플레가 오리라는 위기감도 커지고 있다. 래리 서머스나 마틴 울프 같은 주요 신자유주의 경제학자들은 선진국 경제가 "장기 침체"에 직면해 있다고 경고한다.

그러나 혹시 서쪽에서 해가 지는 동안 동쪽에서 해가 떠오르고 있는 것은 아닐까? 2014년 5월 초에는 또 다른 경제 대국을 둘러싼 소식도 나왔는데, 이것은 더 큰 눈속임 같다. 바로 2014년 말 중국이 미국을 제치고 세계 최대의 경제가 될 것이라는 소식이다.

이 예측은 경제통계에서는 한가락 하는 기구인 세계은행WB이 발

---

* 경제활동참가율 생산가능인구(만 15세 이상 인구) 중 경제활동인구(취업자와 실업자의 합계)가 차지하는 비율.

표한 것이다. 물론 신자유주의 시기에 전 세계 빈곤이 크게 줄었다는 세계은행의 계산은 많은 비판을 받은 바 있다.

세계은행은 구매력평가PPP를 기준으로 중국의 국민소득을 계산해 이번 예측을 내놓았다. 이것은 생산된 재화와 서비스의 가격을 측정해, 곧 생계비 차이를 고려해 각국 경제의 규모를 조정하는 방식이다. 부국보다 빈국이 임금 수준이 더 낮으므로, 구매력평가를 기준으로 하면 북반구 나라들에 견줘 남반구 나라들의 경제 규모가 상대적으로 더 커진다. 구매력평가를 기준으로 한 통계는 흔히 부정확한 자료를 기초로 한다고 비판받는다. 또한 부국과 빈국 재화와 서비스의 사용가치(카를 마르크스의 용어로)를 서로 비교하는 것도 매우 어려운 일이다.

이런 난점을 제쳐 두더라도, 중국이 미국보다 인구가 훨씬 많다는 사실도 봐야 한다. 〈파이낸셜 타임스〉의 자밀 앤덜리니는 핵심 쟁점을 잘 지적했다. "중국인의 평균 생활수준은 많은 개발도상국 국민의 생활수준보다 훨씬 낮다. 서구와는 비교할 것도 못 된다. 이번 예측이 나오기 전에 발표된 IMF 통계를 보면, 중국의 1인당 GDP는 구매력평가 기준으로 93위를 기록했다. 이것은 투르크메니스탄과 알바니아를 간신히 앞서고 리비아, 아제르바이잔, 수리남보다 훨씬 뒤처지는 수준이다. 즉, 앞으로 수십 년 동안 중국 국민 13억 6000만 명의 평균 생활수준이 서구를 따라잡을 가능성은 거의 없다."

중국 정부는 세계은행의 예측에 크게 언짢아했다. 아마도 국민의 기대 수준이 너무 높아질까 봐 걱정했을 것이다. 미국은 경제가 침체해 있을지라도 여전히 최강대국이다.

디플레이션이 통화 대란을 부르고 있다

2015년 1월 20일

세계 금융 시스템이 2015년 1월 셋째 주 예상치 못한 충격을 받으면서, 세계적 금융 붕괴 6년 뒤에도 안전한 피난처에 이르려면 아직 멀었다는 것을 보여 줬다.

1월 15일 스위스 중앙은행은 스위스 프랑화 가치가 유로에 견줘 너무 빨리 오르는 것을 막으려 시행했던 유로-프랑 최저환율제를 폐지한다고 발표했다.

스위스는 미국·독일·영국과 함께 자산 도피처 가운데 하나다. 경제가 불안정하면 투자자들은 안전을 위해 이 나라들에 돈을 보관하려고 한다.

이는 스위스 자본주의에 문제가 되는데, 이런 식이다. 만약 환율을 그냥 시장에 맡겨 버리면 '핫머니'가 유입돼 유로 대비 스위스 프랑화의 가치를 높일 것이다. 그러면 스위스 수출품은 유럽의 경쟁기업보다 비싸진다. 그래서 스위스 중앙은행은 2011년 9월 1유로당 최저 1.20프랑으로 환율을 고정했다. 프랑화의 가치가 이보다 높아지는 것을 막기 위해 스위스 중앙은행은 외화 표기 자산을 [프랑화를 주고] 구입해야 했고 그렇게 금융 시스템에 더 많은 프랑화를 쏟아부었다.

2014년 11월 스위스 중앙은행은 5000억 유로가 넘는 자산을 갖고 있었는데, 스위스 총생산의 80퍼센트에 달한다. 그렇지만 이것이 스위스가 최저환율제를 포기하도록 한 결정적 요인이 아닐 수도 있다. 며칠 뒤 유럽중앙은행 통화정책 회의가 열린다. 이 회의에서 양적 완화 계획이 마침내 승인될 것이라는 예상이 널리 퍼져 있다.* 이 양적 완화 계획은 채권을 구입해 새롭게 돈을 창출하는 방식으로 은행들에 돈을 투입하는 것이다. 은행들이 이 돈을 기업과 가계에 대출해 투자와 소비를 촉진하겠다는 의도다.

세계적 금융 붕괴 이후 미국 연준과 영국은행은 모두 큰 규모로 양적 완화 정책을 실시했다. 양적 완화가 얼마나 효과적이었는지는 여전히 논쟁 중이다. 일본 중앙은행은 경제 규모에 견주면 (미국과 영국보다) 더 큰 규모의 양적 완화 정책을 지금 시행하고 있다.

일본은 디플레이션이 문제다. 물가가 떨어지면서 부채 부담이 증가하고 소비자들이 소비를 꺼리고 있다. 이제 디플레이션이 확산되고 있다. 2014년 12월 유로존 물가는 0.2퍼센트 하락했고 영국도 물가 하락에 직면하고 있다.

그래서 유럽중앙은행 총재 마리오 드라기는 새로 돈을 투입해 물가 하락을 막겠다는 바람으로 양적 완화 정책을 실시하려 한다. 그는 독일 지배층의 강력한 저항을 이겨 내야 했다. 이들은 유럽연합

---

* 2015년 1월 22일 유럽중앙은행은 1400조 원 규모의 양적 완화를 하기로 결정했다.

이 부채가 많은 회원국을 지원하려는 약간의 기미만 보여도 독일의 고수출 경제모델을 약화시킬 것이라고 두려워한다.

며칠 전에야 녹색 불이 켜졌다. 유럽사법재판소가 양적 완화 정책은 합법적이라며 독일 헌법재판소의 제소를 기각했다. 어쩌면 드라기는 독일의 저항 때문에 미국과 일본에 견줘 좀 더 약한 양적 완화 정책을 실행해야 할 수도 있다. 그렇지만 새로 유입될 돈은 외환시장에서 유로 가격을 떨어뜨리기에는 충분할 것이다.

이 전망 때문에 스위스 중앙은행이 최저환율제를 포기했을 수 있다. 포기 발표 후 몇 시간 만에 프랑화 가치가 유로 대비 무려 39퍼센트나 올랐다. 이런 충격들은 몇몇 외환 거래 업체들을 파산으로 내몰았다. 이 일은 세계적 금융 붕괴를 겪고도 얼마나 많은 위험한 행동들이 계속됐는지 그 민낯을 보여 줬다. 런던에 기반을 둔 외환 거래 업체들은 투기꾼들이 선불로 낸 현금보다 1000배나 더 많이 외환 거래를 할 수 있도록 했다.

다른 한편, 중동부 유럽의 어수룩한 채무자들은 금융 붕괴 때 그랬듯이 스위스 프랑화로 결제하는 주택담보대출을 받았다. 프랑화 가치 상승으로 대출금을 갚지 못해 수많은 이들이 집을 잃게 될지도 모른다.

그런데 금융시장이 얼마나 위험하고 파괴적인지 되돌아보는 것이 최근의 상황에서 배울 수 있는 전부가 아니다. 디플레이션은 경제 침체의 증상일 뿐 아니라 경제 침체가 계속되도록 거든다. 최근에 세계은행은 2015년 경제성장률 전망을 3.4퍼센트에서 3퍼센트로 낮췄다.

"세계경제는 오직 한 개의 엔진[미국 — 캘리니코스]으로 돌아가고 있다"고 세계은행 관계자가 불평했다. 그렇지만 문제는 더 심각하다. 지난 수십 년 동안 세계경제를 움직이던 진짜 엔진인 뉴욕과 런던 중심의 금융 시스템은 여전히 심하게 망가져 있다.

위기 속에 인명을 앗아 가는 자본주의

2015년 11월 14일

세계경제는 어디로 가고 있는가? 대서양의 동쪽과 서쪽 중 어디 사는지에 따라 세계경제 전망이 상당히 다른 듯하다.

2015년 11월 첫째 주에 영국은행 총재 마크 카니는 2017년까지 0.5퍼센트 수준의 초저금리 정책을 유지할 수도 있다고 발표했다. 마크 카니가 내세운 주된 이유는 중국과 브라질 등 '신흥 시장' 경제의 둔화였다.

2015년 9월 영국은행의 수석 이코노미스트 앤디 홀데인은 한 발 더 나아가 금리를 더 내려야 한다면서 다음과 같이 말했다. "최근 사건들은 '경제 위기 3부작'이라 불릴 만한 위기의 3부에 해당합니다. 1부는 2008~2009년의 '앵글로색슨발' 위기였고 2부는 2011~2012년의 '유로존' 위기였습니다. 이제 우리는 3부에 접어들었는데, 2015년부터 시작된 '신흥 시장' 경제의 위기입니다."

그러나 대서양 건너편 미국에서는 중앙은행 구실을 하는 연준이

2015년 12월쯤 금리를 인상하려 한다.* 2015년 11월 6일 미국 노동통계국은 10월에 늘어난 일자리가 27만 1000개라고 발표했다. 〈파이낸셜 타임스〉는 "지난달 미국에서 일자리가 급증했다"고 흥분해서 열변을 토했다. 주류 경제학자들은 미국 경제가 이제 완전고용 수준에 근접했으므로 금리를 올려 경기과열을 막아야 한다고 주장한다.

이런 호들갑은 과장이다. 지난 3개월간 미국에서 늘어난 일자리는 월평균 18만 7000개인데, 이 수치는 2014년 월평균인 26만 개에 한참 못 미친다. 2015년 3분기 경제성장률은 고작 1.5퍼센트에 그쳤고, 최근 발표된 여러 보고서는 제조업 전망을 어둡게 예측했다. 게다가 2015년 10월 미국의 경제활동참가율은 62.4퍼센트로, 1970년대 말 이래 가장 낮은 수준이다. 많은 사람들이 구직을 단념한 것이다. 경제학자 앤 케이스와 앵거스 디턴은 이와 관련 있는 연구 결과를 발표했다. 그들은 미국에서 대학 학위가 없는 비非히스패닉계 백인 중년층의 사망률이 1999~2013년 급증했음을 발견했다. 낮은 경제활동참가율과 높은 사망률은 저임금과 열악한 노동조건 때문에 노동자들이 우울하고 무력감을 느낄 때 나타나는 현상이다.

2008~2009년 대불황 이후 경기회복이 지지부진하자 로런스 서머스와 폴 크루그먼을 비롯한 미국의 상당수 경제학자들은 영국의 홀데인과 마찬가지로 금리가 너무 낮은 게 아니라고 주장하고 있다.

---

* 미국 연준은 2015년 12월 기준 금리를 0.5퍼센트로 인상하면서, 장기적으로 3퍼센트까지 꾸준히 올리겠다고 밝혔다. 그러나 경기회복이 지지부진해 기준 금리 인상이 난항을 겪으면서 2020년 3월 현재 기준 금리는 1.00~1.25퍼센트다.

현 상황에서 주요 변수는 중국이다. 2008~2009년 위기 이후 중국 경제는 급성장하면서, 중국에 원료와 식량을 공급하는 '신흥 시장' 경제를 부양하는 구실을 했다. 그러나 중국 경제의 급성장은 대출과 투자를 어마어마하게 늘린 덕분에 가능했고, 그 결과 생산능력이 시장이 감당할 수 있는 수준보다 빠르게 늘었다. 중국 경제는 이제 투자가 줄고 성장도 둔화하고 있다. 2015년 10월에는 수출과 수입이 모두 하락했다. 철광석과 석탄의 수입량은 각각 12.3퍼센트와 21.4퍼센트 하락했다.

그러자 중국에 철광석을 수출해 온 브라질 등 다른 나라에서 연쇄효과가 나타났다. 나는 얼마 전 브라질의 미나스제라이스주州를 방문했는데 그 지역은 광산 개발 때문에 그야말로 난도질당한 상태였다. 2015년 11월 초 [철광산 댐이 붕괴해] 진흙과 광산 폐기물이 벤투호드리게스라는 작은 마을을 덮쳐 아수라장이 됐고 수십 명이 실종됐다. 이 참사는 세계적 자본축적 과정이 얼마나 다양하고도 무자비하게 보통 사람들을 희생시키는지를 일깨워 준다.

그러나 금융시장은 이런 사건을 일시적 잡음 정도로만 치부할 것이다. 금융시장은 온통 중국의 경기 둔화로 철과 그 밖의 원료 가격이 얼마나 떨어졌는지에만 관심을 두고 있다. 중국의 경기 둔화와 원료 가격 하락은 벤투호드리게스 참사의 주범인 [호주계 광산업체] BHP빌리턴과 [브라질계 철광석 생산업체] 발리 등 다국적기업의 이윤을 압박한다.

진짜 문제는 금리가 너무 높거나 낮은 것이 아니다. 오히려 자본주의 경제가 이윤을 좇는 방식으로만 작동한다는 것이다. 마르크스주의 경제학자 마이클 로버츠는 이윤율이 너무 낮아서 기업들이 투자를 꺼리는 현실 때문에 세계경제가 여전히 위기에서 허우적거리고 있다고 지적한다. 벤투호드리게스 참사와 미국의 사망률 지표는 자본주의가 이윤을 위해 보통 사람들의 목숨을 앗아 가는 체제임을 다시 한 번 보여 준다.

경제 위기로 신자유주의 이데올로기에 금이 가다

2016년 6월 6일

교황은 여전히 가톨릭 신자인가? IMF 소속 경제학자 조너선 오스트리, 프라카시 룽가니, 다비데 푸르체리가 "신자유주의는 과대평가됐나?"라는 제목으로 발표한 글은 사실상 이런 하나 마나 한 질문을 던졌다.

1980년대와 1990년대에 IMF는 세계은행과 함께 신자유주의적 경제 의제를 세계화한 주역이었다. 이런 신자유주의적 경제 의제의 선구자는 칠레 군사정권, 영국의 마거릿 대처, 미국의 로널드 레이건이었다. 미국의 강력한 지원 아래, IMF와 세계은행은 제3세계 부채 위기와 뒤이은 소련 붕괴를 이용해 자유 시장 정책을 각국에 강요했다. 그에 따라 무역 개방, 해외투자 자유화, 정부 지출 삭감, 국영기업과 공공서비스 민영화가 진행됐다.

그러나 오스트리, 룽가니, 푸르체리는 이제는 "신자유주의 의제로 어떤 목표를 이룰 수 있을지를 이전보다 섬세히 살펴봐야 한다"고 주장했다. 이에 대해 〈파이낸셜 타임스〉는 다음과 같이 불평했다. "'신자유주의'라는 용어를 쓰는 것 자체가 도발적이다. 이는 프리드리히 하이에크와 밀턴 프리드먼이 주창한 자유 시장 경제를 비판하는 사람들이 주로 쓰는 용어다. 그 용어가 흔히 어떻게 쓰이는지 알고 싶으면 2016년 5월 24일 자 〈소셜리스트 워커〉를* 보라. 'IMF는 부채를 무기 삼아, 선출된 정부에 악랄한 신자유주의적 개악을 강요한다.'"

그러나 이 IMF 경제학자들이 신자유주의를 모조리 폐기해야 한다고 주장하는 것은 아니다. 그들은 "자본의 국제적 이동에 대한 규제 완화(소위 '자본계정 자유화')와, 재정적자와 부채의 감소를 뜻하는 재정 건전화('긴축'이라고도 불린다)라는 두 정책의 효과"[를 평가하는 것]에 치중한다. 이런 의문의 배경에는 지난 20년 동안의 경제 위기들을 둘러싼 자본가계급 핵심부 내의 갈등이 깔려 있다.

1990년대 말 이래로 자본의 자유로운 이동은 비난의 대상이 됐다. 당시 한국 같은 나라들은 투기 자본이 대거 유출돼 경제가 파탄났다. 오스트리, 룽가니, 푸르체리는 신자유주의 시대가 자본의 유출입에 의존해 금융 호황과 불황이 반복된 시대였음을 인정했다. 이들은 "금융시장 개방으로 경기 추락 확률이 높아졌을 뿐 아니라 분배에도 영향을 끼쳤는데 불평등이 눈에 띄게 심해졌다"는 점도 인정했다.

이들이 긴축정책을 재고하게 된 것은 유로존 위기로 격렬한 논쟁

* 〈소셜리스트 워커〉 영국 사회주의노동자당(지은이 알렉스 캘리니코스의 소속 단체)이 발행하는 반자본주의 주간신문.

이 일어난 것의 반영이다. IMF는 여러 채무국(예컨대 1990년대 말 한국)을 상대로 정부 지출의 대규모 삭감을 강요했다. 2010년 이후, IMF는 유럽중앙은행과 유럽연합 집행위원회(이 셋이 악명 높은 '트로이카'다)와 함께 그리스, 아일랜드, 포르투갈, 스페인에 비슷한 정책을 시행했다. 그 결과 이 나라들에 경제적·사회적으로 끔찍한 결과를 가져왔다.

얼마 지나지 않아 IMF는 신자유주의 교리대로 공공 부문 감축이 과연 경제를 성장시키는지 의심을 품게 됐다. 오스트리, 룽가니, 푸르체리는 연구 결과를 다음과 같이 요약했다. "재정 건전화 후 총생산량은 평균적으로 늘기보다는 줄었다. 평균적으로, GDP의 1퍼센트만큼 재정 건전화를 시행하면 장기적으로 실업률은 0.6퍼센트포인트 올라가고, 소득 불평등을 나타내는 지니계수는 향후 5년 안에 1.5퍼센트 올라간다."

이런 주장은 그리스를 두고 트로이카 내에서 분열이 심해지는 것과 명백히 관련 있다. 2015년 여름 유럽연합과 그리스 사이에 갈등이 벌어졌을 때 IMF는 그리스가 외채를 갚을 수 없으니 채무를 탕감해 줘야 한다고 주장했다. 당시 독일 재무부 장관 볼프강 쇼이블레는 IMF의 이 같은 주장에 강력 반발했다. 그리스에서 채무를 탕감하면 나머지 유럽연합 회원국들에서 신자유주의적 '개혁 의제'를 시행해야 한다는 압력이 약해질까 두려운 것이다.

2016년 5월 24일 [유로존 재무부 장관들과 그리스 정부 사이의] 합의는 2015년 7월 약속한 구제금융 일부를 지급해 그리스의 도산을 막기로 하면서도, 그리스 채무를 경감할지 여부는 2017년 독일 선거 이후로 미뤘다.

IMF가 전면적 신자유주의 옹호에서 한발 물러선 것은 세계경제 위기로 지배 이데올로기를 둘러싼 합의가 흔들리고 있다는 신호다. 그러나 지배자들 내 이데올로기적 합의를 완전히 분쇄하려면, 오늘날 프랑스에서 볼 수 있는 것 같은 투쟁[2016년 노동법 개악 반대 투쟁]이 더 많아져야 한다.

경기침체 10년, 자유주의는 대책이 없다

2018년 9월 19일

리먼브러더스(미국의 대형 투자은행)가 파산한 지 10년이 지난 지금, 리먼브러더스의 파산이 일조해 발생한 세계경제 위기가 끝났는지 아닌지가 논란거리다.

자유주의 경제사학자 애덤 투즈가 그의 중요한 신간 《붕괴》에서 이 질문을 다룬다. 그는 다음과 같이 지적한다. 몇 해 전만 해도 국가들의 은행 구제와 중앙은행들의 양적 완화(금융권에 새 자금을 투입하기)가 결합된 덕분에 위기가 해결됐다는 것이 흔한 가정이었다. 그러나 "위기는 사실 끝나지 않았다. 2007~2012년의 금융·경제 위기는 2013~2017년에 탈냉전 질서 전반의 정치적·지정학적 위기로 변모했다." 《붕괴》는 이 중층적 위기의 기원과 과정을 다룬 거대한 역사서다.

투즈의 그 전 책인 《엄습The Deluge》은 제1차세계대전과 그 여파를 다룬 책이었다. 주류 역사학자의 연구서답지 않게, 그 책은 레닌을 전략 사상가로서 존중하며 그에게 관심을 보였다. 투즈는 《붕괴》에서도 피터 고완이나 리오 패니치 같은 마르크스주의자들의 연구 결과에 어느 정도 공감을 내비친다. 고완과 패니치의 주장인즉, 현재의 금융 시스템은 미국이 세계 패권을 유지하는 데 결정적으로 중요하다는 것이다.

실제로 투즈는 2007~2008년에 발생한 위기가 "달러를 기반으로 한 대서양 양안 금융 시스템"의 위기였다고, 월가와 [영국 금융 중심지] 시티오브런던이라는 두 '매듭'을 가진 시스템의 위기였다고 본다. 이로부터 투즈는 그 위기가 미국의 위기인 동시에 유럽의 위기이기도 했다는 주장으로 나아간다.

대서양 양안의 은행들은 수익성 좋은 투자처(예를 들어 2000년대 중반의 미국 주택 시장)에 투입할 돈을 마련하려 애썼다. 월가나 시티오브런던이 조율하는 역외 시장에서* 달러를 싸게 빌리는 방식으로 말이다. 이 방식은 달러가 계속 순환되는 한 별문제가 없었다.

그런데 이 '금융 순환계'가 멈춰 버린다면? 바로 그 일이 2007~2008년에 일어났다. 미국 부동산 시장의 호황에 중심을 둔 투기적 투자라는 취약한 상부구조가 붕괴한 것이다. 극심한 공포가 퍼져 나가면서 신규 달러 대출이 말라 버렸고, 이 때문에 대서양 양안의 경제 — 은행뿐 아니라 공업과 상업도 — 가 붕괴 위협에 처했다.

투즈의 분석에서 최대 강점은 미국 국가가 경제를 구출하기 위해

---

* 역외 시장 국내시장과 분리돼 규제가 적은 금융시장. 거주자가 아니더라도 자금 조달, 세제, 외환 관리 따위의 규제를 줄이고 비교적 자유로운 거래를 인정하는 국제적 금융시장을 말한다.

얼마나 전방위적으로 나섰는지를 보여 준다는 것이다. 미국 연준은 은행들에 구제금융을 제공했을 뿐 아니라 주요 나라의 중앙은행들이 달러를 이용할 수 있도록 일련의 통화 스와프도* 제공했다.

그러므로 투즈의 분석은 위기를 단순히 미국 패권의 약화로 보는 전통적 설명들과 모순된다. "위기 이전에 대서양 양안의 역외 달러 시스템은 명확한 지도적 중심이 결여돼 있었다. 실제로 그 시스템은 국가의 규제와 통제를 피하기 위해 '역외'에서 발전했었다. 2008년 이후에 그 시스템은 연준과 연준의 유동성 공급을 중심으로 공공연히 조직됐다." 사실상 투즈는 매우 국가 중심적인 위기 분석을 제시하는 것이다.

한 가지 단점은 이 책이 미국과 유럽 '상층부' 정치의 최근 역사를 시간 순서대로 세세히 다룬다는 것이다. 특히 뒷부분은 유로존 위기를 정말 지겹도록 상세히 다루는 내용으로 가득하다. 더 큰 약점도 있다. 마르크스주의 경제학자 마이클 로버츠가 주장했듯이, 《붕괴》는 "'왜'보다는 '어떻게'가 더 많다." 다시 말해 투즈는 "대서양 양안 달러 시스템" 내부의 금융 흐름이 서방 자본주의에서 득세하게 된 이유를 설명하지 못한다.

생산은 그의 서술에서 주변적이다. 그와 달리 고완은 주요 공업 중심지들 사이의 경쟁적 투쟁을 강조하고, 로버츠는 자신이 "장기 불황"이라고 부른 것의 원인을 생산적 투자의 이윤율이 낮은 것으로 보며 그 과정을 추적한다.

---

* 통화 스와프 말 그대로 통화를 교환(swap)한다는 뜻. 서로 다른 통화를 미리 약정된 환율에 따라 일정한 시점에 상호 교환하는 외환 거래를 말한다.

투즈는 신자유주의 질서에 대항하는 정치적 도전들, 즉 브렉시트 [영국의 유럽연합 탈퇴]와 트럼프와 인종차별적 우파의 성장 등의 연원은 [2007~2008년] 위기로 거슬러 올라갈 수 있다고 분명하게 밝힌다. 그러나 그런 도전들에 어떻게 대응해야 할지에 대해서는 훨씬 불분명하다.

최근 어느 기사에서 투즈는 이렇게 썼다. "대중민주주의에 대한 터무니없는 열정에 맞서 기술관료(테크노크라트) 정부를 옹호할 타당한 이유들이 있다." 그렇지만 바로 기술관료 정부가 우리를 이 시궁창에 빠지게 하지 않았나? 국가 개입은 은행들을 살렸지만, 내핍 정책 탓에 보통 사람들이 그 대가를 치러야 했고, 그래서 그토록 많은 사람들이 트럼프 같은 인물을 좋아하게 된 것이다.

자유주의자는 매우 명석하더라도 과거의 오류를 되풀이하는 것 이상의 해법은 제공하지 못하는 듯하다.

미국 기준 금리 동결과 "정상 상태의 종말"

2019년 2월 13일

2007~2008년 금융 공황이 세계경제에 10년 넘도록 암운을 드리우고 있다. [그런 점에서] 2019년 1월 31일 미국 중앙은행인 연준이 기준 금리를 인상하지 않기로 결정한 것은 중요한 경제 소식이었다.

이것은 매우 두드러진, 말만 요란한 불발 사건이었다. 이를 이해하려면, 주요 자본주의 국가들이 지난 금융 공황으로 촉발된 대불황에서 벗어난 과정을 살펴봐야 한다.

간단히 말해, 당시 주요 자본주의 국가들은 신자유주의 교리를 무시하고 곳간을 열어젖혔다. 정부가 추가 대출을 해 줬다는 뜻이다. 그러나 친기업 언론과 [정부 대출 덕에] 목숨을 부지한 은행들은 이를 "국가 부도 위기" 상황으로 탈바꿈시키는 교활한 정치적 술수를 부렸다.

그 결과 공공 지출 삭감을 목적으로 한 긴축 조치가 도입됐다. 그래도 경제가 여전히 너무 허약해서 국가의 지원 없이는 유지되기 어려웠다. 신자유주의 시절 통화 발행과 금리 설정 권한을 되찾았던 중앙은행들이 그 부담을 짊어졌다.

그에 따른 "통화정책적 행동"은 주로 양적 완화 형태를 띠었다. 각국 중앙은행은 민간은행들에서 국채와 회사채를 사들임으로써 사실상 금융 시스템에 돈을 쏟아부었다. 민간은행들이 그 돈을 투자 의욕 있는 기업들에 대출해 주게끔 하려는 것이었다. 그런 일이 일어나지 않자 각국 중앙은행은 새로운 조처들을 시행했다. 예컨대 마이너스 금리 정책을 시행해 은행들이 돈을 쟁여 두느니 빌려주게끔 하려 했다.

그러나 그런 통화정책은 언젠가는 반드시 "정상화"될 것이었다. 다시 말해, 금리는 위기가 정점일 때 설정된 초저금리 상태에서 다시 오를 것이었고, 양적 완화는 끝날 터였다. 여기에는 두 가지 생각이 깔려 있었다.

첫째, 금융 공황과 대불황은 (근본에서는 건강한) 자본주의 체제가 성장하는 과정에서 나타나는 일시적 현상일 뿐이라는 가정이다. 일단 불황의 효과가 끝나면 신자유주의적 "정상 상태"가 되돌아올 수 있을 것이었다.

둘째, 주류 경제학의 핵심 이론인 화폐수량설이다. 이것은, 통화량을 너무 빨리 늘리면 큰 폭의 물가 상승을 유발할 것이라는 이론이다. 많은 신자유주의 경제학자들은 양적 완화 때문에 하이퍼인플레이션이 일어날 것이라고 경고했다.

그러나 연준이 거듭 깨달은 것처럼 "정상 상태"로 돌아가는 길은 험난했다. 2013년 당시 연준 의장 벤 버냉키가 양적 완화 축소를 시사하자 금융시장이 요동쳤다. 소위 "긴축 발작"이었다. 버냉키는 재빨리 물러섰다. 버냉키의 후임 재닛 옐런은 양적 완화 축소와 금리 인상을 동시에 추진했으나, 2016년 중국 경제가 심각한 어려움에 빠지면서 이 정책을 중단할 수밖에 없었다.

2018년에 미국 대통령 도널드 트럼프는 연준 의장을 제롬 파월로 교체했다. 그런데 파월이 옐런의 정책을 계승해 금리를 조금씩 인상하자 트럼프는 격분했다. 연준은 또한 자신들이 보유하고 있는 국채를 만기가 됐을 때 재구입하지 않고 있는데, 이는 연준이 은행 시스템에 신규 자금 투여[양적 완화]를 중단하고 있다는 뜻이다.

트럼프는 연준의 이런 정책 때문에 2016년 대선 때부터 계속됐던 미국 경제성장 거품이 꺼질까 봐 겁에 질렸다. 그러나 연준의 정설 경제학자들은 실업률 하락 때문에 노동자들이 자신감을 회복해 임금 인상을 요구하고, 다시 그것이 물가 상승을 야기할 가능성을 우려했다.

사실, 물가 상승 역시 말만 요란한 불발 사건이다. 물가 상승률은 각국 중앙은행의 목표치(대체로 2퍼센트)에 못 미쳤다. 그 이유 하나는 각국의 실업률 통계가 현실을 과소평가하기 때문이다. 매우 많은 사람들이 구직을 아예 포기해 실업률 통계에 잡히지 않았던 것이다.

그런데 파월이 금리 인상을 보류하며 제시한 핵심 이유는 세계경제의 "역류 현상"이다. 미·중 무역 전쟁 심화의 여파, 유로존(2018년 4분기에 유로존 경제는 거의 성장하지 않았다)과 중국 경제의 둔화, '하드 브렉시트'가* 가할 수 있는 충격이 그것이다.

---

* 하드 브렉시트 영국이 유럽연합을 탈퇴(브렉시트)하면서 유럽단일시장·관세동맹에서도 완전히 탈퇴하는 것.

그러나 근본적 진실은, 세계 자본주의가 여전히 자유 시장 이데올로기를 고수하고 있지만 국가의 도움 없이는 옴짝달싹할 수 없다는 것이다. 이것이 바로 자유주의 좌파 경제학자 제임스 갤브레이스가 말한 "정상 상태의 종말"이다.

현대화폐이론 비판

돈만 찍어 내면 만사형통일까?

2019년 3월 13일

현대화폐이론MMT이란 무엇이고 왜 여기에 관심을 기울여야 할까? 최근, 이 잘 알려져 있지 않은 경제학파에 관한 논의가 불붙어서, 〈뉴욕 타임스〉에서 [미국의 좌파 언론] 〈재커빈〉(자코뱅)에 이르기까지 여러 언론이 관련 논의를 다뤘다.

현대화폐이론에 대한 관심을 촉발시킨 것은 미국 [민주사회주의당 DSA 당원이자] 민주당 하원 의원인 알렉산드리아 오카시오코르테스였다. 민주당 내 좌파인 오카시오코르테스는 2018년 11월 중간선거 당시 뉴욕에서 출마해 보수적인 민주당 기성 정치인을 [경선에서] 꺾고 하원 의원에 당선했다.

오카시오코르테스는 의회 입성 직후 '그린 뉴딜' 법안을 발표했다. 이 법안은 개혁 과제와 기후변화 대응을 위한 공공사업 계획 등 방대한 내용을 담았다. 당연히, 주류 정치인들은 매년 약 6조 6000억 달러로 추산되는 비용을 어떻게 감당할 것이냐고 반문했다.

오카시오코르테스의 자문단은 현대화폐이론을 거론하며 응수했다. 이 이론은 근본적으로는 존 메이너드 케인스의 학설에 근거한 이론이다. 케인스는 오늘날까지 여전히 경제학계를 지배하는 자유시장주의 정설, 특히 경제를 자유방임하면 완전고용은 저절로 이뤄질 것이라는 가설에 도전했다.

케인스는 완전고용을 보장하려면 국가 개입이 필수라고 주장했다. 현대화폐이론 지지자들은 이보다 한발 더 나아간다. 그들의 주장에 따르면 화폐란 국가가, 특히 국민에게 조세 지불수단을 제공하기 위해 창출하는 것이다. 이 말은, 국가가 세금을 걷거나 돈을 빌릴 뿐 아니라 돈을 새로 찍어 내서도, 국가의 경제활동에 필요한 자금을 [얼마든지] 스스로 조달할 수 있다는 것이다. [오카시오코르테스 측의 주장이 옳다면] 미국 정부는 '그린 뉴딜'을 위한 재원을 바로 이런 방식으로 조달하면 된다.

그렇지만 거의 모든 조류의 경제학자들이 이런 주장에 반론을 제기한다. 돈이 너무 많이 풀리면 물가 상승이 심해질 것이라며 말이다. 현대화폐이론 지지자들도 말이 다소 오락가락하기는 하지만 그런 지적은 받아들인다. 그렇지만 추가적 재정지출을 통해 생산을 충분히 증가시킨다면 물가 상승이 더 가팔라지는 것을 막을 수 있다고도 주장한다.

[이와 관련해] 현대화폐이론에는 두 가지 난점이 있다. 첫째, 현대화폐이론은 국가가 화폐를 창출한다는 생각을 주류 신자유주의 경제학과 공유한다. [차이점이 있다면] 신자유주의자들은 화폐가 너무 많아지면 인플레이션이 일어날 위험이 있다고 보지만, 현대화폐이론 지지자들은 화폐를 충분히 창출하면 완전고용을 이룰 수 있다고 본다.

그렇지만 그 전제 자체가 틀렸다. 일찍이 마르크스는, 현대 자본주의에서 갈수록 신용 체계를 통해 화폐가 창출된다는 점을 간파했다. 오늘날로 말하면, 은행에서 대출이나 초과 인출이 일어날 때 화폐가 창출된다는 것이다. 케인스 자신은 통화 공급이 아닌 통화 수요가 중요한 것임을 이해하고 있었다.

달리 말해 보자. 노동자와 자본가는 각각 소비와 투자에 쓸 자금을 조달하기 위해 돈을 빌린다. 이렇게 화폐가 창출되는 과정을 승인하는 주체는 바로 국가다. 그렇지만 국가는 화폐 창출을 통제하지 못한다. 영국의 마거릿 대처 정부는 1980년대에 화폐 공급을 통제하려 애썼지만 완전히 실패했다.

그러나 마찬가지로, 화폐 창출이 반드시 경제성장으로 이어지는 것도 아니다. 기업들이 투자할 생각이 없다면, 화폐가 새로 창출되더라도 없던 투자 의지가 생기지는 않을 것이다. 이것이 현대화폐이론의 둘째 난점이다.

마이클 로버츠가 지적한 바와 같이, 현대화폐이론은 노동자가 생산에서 가치를 창출하는 과정을 무시한다. 자본가는 이윤이라는 형태로 이 가치의 일부를 전유한다. 만약 이윤이 충분치 않다면 새로운 화폐가 얼마나 있든 간에 자본가는 투자를 하지 않는다.

현실의 예로는, 금융 위기 이후 주요국 중앙은행들이 몇 년간 펼친 양적 완화 정책이 있다. [중앙은행들은] 양적 완화 정책을 펴 은행들에 새로 창출한 화폐를 투하했다. 이 정책으로 금융 시스템은 안정화됐지만, 새로운 경제성장의 시동을 걸지는 못했다. 또, 일각의 신자유주의적 예측과 달리 인플레이션을 촉발하지도 않았다.

[더구나] 미국과 유럽의 경제 회복 속도가 너무도 느려서, 각국 중

앙은행들이 양적 완화를 축소하려다 다시 후퇴하고 있는 지경이다. 이는 마이클 로버츠와 동료 연구자들이 최근 출판한 《위기에 빠진 세계》에서 보여 줬듯이 이윤율이 여전히 낮다는 사실을 반영하는 현상이다.

현대화폐이론은 그 기원이 되는 케인스주의 학설과 마찬가지로 자본주의 경제의 본질에 대해 무지하다. 그 본질은 바로 생산 현장에서의 갈등적 가치 창출 과정인데, 궁극적으로는 자본가와 노동자 사이의 계급투쟁을 가리킨다. 이 과정이야말로 체제를 조절하는 변수인 이윤율을 결정짓는 요인이다. 이윤율이 너무 낮으면, 화폐를 활용한 계략을 써도 문제를 극복할 수 없다.

뿌리 깊은 신자유주의의 위기

2019년 7월 24일

신자유주의 질서의 위기가 급격히 심화되고 있다. 미국 대통령 도널드 트럼프는 과격한 인종차별 언사를 동원하고, 민주당을 [오카시오코르테스 등] 4명의 진보적 여성 하원 의원 "패거리"의 "붉은 군대"가 장악한 정당으로 낙인찍으며 재선에 도전하고 있다. 신자유주의의 핵심인 유럽연합 차기 집행위원장 우르줄라 폰데어라이엔[전 독일 국방부 장관]은 [이탈리아 우파 포퓰리즘 정당] 오성운동과 중동부 유럽 우파 정당들의 지지 덕에 간신히 당선할 수 있었다.

신자유주의 세계화를 옹호하는 사람은 여전히 있다. 〈파이낸셜 타임스〉 수석 논설위원 마틴 울프는 2019년 7월 16일에 소위 "건전한 세계화"를 옹호하는 글을 썼다. 그렇지만 울프는 핵심 문제는 정치적인 데 있다며 트럼프와 브렉시트 같은 동네북들을 두드린다.

그러나 세계화의 위기는 뿌리가 그것보다 훨씬 깊다. 이것은 2007~2008년 금융 위기와 뒤이은 대불황에서 비롯한 것이다. 이 같은 경제적 격변이 몇 달 전 〈이코노미스트〉가 "슬로벌라이제이션[세계화 속도 둔화]"이라고 부른 현상을 시작하게 했음은 여러 지표에서 드러난 바 있다.

핵심 징후 하나는 국제무역 성장세의 둔화다. 신자유주의 세계화가 정점에 이르렀을 때 국제무역은 전 세계 국민소득보다 2배 빠르게 성장했다. 이는 세계적 공급 사슬, 더 학술적으로 표현하자면 '글로벌 가치 사슬GVCs'의 확대로 생산과정이 초국가적으로 통합된 것의 반영이다.

울프의 동료인 〈파이낸셜 타임스〉 기자 질리언 테트는 2019년 7월 18일에 금융 위기 이후의 변화를 다룬 매우 흥미로운 기사를 썼다. 테트는 이렇게 썼다. "2000년대 초 세계무역은 매년 8퍼센트 가까이 성장했는데, 이는 GDP 증가 속도보다 2배 빠른 것이었다. 그러나 WTO는 2019년 무역 성장률이 2.6퍼센트에 불과할 것이라고 전망했다. 이는 전 세계 GDP 성장 전망치와 같은 정도다."

테트는 트럼프의 보호무역주의, 특히 대對중국 무역 전쟁 탓이 크다고 지적했다. 그렇지만 테트가 인용한 국제결제은행 경제자문위원 신현송의 연구 결과는 그 주장과 상반되는 것이었다. 신현송의 연구 결과는 다음과 같다. "2000~2008년에는 세계적 공급 사슬이 두드러지게 활발히 작동했다. 실제로 GDP 대비 총수출은 누적 백분율로 16퍼센트가 뛰었는데, 중국과 서방 사이의 공급 사슬이 긴밀하게 움직였기 때문이다. [그러나 2008년 금융 위기가 닥치자 총수출이 급감했다.] 2009년에 총수출은 회복됐지만 2007년 이전의 성장률 수치로는 결코 회복하지 못했다." 신현송은 세계적 공급 사슬의 성장에서 금융이 한 구실을 크게 강조해 설명한다. "기업들은 공급 사슬을 돌리기 위해 막대한 운전자본이 필요하다. 운전자본의 약 3분의 2는 대개 자기 자산에서 나오지만, 나머지 3분의 1은 은행과 비은행 금융권에서 나온다. 2007년 이전 신용 호황기에는 기업들이 운전자본과 무역금융을 구하기가 쉬웠다. 그러나 그 후에는 은행들이 위기를 겪으면서 돈줄이 말라붙었다. 이는 금융위기 후 규제 때문에 서구 은행들이 그런 [막대한] 자금을 조달하는 것에 대한 대가가 커진 탓도 있다. 그러나 초저금리 때문에 은행들이 자산에 타격을 입고 약화한 것 때문이기도 하다."

이는 금융 시스템(특히 미국과 유럽의 은행들과 그림자 금융권)이 투기 거품을 만들어 낼 뿐 아니라 어떻게 생산과 무역을 투기 거품에 빠뜨리는지 보여 주는 흥미로운 통찰이다. 테트가 지적했듯, "연구 결과를 보면 2007년 이전 신용 거품은 주택 가격 상승을 야기했을 뿐 아니라 무역과 글로벌 가치 사슬에서도 거품이 형성되는 데 일조했음을 알 수 있다." 테트는 이렇게 결론 내렸다. "이 거품이 아직 다 꺼지지 않은 만큼, 세계적 무역 급등이 머잖아 재현될 것이라는 기대는 비현실적일 듯하다. 심지어 모종의 기적이 일어나 미국과 중국이 무역 전쟁을 끝낸다 해도 마찬가지다."

달리 말하면, 세계경제와 금융이 위기에 빠진 2007~2008년 이래로 신자유주의 세계화가 고장 났다고 할 수 있겠다. 지난 몇 년간의 정치적 혼란의 근저에는 경제적 모순이 작용하는 것이다.

이는 트럼프와 그 복사판인 [영국 총리] 보리스 존슨 같은 자들의 인종차별에 맞서 운동을 건설하는 것이 중요하다는 뜻이다. 그러나 신자유주의에 대한, 또한 정말이지 자본주의 자체에 대한 경제적 대안을 발전시키기도 해야 한다.

자본주의가 병들어 있음을 보여 주는 코로나19

2020년 2월 18일

'코로나바이러스감염증-19'가 얼마나 심각한 것으로 드러날지는 아직 불확실하다. 이미 사망자 수는 2002~2003년 사스(이것도 다른 코로나바이러스 때문이었다) 발병 당시 사망자 수를 훌쩍 넘어섰다.*

그러나 확실한 것은 코로나19가 마치 엑스레이처럼 세계경제의 구조 변화를 훤히 드러내고 있다는 것이다. 사스 역시 중국에서 발발했지만, 현재 중국 경제는 그때 규모의 4배나 된다.

코로나19는 세계 2위 경제 대국을 마비시켰다. 중국 정부는 연장된 춘절 연휴가 끝나는 2020년 2월 10일부터는 일터로 돌아가라고 사람들에게 발표했다. 그러나 2월 12일 중국의 여객 수송량은 2019년 같은 날에 비해 85퍼센트 줄었다. 중국 주재 유럽연합상공회의소

* 2020년 3월 2일 현재, 사망자는 3043명에 이르렀다.

회장은 2020년 1사분기 중국 경제성장률이 2퍼센트로 떨어질 것이라고 추산했다. 2019년 1사분기 성장률 6.4퍼센트의 3분의 1 수준이다.

중국은 세계 최대 수출국이자 세계 최대 원자재 수입국이다. 그러므로 중국 경제가 둔화하면 전 세계 재화·서비스 수요와 공급이 큰 타격을 입을 것이다. 중국 업체들은 구리·천연가스 등 다양한 상품에 대한 주문을 줄이고 있다. 중국은 이동 통제 때문에 굶어 죽은 가축들을 대신할 살아 있는 닭을 미국에서 수입하기 시작했다.

그러나 가장 심각한 타격은 공급에서 벌어질 공산이 크다. 중국이 세계 최대 제조업 경제로 부상한 것은 세계적 생산 체계 재편에 따른 것이었다. 선진국의 다국적기업들은 세계적 생산망을 발전시키면서 노동집약적 조립라인을 특히 동아시아와 동남아시아로 외주화했다. 그 전형적 사례가 대만 기업 폭스콘이다. 폭스콘은 100만 명이 넘는 노동자를 고용해 중국에서 애플 제품을 조립한다. 중국 정부는 첨단 기술을 발전시켜 경제를 업그레이드하려고 노력하고 있다. 선진국 다국적기업들의 모국에 남아 있는 연구·개발 같은 고부가가치 활동이 중국에서도 이뤄지게 하려는 것이다. 현재 중국은 세계적 전기·전자 부품 수출품의 30퍼센트를 생산한다. 미국은 물론 아시아 경제 대국들도 중국이 수출하는 기계와 운송 장비에 크게 의존한다. 〈파이낸셜 타임스〉에 따르면 코로나19의 진원지인 우한은 "중국에서 급속히 성장하는 자동차 부품·용품 수출 산업의 중심지로 떠오른 곳이다. 지난 10년간 [내연기관] 엔진과 [전기차용] 모터 수출 산업이 4배로 커지는 동안 이 부문도 3배로 커졌다."

제조업은 이미 전 세계에서 부진한 상태였다. 그러나 자동차 산업도 세계적 공급 사슬에 기대어 있기 때문에 취약하긴 마찬가지다. 한 〈파이낸셜 타임스〉 칼럼니스트가 지적했듯이 거대 자동차 기업들은 이미 곤경에 처해 있었다. "폭스바겐 배기가스 배출량 조작 사건, 내연기관 엔진의 불확실한 앞날과 전기차의 부상, 브렉시트 무역장벽, … 여기에 미국발 무역 전쟁까지. 이 모두가 유럽과 미국의 산업 불황에 일조했다."

코로나19 때문에 실제로 미·중 무역 전쟁에서 새로운 전선이 생길 수도 있다. 미국의 의약품 공급 사슬은 완성 의약품, 약재, (현재 수요가 폭등한 마스크 같은) 의료 용품을 중국에 의존한다. 2020년 2월 12일 트럼프의 무역 보좌관 피터 나바로는 이렇게 말했다. "코로나19 사태는 오랫동안 수면 아래 있었지만 미국 경제와 안보에 치명적인 문제에 대한 경각심을 일깨운다."

그런 점에서 코로나19는 단지 세계화의 영향(인류가 전 지구적 전염병 확산에 물리적으로 취약해지고 세계적 공급 사슬에 경제적으로 의존한다는 사실)을 드러내는 데 그치지 않는다. 코로나19는 이른바 "탈세계화", 즉 선진국 경제가 생산을 자국으로 되돌리려 하는 흐름을 더욱 가속화할 수도 있다. 결국, 이번 코로나19 사태는 현대 자본주의의 병세를 더 적나라하게 드러내고 있다.

2장

불안정한 제국주의 세계 체제

상시적 전쟁의 시대에 자본주의에 저항하기

2004년 5월 23일 방한 강연

지금 우리는 세계사에서 매우 위험하면서도 한편으론 아주 흥미로운 시점에 와 있다. 지난 20년 동안 전 세계에서 우리는 신자유주의로 알려진 자본주의의 대공세에 직면해 있었다. 그리고 신자유주의의 진정한 의미는 20세기에 자본에 부과된 온갖 장벽, 온갖 규제, 온갖 제약을 자본가계급이 철폐하겠다는 것이었다. 그들에게 부과된 제약은 대부분 조직노동자들이 애써 싸운 결과였다. 신자유주의는 자본가들이 이런 규제들을 제거하고 철폐하려는 것이다. 신자유주의는 세계 규모에서 자본의 자유로운 영리 추구 활동에 대한 규제를 모두 제거하려 한다.

우리는 이 [신자유주의] 계획이 발전하면 전 세계 모든 사람이 번영과 행복을 누릴 것이라는 말을 들었다. 사실은 정반대였다. 한국 사람이라면 누구나 신자유주의가 초래한 끔찍한 경제 위기를 잘 알고 있을 것이다. 1994~1995년의 멕시코 경제 위기, 1997~1998년의 동아시아와 한국의 경제 위기, 그리고 2001년 아르헨티나를 강타한 뒤 아직도 끝나지 않은 경제 위기 같은 것들 말이다.

그러나 신자유주의가 번영과 행복이 아니라 고통과 불안정을 초래한다는 것을 보여 준 이 두드러진 사례들을 제외하더라도, 세계 전역을 둘러보면 신자유주의의 시대는 느린 성장과 경제 정체의 시대였음을 알 수 있다. 극소수의 매우 특별한 예외를 빼면, 신자유주의는 세계 전체에 경제적 퇴보를 초래했다.

이와 함께, 자본의 활동을 규제하는 것들을 제거함으로써 우리 삶의 다른 측면들에 대한 온갖 위협도 초래했다. 신자유주의는 환경 파괴를 심화시켰다. 전에는 보호받던 우리 삶의 측면들에 모두 상품의 상업적 가치를 우선시하는 이윤 지상주의를 침투시켰다.

그리고 이 대규모 공세 때문에 대규모 저항이 폭발하는 것을 우리는 목격했다. 그런 사례를 몇 가지만 들어 보겠다. 1999년 11월 WTO 각료회담을 무산시킨 시애틀 시위는 반자본주의 대중투쟁의 새 시대가 시작됐음을 알렸다. 유럽에서는 2001년 7월 제노바 G8 정상회담 반대 시위 때 이탈리아 국가의 매우 폭력적인 탄압이 30만 명의 시위를 불러일으켰고, 그 정치적 반향은 유럽 전역에서도 찾아볼 수 있었다. 세계 수준에서도 세계사회포럼WSF이 전 세계 반자본주의 저항 세력의 대규모 총회이자 축제로 발전했다. 그래서 2004년 1월 뭄바이 세계사회포럼은 여태까지 가장 성대한 세계사회포럼이었으며, 당시 참가자들에게는 평생 잊지 못할 경험이 됐을 거라고 확신한다.

따라서 우리는 신자유주의의 공세도 경험했고, 저항, 즉 세계 자본주의에 반대하는 운동의 등장도 경험했다.

그러나 지금 우리는 훨씬 더 심각한 위협에 직면해 있다. 왜냐하면 2001년 9월 11일 뉴욕과 워싱턴 테러 공격 이후 [미국 대통령] 조지 W 부시가 그의 충직한 심복인 [영국 총리] 토니 블레어의 도움을 받아 상시적인 '테러와의 전쟁' 상태를 선포했기 때문이다.

중요한 것은 우리가 '테러와의 전쟁'이라는 이 새로운 공세를 그 전의 신자유주의 공세와 분리하지 않아야 한다는 것이다. 부시와 그 측근들이 하는 말을 들어 보거나 그들이 내놓는 문서들을 살펴보면 이 점을 아주 분명히 알 수 있다. 부시 정부의 선전포고문이나 다름없는 "미국 국가 안보 전략"은 이 점을 아주 뚜렷하게 표명하고 있다. 그 문서의 서문을 쓴 부시는 (십중팔구 다른 사람이 부시 이름으로 쓴 것이겠지만) 성공한 국가 모델은 오직 하나뿐이라고 말한다. 그가 말하는 것은 미국식 신자유주의적 자본주의다. 시장의 지배, 이윤 지상주의, 우리 삶의 모든 측면을 상품화하는 것이 바로 그것이다. '테러와의 전쟁'은 그 모델을 전 세계에 강요하기 위한 것이다(이 문제는 나중에 다시 살펴보겠다).

미국과 영국의 점령이 이라크에 강요한 끔찍한 재앙의 한 측면은, 그들이 이라크를 신자유주의 정책들의 시험대로 이용하고 있다는 것이다. [이라크 재건 사업 계약을 따낸] 미국의 민간 업체들이 하는 일이 전부 그런 것이다. 평범한 영국인들은 민영화의 폐해로 많은 고통을 겪었다. 그러나 토니 블레어가 아무리 제정신이 아니라고 해도 군 정보기관을 민영화하는 데까지 나가지는 않았다. 그런데 조지 W 부시와 [그의 국방부 장관] 도널드 럼즈펠드는 이라크에서 바로 그렇게 했다. [이라크] 경제 지배권을 미국 기업들에 넘겨주고, 이라크를 서구 기업들이 약탈할 수 있게 환경을 조성했다.

그러나 더 넓게 보면, 세계 수준에서 아주 확실한 것은 부시 정부가 신자유주의 경제 의제를 추구하고 있다는 것이다. 부시 정부는 신자유주의 정책의 특징인 투자와 무역 자유화 촉진 등등을 강요하려 하고 있는 것이다.

자본주의를 제대로 이해하는 것이 아주 중요하다. 마르크스는 자본주의를 경쟁적 축적 체제라고 정의했다. 다시 말해, 서로 경쟁하는 자본들 사이의 끊임없는 투쟁이 자본주의의 동력이라는 것이다. 그러나 경쟁이 단지 경제적인 것만은 아니라는 점을 이해하는 것이 중요하다. 경쟁은 기업들 사이의 투쟁만이 아니다. 경쟁은 정치학자들이 사용하는 지정학적 전문용어이기도 하다. 자본주의적 경쟁에는 국가들 간의 경쟁과 그들이 세계의 공간과 자원을 장악하려는 시도도 포함된다. 부시 정부가 추구하는 것도 바로 이런 맥락에서 이해해야 한다. 미국 국방부 부장관 폴 울포위츠가 쓴 문서들을 읽어 보면 이 점을 아주 분명히 알 수 있다. 그 문서들은 미국이 이른바 잠재적 동료 경쟁자들, 즉 유럽연합이나 러시아, 중국처럼 보통 한 지역에서 미국의 지배력에 도전할 수 있는 주요 경쟁자들에 직면해 있다고 말한다.

미국 지배계급은 중국에 대해 어떤 태도를 취할지 아직 결정하지 못하고 있다. 그들은 중국이 값싼 노동력의 원천이자 수익성 높은 투자처라고 생각할 때도 있지만, 중국의 급속한 경제성장을 보면서 중국이 미국의 동아시아 지배력에 도전할 수 있는 강대국이 될 것이라고 생각할 때도 있다.*

* 최근 벌어지고 있는 미국과 중국의 무역 전쟁을 보면, 미국 지배자들이 세계적 패권을 유지하는 데서 중국을 가장 위협적인 경쟁자로 여기고 있음을 알 수 있다.

그래서 미래를 고려하는 미국의 전략가들은 미국의 권력이 낭비되고 있으며 장차 미국의 지배력이 "엇비슷한 경쟁자"들에게 위협당할지도 모른다고 생각한다. 부시 정부의 주요 인사들인 '네오콘(신보수주의자)'들은 미국의 군사적 우위를 이용해 이 경쟁자들을 위협하고 전 세계에서 미국의 지배력을 확립할 수 있는 절묘한 기회가 바로 9·11이라고 생각했다. 그리고 이라크 전쟁은 이런 목적을 추구하는 데 딱 맞아 떨어졌다.

물론 그것은 더 특정하게는 중동의 한 나라(이라크), 즉 석유 매장량이 세계 2위인 나라이자 세계 최대의 석유 매장량을 자랑하는 사우디아라비아의 이웃 나라에 미국 군대를 영구히 주둔시키기 위한 것이었다. 나는 중동의 석유가 미국 지배계급에게 그토록 중요한 것은 미국 자체의 필요 때문만은 아님을 이해하는 것이 매우 중요하다고 생각한다. 사실, 미국은 라틴아메리카와 아프리카에서 석유를 많이 수입하고 있다.*

그러나 세계의 다른 열강들을 보라. 유럽연합과 일본 등은 중동산 석유 수입에 아주 크게 의존하고 있으며, 중국도 마찬가지다. 영국 대기업주들의 신문인 〈파이낸셜 타임스〉는 최근 중국의 에너지 문제를 다룬 기사들을 계속 싣고 있다. 왜냐하면 급속하게 성장하는 중국 경제가 전 세계에서 원자재를 빨아들이고 있기 때문이다. 수입 에너지 수요가 증대함에 따라 중국 지배자들은 점차 중동산 석유에 의존하게 될 것이다.

---

* 2008년부터는 미국 본토에서 셰일 석유를 생산하기 시작해 중동산 석유 의존도가 더 낮아졌다.

그래서 내가 보기에 미국의 전략적 사고에서 결정적 요소는, '우리(미국 지배계급)가 우리 힘으로 중동에서 군사적 행동을 한다면 중동의 석유를 지배할 수 있을 것이고 프랑스·독일·일본·중국 같은 국가들이 말을 듣지 않으면 그들의 석유 공급선을 차단해 버리겠다고 위협할 수 있을 것'이라는 점이다. 따라서 [미국의] 이라크 침략 뒤에는 거대한 파워 게임이 숨어 있다.

그러나 미국의 계획, 부시 정부의 계획이 무엇인지 살펴보는 것뿐 아니라, 그런 계획이 지금 어떤 상황에 처해 있는지 살펴보는 것도 중요하다. 왜냐하면 우리는 지금 이라크 침략이라는 도박이 엄청난 실패로 끝나 가는 것을 보고 있기 때문이다.

이라크 침략은 무엇보다 서방 지배계급을 분열시켰다. 제2차세계대전 이래로 서방 진영, 대서양 동맹 등등에 관한 얘기가 끊이지 않았다. 오늘날 대서양 동맹은 미국과 영국을 한편으로 하고 유럽의 최강대국들인 프랑스와 독일을 다른 한편으로 해서 아주 크게 분열해 있다. 도널드 럼즈펠드가 유명한 인터뷰에서 "유럽에서 [미국에] 반대하는 국가들은 낡은 유럽이고 우리는 새로운 유럽을 우리 편으로 삼을 것"이라고 말했지만, 사정은 그렇게 간단하지 않다. 왜냐하면 그가 말한 새로운 유럽은 폴란드나 스페인 같은 국가인데, 지금 스페인 군대는 이미 이라크에서 철수했기 때문이다. 2004년 3월 11일 [마드리드] 폭파 사건 때문이었지만, 근본적으로는 이라크 점령에 반대하는 대중의 광범한 저항 때문이었다. 나는 중동부 유럽에서 미국의 최고 동맹국으로 꼽히는 폴란드의 여론조사 결과를 봤는데, 폴란드인의 63퍼센트가 폴란드군의 이라크 철수를 원하고 있었다.

따라서 이것은 [이라크 침략이라는] 도박이 실패한 둘째 차원으로 이어진다. 이라크 침략은 전 세계에서 엄청난 대중적 저항을 불러일으켰다. 아시아와 전 세계 반자본주의 운동의 탁월한 지식인 중 한 명인 월든 벨로는 시애틀 시위와 아시아 경제 위기 이래로 신자유주의적 자본주의는 정당성 위기를 겪고 있다고 말했다. 이라크 전쟁은 그 위기를 더 악화시키고 있다.

결국 이라크 침략이 이라크 내에서 국민의 저항을 불러일으킨 것은 당연하다. 전쟁 전에 부패한 이라크 망명객들은 조지 W 부시에게 "미군을 이라크에 보내라. 미군 병사들은 열렬한 환영을 받을 것이다" 하고 말했다. 그러나 그들이 받은 것은 로켓포탄과 총알 세례였다.

지금 이라크에서 벌어지고 있는 일을 좀 더 자세히 살펴보자. 2004년 초만 해도 미군 점령 당국은 저항 세력이 이른바 후세인 추종자, 후세인 잔당, 다른 아랍 나라에서 침투한 외국인 전사일 뿐이라고 말했지만, 이제 더는 그렇게 말하지 못한다. 2004년 4월 중순 미군은 팔루자를 장악하려 했지만 이라크 전역에서 모든 정치 세력의 저항을 고조시켰을 뿐이다. 결국 미국 육군의 엄청난 무력과 미국 공군의 막강한 화력에도 불구하고 그들이 팔루자를 장악하지 못한 채 후세인 군대 장성 출신 인사에게 의존해야 했다는 사실은 대단한 아이러니다. 왜냐하면 그들이 팔루자를 전면 공격했다가는 엄청난 인명 살상이 불가피했을 텐데 그것은 정치적으로 불가능한 일이었기 때문이다.

둘째로, 이라크 내 미군과 영국군 포로수용소에서 드러난 고문을 살펴보겠다. 고문 혐의로 기소된 미군 병사들에 대한 질문을 받은 국방부 대변인은 "아, 우리가 이라크에서 패배하게 만든 그 여섯

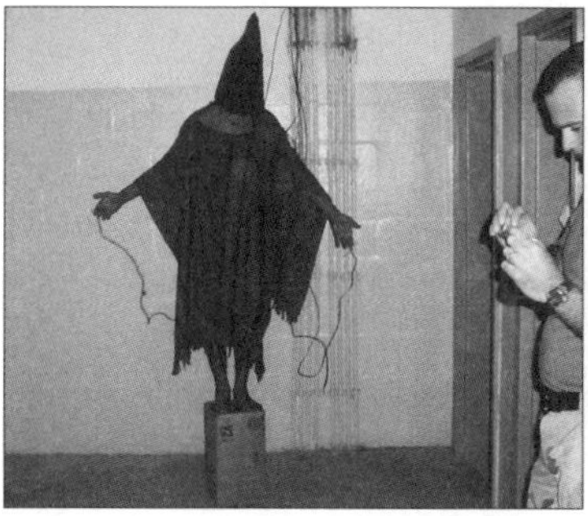

얼간이 말이군요" 하고 말했다. 그가 "이라크에서 패배" 운운한 것은 매우 재미있는 사실이다. 왜냐하면 아직 미국이 패배했다고들 생각하지는 않기 때문이다. 그러나 이렇게 역겨운 짓을 한 사람들은 단지 그 "여섯 얼간이", 그 병사들만이 아니다. 〈파이낸셜 타임스〉에 실린 끔찍한 사진을 보라.* 도저히 눈뜨고 볼 수 없는 장면이다. 벌거벗은 이라크인 포로를 뒤덮고 있는 것을 그들은 갈색 물체라고 말한다. 그러나 그것은 분명히 똥, 배설물이다. 그리고 곤봉을 든 한 미군 병사가 그 포로 앞에 버티고 서 있다. 이렇게 역겨운 고문을 자행한 장본인은 그 "여섯 얼간이"가 아니다. 일일이 수를 세지는 않겠지만, 진짜 "여섯 얼간이"는 조지 W 부시, 도널드 럼즈펠드, 폴 울포위츠, 그리고 이라크 침략 작전을 지휘한 모든 지휘관이다. 왜냐하면 미군이 통제한 감옥 안에서 고문은 체계적으로 자행됐으며, 이라크뿐 아니라 관타나모만[미군 기지 수용소]에서도 고문이 자행됐음이 분명하기 때문이다. 관타나모만에서 풀려난 [파키스탄계] 영국인 포로들

* 2004년 4월에 폭로된 아부그라이브 감옥 고문 사건 사진들을 가리킨다(사진 참조). 미군과 영국군은 이라크인들을 감옥에 가둬 놓고 고문과 성적 학대를 일삼았다.

은 교도관들이 체계적으로 저지른 잔혹한 짓을 밝힌 바 있다. 그런 짓은 아프가니스탄의 미군 공군기지가 있는 바그람에서도 일어났다. 그들은 그곳을 "억류 시설"이라고 부르지만 사실은 또 다른 감옥이다. 이 '테러와의 전쟁'은 전 세계에서 새로운 감옥 시스템을 만들어 내고 있다. 그런 감옥에서 사람들은 법의 보호를 전혀 받지 못하고 변호사 접견권도 거부당한 채 미군과 미국 정보기관의 야만적인 힘 앞에 속수무책으로 당하고 있다. 가장 위선적인 사실은 럼즈펠드가 이런 사진들을 공개하는 것에 반대한다는 것이다. 그는 그것이 제네바협약 위반이라고 말한다. 그러나 럼즈펠드는 관타나모만의 포로들이 제네바협약 적용 대상이 아니라고 말했던 자다. 자신들의 감옥 현실에 대해 당혹스런 정보들이 드러나자 이제 말을 바꾸고 있는 것이다.

그러나 이라크에서 잘못된 것은 고문보다 훨씬 더 근본적인 것이다. 비록 고문이 미군 점령 당국에게는 수치스런 일이기는 하지만 말이다. 점령군은 아랍인들에게 돼지고기를 먹이거나 이슬람교를 모욕하게 하는 등 그들을 굴욕적으로 다뤘다. [고문보다] 더 근본적인 문제는 점령 작전의 의도 전체다. 물론, 미군은 매우 강력하다. 막강한 화력과 공군력을 가진 미군에 맞서 공공연히 전쟁을 벌인다면 아무도 승리할 수 없을 것이다. 그러나 재래식 군대의 반격을 물리치는 것과 이라크처럼 큰 나라를 점령하는 것은 전혀 다른 문제다. 이라크는 인구 구성도 매우 다양한 데다 여러 이슬람교 종파, 공산당, 쿠르드 민족주의, 전통적 아랍 민족주의 등 다양한 정치 운동의 오랜 역사를 간직한 나라다. 미국은 이를 고려하지 않았다. 그들은 그런 나라를 계속 점령하기에 충분한 대규모 군대를 보유하고 있지 않다. 그들은 자국의 군사력을 과신했고, 그래서 어리석게도 자신들이 육성한 망명객들의 말만 듣고 소규모 군대로도 이라크를 점령할 수 있다고 오판했다. 이제 그들은 병력 운용에서 엄청난 위기를 겪고 있다. 주한 미군 거의 4000명을 빼내 이라크 점령을 지원하려는 것도 심각한 병력 부족 사태에 직면했기 때문이다. 그들은 점령을 유지해야 하고 그래서 동맹국들이 필요하지만, 앞서 말했듯이 스페인은 말 그대로 탈영했다(그들은 떠나 버렸다). 왜냐하면 이라크인들과 전쟁을 벌여야 하는 점령에 동참할 수 없었기 때문이다. 이제 미국의 많은 논평가, 자유주의적 논평가뿐 아니라 일부 군사 전문가도 럼즈펠드와 그의 이라크 점령이 미국 군대를 와해시킬 것이라고 말한다. 이런 종류의 점령을 감당하기에는 미국 군대의 규모가 너무 작기 때문이다. 그리고 이 때문에 미군의 사기가 저하되고 이라크에서 곤경에 처한 군대를 탈영하는 병사들이 속출할 것이라고 말한다. 다시 말해, 우리는 미국이 이라크에서 패배할 것이라는 현실적 전망을 목격하고 있다.

내가 말하는 패배는 미군이 전투에서 패배해 도망칠 것이라는 얘기가 아니다. 왜냐하면 미군은 전투에서는 늘 이기기 때문이다. 미국의 군사력은 그 어느 때보다 막강하다. 그러나 무장한 대중을 정치적으로 패배시키는 것은 훨씬 더 어려운 과제이며 그것이 바로 팔루자의 교훈이다. 미군이 팔루자에서 후퇴한 것은 화력을 사용할 수 있었음에도 그랬다가는 이라크 전역에서 정치적 저항만 격화시킬까 봐 두려웠기 때문이다.

이렇게 보면 지금 상황은 마치 베트남 전쟁 같다. 물론 베트남 전쟁은 훨씬 더 큰 전쟁이었다. 미군은 지금까지 이라크에서 살해한 것보다 훨씬 더 많은 베트남인들을 살해했다. 미군 사상자도 지금 이라크보다 훨씬 더 많았다. 그럼에도 근본적으로 똑같은 상황이 지금 이라크에서 벌어지고 있다. [베트남 전쟁에서] 역사상 가장 강력한 군사 권력이 인민 게릴라 저항 운동에 패배했다. 그리고 이런 일이 다시 벌어진다면 그것은 엄청나게 중요한 사건일 것이다. 베트남 전쟁 이후 미국은 이른바 '베트남 증후군'에 시달렸다. 다시 말해, 미국은 베트남에서 치욕을 당하고 전쟁이 국내에서 지지를 받지 못했기 때문에 해외에서 군사력을 사용할 수 없었다. 군대를 파병할 수도 없었다. 이런 상황은 꽤 오랫동안 지속됐다.

그러나 이번에는 훨씬 더 악화될 것이다. 베트남 전쟁은 냉전 상황에서 벌어졌고 그때는 또 다른 초강대국[소련]이 있었다. 그래서 미국은 오늘날보다 훨씬 더 조심스러웠다. 오늘날 미국은 유일 초강대국이다. 오늘날 컴퓨터 게임 같은 군사력 과시가 많다. 크루즈미사일 같은 무기들로 표적을 정밀 타격해 파괴함으로써 미국의 군사력을 과시하는 것 말이다. 이런 상황에서 미국이 이라크에서 어쩔 수 없이 철수한다면, 특히 부시 정부가 온갖 오만방자한 행동을 하고 미국의 일방적 패권을 천명하고 그 누구의 말도 듣지 않고 제멋대로 할 수 있는 미국의 능력을 과시했음에도, 이런 상황에서 미국이 이라크에서 어쩔 수 없이 철수한다면, 전 세계에 미치는 그 정치적·이데올로기적 효과는 엄청날 것이다. 세계 전역에서 엄청나게 많은 사람들이 이렇게 말할 것이다. "이라크인들이 미국 제국주의를 물리칠 수 있다면 우리도 그렇게 할 수 있다." 따라서 그것은 사람들이 자신감을 되찾는 데도 도움이 될 것이다.

여러분은 자본주의가 왜 아직까지 살아남아 있다고 생각하는가?

세상 사람들이 자본주의가 좋다고 생각하기 때문이 아니다. 그것은 무엇보다도 사람들이 자본주의가 너무 강력해서 맞서 싸울 수 없다고, 타도할 수 없다고 생각하기 때문이다. 미국이 이라크에서 패배한다면 많은 사람들이 그런 생각에 도전할 것이다. 따라서 [이라크 전쟁에 걸린] 정치적 판돈은 매우 크다. 그리고 반전운동의 역할도 매우 중요하다.

내가 말하는 반전운동은 전 세계의 반전운동이지만, 특히 점령에 참가하고 있는 나라들의 반전운동이 중요하다. 그래서 영국에서도 이라크 점령에 반대하는 시위가 벌어지고 있다. 한국도 점령에 참가하고 있는 나라다. 한국의 노무현 대통령은 부시에게 대규모 한국군을 파병하겠다고 약속했다. 비록 그가 실제 파병은 약간 미루고 있는 듯하지만 말이다.*

그리고 앞서 말했듯이 스페인이 군대를 철수했다. 이탈리아도 심상치 않다. 이탈리아 총리 실비오 베를루스코니는 아주 역겹고 부패하고 정말로 악독한 신자유주의 정치인이다. 그런 그가 갑자기 부시에게 이렇게 말하기 시작했다. "저런! 이라크에 뛰어든 건 그다지 좋은 생각이 아니었던 것 같은데. 우리가 되도록 빨리 이라크에서 빠져나올 수는 없을까?" 이것은 이라크 침략 1년 뒤인 2004년 3월 20일에 로마에서 200만 명이 점령 반대 시위를 벌였다는 사실을 반영하는 것이다.** 지금 우리는 미국과 그 동맹국들을 이라크 자체의

---

* 노무현 정부는 결국 2004년 8월 특전사 등으로 구성된 3600여 명의 병력을 파병했다.

** 실제로 2005년 베를루스코니는 실각했고 이탈리아는 철군했다.

저항이라는 망치와 세계 반전운동이라는 모루 사이에 집어넣을 수 있다. 그것은 지금 우리가 직면하고 있는 정말로 즉각적인 과제다.

그러나 이것은 앞서 말한 더 큰 투쟁의 일부임을 기억해야 한다. 지금까지 얘기한 지정학적 경쟁과 군사력 과시는 자본주의의 한 측면이다. 다른 측면은 신자유주의와 신자유주의 공세 배후에 놓여 있는 경제적 경쟁과 계급 착취다. 지금 세계 반자본주의 운동이 매우 중요한 이유는 무엇보다도 그것이 자본주의의 이 두 측면에 반대하는 투쟁들의 수렴이기 때문이다. 반자본주의 운동은 신자유주의 경제정책들에 반대하는 시애틀과 제노바 시위에서 시작됐다. 그러나 반자본주의 운동의 발전 과정에서 우리는 특히 2002년 11월 피렌체 유럽사회포럼 폐막 때 2003년 2월 15일 반전 시위의 날을 호소했다. 그 호소는 2003년 초 브라질 세계사회포럼을 통해 전 세계로 확산됐고 실제로 2003년 2월 15일에는 놀랍게도 세계 전역에서 엄청나게 많은 사람들이 거리로 쏟아져 나와 당시 임박한 이라크 침략에 반대하는 시위를 벌였다. 자본주의와 제국주의에 맞선 저항의 역사에서 전례 없는 항의의 날이었다. 세계에서 가장 보수적인 기구 가운데 하나인 〈뉴욕 타임스〉조차 "지구 상에는 [미국과 전 세계 반전 여론이라는] 두 개의 슈퍼파워가 있다"고 말해야 할 정도였다. 그때 이후 반자본주의 운동과 반전운동의 동일한 수렴 과정에서 우리는 2004년 3월 20일 이라크 점령에 반대하는 시위를 또 벌였다. 다시 말해, 우리는 이런 저항을 "테러와의 전쟁"에 반대하는 것으로까지 연장하고 있다. 3월 20일 시위는 신자유주의 반대 투쟁과 반전 투쟁을 연결하는 것의 중요성을 이해하고 반영하는 전 세계 활동가들이 한데 모인 2004년 초 뭄바이 세계사회포럼에서 발전해 나왔다. 한국의

'아래로부터 세계화'나* 태국에 본부가 있는 남반구초점, 영국의 '저항의 세계화', 국제 농민들의 운동인 비아캄페시나(농민의 길) 같은 다양한 세력이 각자의 투쟁을 어떻게 서로 잘 조화시킬 것인지에 대한 공통의 인식을 바탕으로 모두 하나로 뭉쳤다.

우리가 할 일은 이런 종류의 연계와 투쟁을 발전시키고 정신적·전략적으로 훨씬 더 강력하고 분명하게 구축해서 마침내 자본주의의 파괴적 논리를 영원히 분쇄하는 운동으로 성장시키는 것이다.

그래서 내가 정말로 하고 싶은 결론적 얘기는 다음과 같다. 여러분이 그런 분석을 받아들인다면, 카를 마르크스의 유명한 말, 즉 "지금까지 철학자들은 세계를 해석해 왔다. 그러나 중요한 것은 세계를 변화시키는 것이다"라는 말의 의미를 되새기자는 것이다. 책을 읽고 탐구하는 것은 매우 중요하다. 마르크스주의 서적들을 읽는 것은 특히 중요하다. 그러나 책을 읽고 탐구하는 것도 매우 중요하지만, 단지 현재 상황에 대한 이해를 넘어 조직된 행동으로 나아가는 것이 필수적이다.

또, 문제를 해결할 수 있는 전략에 대한 심층적 이해를 바탕으로 상이한 시위와 저항을 하나로 엮어 주는 실을 찾아내는 것이 중요하다. 내 얘기에서 분명히 해야 할 것은 나는 군사력 경쟁과 경제적 경쟁이라는 두 얼굴을 가진 자본주의야말로 문제라고 생각한다는 것이며 세계는 문명화되고 살기 좋은 곳으로 변해 가고 있는 게 아니라는 것이다. 지구 상에서 사람들이 생존하기 위해서는 자본주의를 제거해야 한다. 그러므로 우리는 자본주의에 반대해 조직해야 하고,

---

* 아래로부터 세계화 2004~2007년에 활동한 한국의 대안 세계화 운동 단체.

민주적 계획에 기초한 사회주의 사회를 건설하는 사회변혁을 이루기 위해 조직해야 한다. 그래서 스스로 세계의 지배자라고 생각하고 우리 운명의 지배자라고 생각하는 자들에 맞선 거대한 투쟁에 나서자. 그들이 가진 권력을 빼앗고 자본주의·제국주의·전쟁을 [과거의] 악몽쯤으로 여기게 될 세상에서 전 세계 사람들이 살아가도록 만들기 위해서 말이다.

무함마드 만평 사태

혐오를 부추길 자유?

2006년 2월 22일

갑자기 언론의 자유가 핵심 정치 의제로 떠올랐다. 이것은 무엇보다 덴마크 일간지 〈윌란스포스텐〉이 처음 실은, 예언자 무함마드를 모욕적으로 묘사한 만평을 유럽의 많은 우파 언론들이 다시 게재하면서 [무슬림들의] 항의가 확산되고 있기 때문이다.

그러나 언론의 자유 문제는 영국 나치 정당인 영국국민당BNP의 지도자 닉 그리핀과 마크 콜렛의 재판에서 핵심 쟁점이기도 하다. 이들은 이슬람을 "사악한 신앙"이라고 말하고 난민을 바퀴벌레에 비유해 선동죄 혐의로 구속됐다가 며칠 전에 풀려났다. 이 판결은 '종교적 증오에 관한 법률'을 반대하는 좌파들이 완전히 어리석다는 것을 보여 준다. 이들은 현재 기독교도·시크교도·유대교도가 편견과 종교적 증오 선동의 대상이 되지 않도록 보호받는 것과 달리, 무슬림은 보호받을 필요가 없다고 주장했다. 기존 법률로도 심각한 사건들을 모두 해결할 수 있기 때문이라는 것이다.

그러나 그리핀과 콜렛을 옹호하는 주장의 핵심은 그들이 이슬람이라는 종교를 비판했지 인종적 이유로 무슬림들을 공격한 것은 아니며, 따라서 그들이 현행법(인종적 혐오를 부추기는 것을 범죄로 규정한)을 위반한 것은 아니라는 것이다. 이런 식의 그럴싸한 구분은 2001년 9·11 테러 이후 서구에서 이슬람 혐오가 인종차별의 가장 뚜렷하고 또 '유력한' 형태가 됐다는 사실을 무시한다.

압도 다수가 아프리카·아시아·중동계인 무슬림은 역사적으로 영국에서 아일랜드인이, 미국에서 흑인이 당한 것과 같은 종류의 수치와 굴욕에 시달린다. 무함마드 풍자만화 사태는 이것을 매우 분명히 보여 준다.

덴마크 정부는 십중팔구 유럽에서 가장 우파적인 정부일 것이다. 덴마크 총리 아네르스 포그 라스무센은 이민자들을 끔찍하게 적대하는 덴마크국민당DF의 지지 덕분에 권력을 유지하고 있다. 또, 덴마크는 이라크 파병국이기도 하다. 바로 이런 분위기에서 〈윌란스포스텐〉이 무슬림을 이중으로 모욕하는(무함마드를 [그림으로] 묘사하고* 그를 테러리즘과 결부시킨) 만평을 실어 "논쟁을 촉발"하기로 결심했다. 포그는 이 만평에 항의하는 아랍계 대사들의 면담 요구를 거부했다.

며칠 전 라디오 방송에서 어떤 바보가 말한 것과는 달리 이슬람이 모든 시각적 묘사를 금지한다는 것은 사실이 아니다. 오르한 파무크의 소설 《내 이름은 빨강》을 읽어 본 사람은 누구나 16세기와

---

* 대부분의 이슬람 전통에서는 선지자에 대한 시각적 묘사를 우상숭배로 여겨 금기시한다.

17세기 서아시아를 지배한 이슬람 대제국들(오스만·사파비·무굴 제국)이 매우 풍부한 시각예술 전통을 발전시켰다는 사실을 알게 된다. 그러나 이런 그림들 속에서 예언자 무함마드의 얼굴은 언제나 공백이었다. 〈윌란스포스텐〉이 한 것처럼, 터번 안에 폭탄을 담은 무함마드의 얼굴 전체를 그린 것은 무슬림들에게 직접적 모욕이었다.

며칠 전 이 만평을 다시 게재한 독일의 〈디 벨트〉, 프랑스의 〈프랑스 수아르〉 같은 신문들은 언론의 자유가 "절대적" 가치라는 이유로 자신들의 행위를 정당화했다. 이것은 그야말로 쓰레기 같은 주장이다. 만일 표현의 자유에 제한이 없다면, 신문이 1면에 아동 포르노를 실어도 괜찮다는 것인가? 이런 일을 하면 신문이 기소될 수 있다는 것이 그렇게 하지 않는 유일한 이유인가? 이 두 질문의 정답은 당연히 '아니요'다.

언론의 자유는 민주 사회에서 중요한 가치다. 그러나 거기에 제한이 있다는 것쯤은 모두 알고 있다. 미국의 연방 대법원이 발전시킨 '도발적 발언' 원칙을 보면, "남에게 상처를 입히거나 치안방해를 부추기는" 발언은 미국 수정헌법 제1조가 보장하는 언론의 자유 권리에 포함되지 않는다. 진정한 사회주의자라면 그리핀 같은 파시스트들에게 발언 기회를 보장해서는 안 된다고 주장해야 한다. 왜냐하면 이들의 인종차별적 선전은 단순한 견해 표명이 아니기 때문이다. 그것은 소수 인종과 반파시즘 활동가들을 물리적으로 공격하는 대중운동을 발전시키기 위한 수단이다. 그 목표는 권력을 장악해 히틀러의 만행을 재연하는 것이다.

많은 평론가들은 이번 사태를 1988년 살만 루슈디의 소설《악마의 시》가 촉발한 소동에 비유한다. 이 소설에서 루슈디는 이슬람의 기원에 관한 허구적이고 비전통적인 역사를 표현했다. 이 책은 무슬림들 사이에서 — 영국에 거주하는 많은 무슬림들을 포함해 — 엄청난 비판을 받았다. 이란 지도자 아야톨라 호메이니는 루슈디에게 사형을 선고하는 판결(파트와)을 내리기도 했다.

그러나《악마의 시》와 무함마드 풍자만화는 비슷한 점이 전혀 없다. 무함마드 풍자만화가 무슬림을 모욕하려는 노골적 시도라면, 루슈디의 소설은 자신의 모태 신앙의 뿌리를 찾으려는 인도 출신 무슬림 작가가 창작한 복잡한 예술 작품이다. 〈소셜리스트 워커〉는 당시 루슈디의《악마의 시》출판 권리를 옹호했다. 그러나 우리는 또한 이 소설이 영국과 그 밖의 서구 사회에 거주하는 무슬림들 사이에 불러일으킨 진정한 분노와 상처를 이해했다.《악마의 시》가 옳든 그르든, 그 소설은 무슬림들이 겪었고 지금도 계속 겪고 있는 굴욕과 차별을 상징하게 됐다.

루슈디 사건은 서구의 많은 자유주의 지식인들이 이슬람을 현대의 민주적·과학적 관행에 맞지 않는, 독특하게 사악하고 야만적인 종교로 묘사하는 캠페인의 시작을 알리는 신호였다. 이것이 오늘날 이슬람 혐오로 이어지는 길을 열었다.

이런 지식인들의 다수는 18세기 계몽주의 운동이 유럽을 기독교 신앙에서 해방시킨 역사를 자랑스러워해야 한다고 주장한다. 예컨대, 조앤 스미스는 〈인디펜던트 온 선데이〉에 기고한 글에서 다음과 같이 주장한다. "이 충돌은 문명들 사이의 충돌이 아니다. 그것은 종교의 위상에 관한 계몽주의 이전 사상과 이후 사상 사이의 충돌이다."

그러나 이런 주장은 궁극적으로 이슬람에 대한 오랜 편견을 재생산한다. 이런 편견은 이슬람의 복합성과 이슬람이 지배적 종교였던 많은 사회에서 나타나는 문화적 풍부함을 완전히 무시한다. 이는 유럽이 "기독교권"을 자처하며 선진 이슬람 국가들을 위험한 경쟁자로 인식했던 시기에서 비롯한 것이다.

또, 이들은 프랑스 계몽주의의 지도적 인물이었던 볼테르와 그가 가톨릭교회에 맞서 펼친 운동을 많이 언급한다. 그러나 다시 한 번 말하지만, 여기에는 비슷한 점이 전혀 없다.

18세기에 서로 다른 기독교 교회들, 즉 가톨릭과 프로테스탄트는 다양한 유럽 왕조들의 공식 종교였다. 그 교회들은 이데올로기를 독점했고, 국가의 지원을 등에 업고 다른 기독교 종파 구성원들을 끔찍하게 탄압했다. 볼테르처럼 교회에 도전하려면 진정한 용기가 필요했다.

오늘날 유럽에서 이슬람은 구조적 차별과 편견으로 고통받는 가난한 소수의 종교다. 예컨대, 영국의 무슬림들은 모든 사회경제 지표에서 최하층을 차지한다. 네덜란드 의원 아이안 히르시 알리 같은 반무슬림 활동가들은 결코 용감한 영웅이 아니다. 그들은 사회적 약자들을 괴롭히는 국가의 옹호자일 뿐이다. 특히 2001년 9·11 테러 이후 유럽 정부들은 무슬림들에 대해 억압과 통합을 동시에 추진하는 양면 전략을 사용해 왔다.

북유럽의 많은 지역에서는 억압(그리고 이데올로기적 위협)이 더 두드러진다. 덴마크와 네덜란드는 이런 정책의 전형을 보여 준다. 무슬림 여학생들의 히잡 착용을 금지한 프랑스의 법률도 그런 사례 가운데 하나다. 2006년 2월 5일 자 〈업저버〉를 보면, 독일에서 "기독민주당이 운영하는 바덴뷔르템베르크주州 정부는 '무슬림' 테스트를 도입했다. 이 테스트는 독일 시민권을 신청한 무슬림들에게 9·11 테러와 동성애에 대한 견해, 그리고 그들의 자녀가 수영 강좌를 들을 수 있게 허용할 것인지 등을 묻는다." 자유주의의 가치관 얘기는 이제 그만해라.

반면에, 영국 정부는 조금 다른 전략을 추구한다. 이들은 무함마드 풍자만화를 다시 게재한 것을 즉각 비난했다. 2005년 7월 7일 런던 테러 이후 신노동당* 정부는 무슬림 지도자들을 달래기도 하고 위협하기도 했다. 정부의 위협은 시민적 자유를 더 억압하고 무슬림 지역사회가 "테러리즘을 비난해야 한다"고 요구하는 형태를 취한다. 여기서 "테러리즘"은 팔레스타인과 이라크에서 벌어지는 저항 형태 일체를 포함하는 데까지 확대된다.

그러나 영국 정부는 무슬림 지도자들과 협상도 한다. '테러와의 전쟁'에 대한 비판의 강도를 낮추면 그 대가로 더 많은 공식적 자문과 인정을 주겠다는 것이다. 논쟁적인 무슬림 신학자인 타리끄 라마

---

* 신노동당 신자유주의를 공식적으로 받아들인 영국 노동당을 일컫는 말이다. 신노동당 정부는 1997~2010년 토니 블레어 정부와 고든 브라운 정부를 가리킨다.

단은 유럽 대륙에서는 이슬람 극단주의 이데올로그라고 널리 비난받는다. 그러나 영국에서는 정부 자문으로서 무슬림들이 더 넓은 사회와 "어울려야" 한다고 주장한다.

런던 시장 켄 리빙스턴도* 영국 무슬림 지도자들을 포섭하려는 정부의 노력에서 중요한 구실을 하고 있다. 리빙스턴은 2년 전 노동당에 다시 입당했음에도, 인종차별 반대 경력과 팔레스타인 사람들을 지지하고 이라크 전쟁에 반대하는 태도 덕분에 무슬림 지역사회의 큰 신뢰를 받고 있다.

언론은 소규모 급진 이슬람 단체들이 런던의 덴마크 대사관 밖에서 벌인 시위를 맹렬히 비난하고 있다. 이런 압력 때문에, 무슬림 지도자들은 자신들이 자살 폭탄 공격자들과 관계가 없음을 증명해야 하고 정부에 결코 반대해서는 안 된다고 느낄 것이다.

이것은 영국 등 유럽의 좌파들에게 중요한 임무를 부여한다. 권력집단들이 무슬림들에게 제시하는 주요 선택지(침묵, 억압, 또는 이슬람 테러리즘이라는 막다른 길) 외에도 대안이 있음을 보여 주는 것은 우리의 과제다. 무엇보다 이것은 우리가 이슬람 혐오를 거부해야 하고, 최근 벌어지는 언론의 자유에 관한 엉터리 주장에 속아서는 안 된다는 것을 뜻한다. 사회주의자라면 마땅히 억압과 착취의 진정한 피해자들을 지지하고 더 나은 세계를 위해 그들과 함께 어깨 걸고 싸워야 할 것이다.

---

* 켄 리빙스턴 영국 노동당 좌파 정치인으로 2000~2008년 런던 시장을 지냈다. 토니 블레어가 이끈 노동당 정부의 이라크 전쟁 참여 정책을 반대해 반전운동에 기여했다.

나토: 서방 제국주의가 재활용하는 도구

2006년 11월 28일

우리는 제국주의 시대에 살고 있다. 미국과 영국이 이라크에서 곤경에 빠졌지만, 이 사실이 바뀌지는 않는다.

일례로 나토(북대서양조약기구)를 보자. 나토는 2006년 11월 28~29일에 라트비아의 수도 리가에서 정상회담을 연다. 1949년에 설립된 나토는 명목상 소련에 맞서기 위한 방어적 군사동맹이었으나, 실제로는 전후 서유럽에서 미국의 유력한 지위를 유지하기 위한 도구였다. 그래서 냉전 종식 후에도 나토는 사라지지 않았다. 사라지기는커녕 동유럽과 중부 유럽으로 확장되면서 러시아 국경 근처까지 진출했다. 라트비아는 1991년까지 소련의 일부였다.

그러나 나토는 미국의 러시아 포위 도구 이상이다. 1999년 4월의 나토 혁신 정상회담에서 나토는 "역외" 군사작전에 참가한다는 새로운 임무 선언을 채택했다. 유럽 군대가 세계적으로 미국 제국주의의 하위 파트너 구실을 할 것이라는 의미였다.

2006년 11월 23일 〈파이낸셜 타임스〉가 보도한 리가 정상회담 문서인 "포괄적 정치 지침"을 보면 지금 나토는 그런 활동을 더 확대하려 한다. "동맹에 대한 대규모 재래식 공격 가능성은 작다. 그러나 앞으로는 유럽과 대서양 지역 밖에서 비재래식 공격이 닥칠 수 있다." 그래서 나토의 "테러 억지·저지와 방어·보호 능력"을 향상시키는 것이 중요해진다. 이를 위해 나토는 여러 소규모 임무 수행은 물론이고 한 번에 한 가지 이상의 대규모 군사작전을 할 수 있어야 한다. 나토 지상군의 40퍼센트는 해외 작전에 참가할 수 있어야 한다.

이 모든 기획을 얼마나 실질적인 것으로 여겨야 할지는 알 수 없다. 도널드 럼즈펠드는 2001년 9·11 사건 이후 나토를 노골적으로 무시했다. 미국은 아프가니스탄과 이라크 침공 때 이른바 "의지의 동맹"에* 의존했다. 그러나 그 뒤 갈수록 곤경에 빠진 부시는 동맹국들의 지원을 점점 더 적극적으로 구하게 됐고, 2004년 재선 직후 첫 방문지의 하나로 브뤼셀의 나토 본부를 선택했다.

프랑스와 독일은 나토가 이라크에 깊숙이 개입하는 데 반대했다. 그러나 나토는 아프가니스탄에 갈수록 깊숙이 개입하게 됐고, 최근에는 아프가니스탄을 점령하는 국제안보지원군 임무를 맡았다.

나토의 입장에서 아프가니스탄 개입은 성공 사례가 아니다. 미국·영국·캐나다 군대는 아프가니스탄 남부에서 부활한 탈레반과 매우 힘든 싸움을 하고 있다. 반면에, 아프가니스탄 북부에 주둔 중인 2700명의 독일 군대는 공격적 군사작전을 위해 주둔지 밖으로 나가는 것을 금지하는 교전규칙이 있다.

* 의지의 동맹 2003년 이라크 침공에 동참한 다국적군과 국가들을 가리킨다. 미국 대통령 조지 W 부시의 2002년 11월 나토 정상회담 연설에서 처음 등장한 용어다.

〈파이낸셜 타임스〉는 한 기사에서, 하미드 카르자이* 정부에 대한 불만이 아프가니스탄 북부까지 확산될 수 있다고 보도했다. 정보 분석 웹사이트 스트랫포에 따르면, 2001년에 미국이 탈레반을 물리친 것은 공군력뿐 아니라 거액을 주고 '빌린' 북부동맹** 군대 덕분이었다. 그러나 카르자이에게 무시당해 온 북부동맹 지도자들은 그의 약점을 알아차렸고, 무기를 비축하고 군대를 양성하고 있다.

최근 독일에서 앙겔라 메르켈의 연립정부는 테러리즘과 대량살상무기 대처라는 뻔한 이유를 들어 독일군이 국제적으로 더 적극적인 구실을 해야 한다는 내용의 국방백서를 승인했다. 국방백서는 이렇게 말한다. "독일의 경제적 번영은 원료·상품·사상을 입수할 수 있는지에 달려 있기에 독일은 [다양한 사상과 견해를 두고 벌이는] 평화적 경쟁[과 개방적 무역 체제, 제한 없는 수송 체계]에 근본적 이해관계가 있다."

과거에 미국 지배자들도 비슷한 이유를 들어 미국의 힘을 전 세계에 과시하는 것을 정당화했다. 이제 세계 최대 수출 대국인 독일의*** 지배자들도 [미국과] 똑같은 방식으로 생각하기 시작했다. 만약 이라크 전쟁에 반대한 '낡은 유럽'의 최강대국이 제국 권력의 눈으로 세계를 바라보기 시작한 것이라면, 이는 진정 중요한 변화가 시작됐다는 뜻이다.

---

* 하미드 카르자이 2001~2014년 서구의 꼭두각시 구실을 한 아프가니스탄 대통령.

** 북부동맹 아프가니스탄 북부에서 반(反)탈레반 투쟁을 벌여 온 이슬람주의 군사 조직으로, 2001년 미국의 아프가니스탄 침공 때 미군의 지상군 노릇을 했다.

*** 2009년 중국이 독일을 제치고 세계 1위 수출국이 됐다.

유엔의 계획은 다르푸르에 도움이 안 된다

2007년 8월 15일

영국 총리 고든 브라운은 국제 무대에서 속임수와 공격적 태도를 배격해 왔다고 주장한다.

그러나 그가 2007년 7월 말 뉴욕을 방문해 수단 다르푸르에 군대 2만 6000명을 파병하는 유엔 결의안을 지지한 것은 토니 블레어식 '자유주의적 개입주의'를 순전히 포장만 바꾼 것이었다. 8월 5일자 〈업저버〉에서 메리 리델은 [고든 브라운에 대한] 언론의 아첨을 거들었다. "드디어 유엔이 다르푸르에서 힘을 쓰게 됐다."

리델은 브라운이 이라크에서, 어쩌면 아프가니스탄에서도 철군해야 하고 미국과의 동맹에서도 한 발 빼야 한다는 것을 인정했다. 그러면서 다음과 같이 덧붙였다. "그러나 마찬가지로, 다른 사람들도 돌팔이 처방 — 일체의 개입을 거부해야 한다는 것이 이라크 전쟁의 교훈이라는 — 을 버려야 한다. 서방의 정치·경제·안보 이익이 걸려 있는 분쟁과 인도주의적 개입을 혼동해서는 안 된다."

이런 정서는 미국의 '다르푸르 살리기 연합Save Darfur Coalition'을 통해 훨씬 더 강력하게 드러난다. 〈뉴욕 타임스〉는 이렇게 보도했다. "남아프리카공화국 아파르트헤이트(인종격리정책) 철폐 운동 이후 아프리카 관련 쟁점 중 정치적 입장을 떠나서 이만큼 광범한 대중적 지지를 이끌어 낸 것도 없을 것이다. … '다르푸르 살리기 연합'은 부시 대통령에게 100만 장 이상의 엽서를 보냈고, 수만 명씩 참가한 대중 시위를 조직했고, 회원들에게 다르푸르의 집단 학살에 반대하는 구호(Not On Our Watch)가 적힌 팔찌를 착용하도록 권장했다."

언뜻 보면, 이것은 꽤나 기묘한 일이다. 미국 정부는 이라크에서 거의 100만 명을 살해하고 400만 명을 난민으로 만든 전쟁 범죄를 지속하고 있다. 그러나 많은 미국 시민(그들 중 상당수는 미국에서 진보로 여겨진다)은 자국 정부의 범죄보다는 수단의 오마르 알바시르 정부의 범죄를 더 많이 우려하는 듯하다. 이것은 수상쩍은, 일종의 이데올로기적 바꿔치기로 보인다. 미국 제국주의가 전 세계에서 저지르는 짓에 대한 우려가 특정 분쟁으로 바꿔치기돼 오히려 지배 이데올로기를 강화하고 있다.

그래서 다르푸르 분쟁은 잔자위드 민병대로 조직된 '아랍' 학살자들이 '아프리카 흑인들'을 대량 살해하는 것으로 그려진다. 이것은 아랍인을 폭력적·반동적으로 묘사하는 이슬람 혐오에도 들어맞고 아프리카인들을 영원한 피해자로 묘사하는 언론의 역겨운 행태와도 잘 맞는다.

그러나 이런 묘사는 현실과는 거리가 멀다. 다르푸르의 복잡하고 파괴적인 분쟁을 설명한 여러 글 중에서 내가 본 가장 명확한 글은 작가이자 인권 운동가인 알렉스 드월이 〈런던 리뷰 오브 북스〉 등에 쓴 글이다. "'아랍인'과 '아프리카인'에 대해 말이 많지만, 다르푸르인들의 피부색을 근거로 그들을 구별하기는 거의 불가능하다. 모두 수백 년 동안 그곳에서 살았고 모두 무슬림이다."

다양한 갈등이 얽히고설켜 비극적 결과를 초래한 것이 다르푸르 분쟁이다. 유목민과 농민 사이의 오랜 긴장이 가뭄으로 더 악화됐다. 다른 곳에서 시작된 정치적 갈등이 다르푸르로 확산됐다. 특히, 리비아의 카다피는* 1980년대에 인접국 차드에서 벌어진 전쟁 당시 다르푸르를 자신의 '이슬람 군단'의 근거지로 이용하려 했다. 또, 수단 북부의 무슬림과 남부의 가톨릭 신자 사이의 훨씬 더 오래된 내전도 있었다. 2003년에 다르푸르 분쟁이 시작됐을 때, 그것은 반군(세속적 세력도 있었고 이슬람주의 세력도 있었다)과 잔자위드 민병대(수도 하르툼의 중앙정부가 후원했다) 간의 싸움이었다.

양쪽 모두 지지자를 동원하기 위해 인종적 차이를 이용했다. 드월은 다음과 같이 지적했다. "다르푸르의 복잡한 정체성이 갑자기 놀라울 정도로 단순화되면서 '아랍' 대 '아프리카'라는 이분법이 형성됐다. 이것은 역사적으로는 엉터리지만 당혹스럽게도 강력하다."

이 전투는 이합집산하는 반군 연합과 친정부 세력의 이전투구 양상으로 파편화됐다. 특히 2006년 11월 평화 회담이 실패하면서 더 심해졌다. 드월은 원래 유엔군 개입에 찬성했지만 이제는 다음과 같이 인정한다. "군사개입은 살육을 막을 수 없다. 다르푸르 위기는 정치적 문제다. 그것은 내전이며, 다른 내전과 마찬가지로 정치적 해결책이 필요하다."

그렇게 주장하는 사람은 드월만이 아니다. 인도주의적 구호 활동

---

* 무아마르 알 카다피 리비아의 독재자. 2011년 벌어진 혁명으로 타도됐다.

을 벌이는 NGO들도 '다르푸르 살리기 연합'의 군사개입 요구를 비판한다. 2007년 5월에 '기아 저지 행동Action Against Hunger'은 수단 정부의 반발을 무릅쓴 유엔의 군사개입이 "수많은 사람들에 대한 인도주의적 지원을 힘들게 하고 폭력을 더욱 악화시키는 재앙적 결과를 낳을 수 있다"고 경고했다.

군사개입이 다르푸르의 고통을 쉽사리 종식시킬 수 있다는 발상은 순진한 생각이다. 그것은 악이 수도꼭지에서 흘러나오는 물과 같아서 수도꼭지를 잠그면 모든 문제가 해결될 거라는 생각이다.

그러나 전쟁, 특히 내전은 흔히 복잡한 원인이 있다. 그런 원인들을 제거하기 위한 작업 자체도 대안적 미래를 제시할 수 있는 정치 연합을 구성하려는 끈질긴 노력을 포함하는 복잡한 과정일 수밖에 없다.

그런 연합은 서방 제국주의를 문제의 해결책이 아니라 문제의 일부로 인식해야 한다. 서방이 수단에 아무런 이해관계를 가지고 있지 않다는 리델의 주장은 터무니없다. 수단은 미국이 '테러와의 전쟁'의 주요 전선으로 여기는 지역에서 가장 중요한 산유국으로 떠오르고 있다. 실제로, 〈파이낸셜 타임스〉는 2006년 11월 "미국과 수단의 여전히 긴밀한 정보 공유 관계"에 대해 언급했다.

이라크는 자유주의적 개입주의 정책의 파산을 보여 줬다. 여기서 얻어야 할 교훈은 이 정책이 다른 곳에서는 통할 수 있다는 것이 아니라 그것을 철저히 거부해야 한다는 것이다.

코소보, 서방의 '승리'?

2007년 12월 21일

이른바 '국제사회'의 도덕적 잣대가 어떤 것인지를 알고 싶다면 그들이 스스로 성공했다고 주장한 사례들을 보면 된다. 며칠 전 제임스 루빈(미국의 빌 클린턴 정부에서 국무부 고위 관리를 지냈다)이 라디오 방송에서 미국이 1999년 코소보에서 거둔 인도주의적 성과를 재현한다면 국제적 신뢰를 회복할 수 있을 것이라고 주장했다고 한다. 그 말을 듣고 나는 역겨워 죽을 뻔했다.

코소보는 세르비아의 자치주다. 지금 코소보 주민의 다수는 알바니아계이지만, 코소보는 세르비아 민족주의 이데올로기에서 중요한 지역이다. 1990년대에 발칸반도에서 여러 차례 전쟁이 일어난 데는 세르비아 대통령 슬로보단 밀로셰비치가 세르비아 민족주의 단체들을 이용해 팽창주의를 추구한 것이 한몫했다. 이 전쟁들 가운데 마지막 전쟁이 1999년 봄에 일어난 코소보 전쟁이다. 당시 세르비아가 통제한 유고슬라비아연방군은 민족 독립을 요구하며 게릴라전을 벌이던 코소보해방군을 상대로 악독하지만 소규모의 반란 진압 작전을 벌이고 있었다.

클린턴과 그의 유럽 동맹국들(영국 총리 토니 블레어가 이끌었다)은 세르비아를 폭격했다. 밀로셰비치는 유고슬라비아연방군을 시켜 알바니아계 수십만 명을 추방하며 대항했지만, 결국 코소보 통제권을 유엔과 나토에 넘겨줘야 했다. 러시아가 중재한 정전협정에 따라 코소보는 세르비아의 영토로 남게 됐다.

그런데 이제 코소보가 다시 뉴스에 등장하고 있다. 알바니아계가 지배하는 코소보 정부는 세르비아로부터 독립하겠다고 일방적으로 위협하고 있다. 이 계획은 [클린턴의 후임] 조지 W 부시 정부와 유럽 열강들의 지지를 받고 있다. 며칠 전 유럽연합 정상들은 독립 후 코소보의 "안정"을 지원하기 위해 경찰·판사·세관원·검사 1800명을 파견하기로 결정했다. 이들은 나토의 코소보평화유지군KFOR 1만 6000명과 합류할 것이다.

최근에 하심 타치가 코소보 총리로 선출됐다. 그는 코소보해방군의 지도자 가운데 한 명이었다. 코소보해방군은 1999년 전쟁 기간에 나토의 공습을 지원했다. 타치는 세르비아군이 철수한 뒤 몇 달 동안 코소보를 사실상 통치하며 수많은 범죄를 저질렀다는 비난을 받았다.

그런 범죄들과 코소보의 소수민족인 세르비아계를 상대로 널리 자행된 잔학 행위들에 대한 대응 방안으로 유엔은 "정상화 후 [국제적] 지위 인정"이라는 정책을 채택했다. 다시 말해, 먼저 코소보에서 민주주의 제도들(법치, 이동의 자유, 세르비아계를 비롯한 소수민족들의 귀환과 재통합, 베오그라드에 있는 세르비아 정부와의 대화)이 정상적으로 작동해야만 코소보의 국제적 지위에 대한 합의가 가능하다는 것이다.

이 정책은 지금 폐기됐다. 2007년 5월 경영 컨설턴트 오스카르 린트스트룀은 〈파이낸셜 타임스〉에 보낸 편지에서 다음과 같이 썼다. "폭격과 정적(과 유엔 직원) 암살 사건이 흔히 일어난다. … 분명히, 코소보가 독립하면 미국과 영국이 주장하는 민주적 다문화 국가의 모범이 아니라 소수민족들이 모두 인종 청소당한 실패한 국가가 될 가능성이 농후하다."

십중팔구 유럽연합의 임무 하나는 세르비아가 군사적 조처를 취하지 못하도록 억제하는 것뿐 아니라 타치와 그 주위의 폭력배들도 억제하는 것이다. 그러나 나토가 예비 병력 1600명을 증강한다 하더라도, 코소보에 주둔하는 서방 군대는 너무 취약해서 코소보를 통치하는 옛 코소보해방군 군벌들로부터 세르비아계 소수민족 거주지들을 방어할 수 없다.

한편, 서방이 코소보 독립을 지지하는 것 때문에 러시아와의 관계가 악화할 가능성이 크다. 러시아의 푸틴 정부는 유엔 안전보장이사회에서 코소보 독립에 대해 거부권을 행사하겠다고 밝혔고, 서방 관리들은 러시아가 다른 곳에서 보복할까 봐 우려한다.

예컨대, 그루지야[지금의 조지아]의 친미 정권은 러시아 정부가 코소보 사례를 이용해 그루지야 내의 압하지야와 남오세티야(러시아의 후원을 받는 분리주의 운동이 강한 지역들)를 승인할지도 모른다고 걱정한다.*

요컨대, 미국과 유럽연합이 지원하는 민족주의 폭력배들의 정권

---

* 2008년 8월, 이 걱정은 현실이 됐다. 135쪽 참고.

이 독립을 선언하면 이미 지난 10년 동안 전쟁으로 산산조각 난 지역의 불안정을 심화시킬 것이다. 이것이 바로 그들이 끊임없이 전 세계에 떠들어 대는 '굿 거버넌스'의* 실체다.**

* 굿 거버넌스 발전행정론에서 많이 쓰이는 용어로, 공공 기구가 효율적 공공 정책과 서비스를 제공해 시민 사회의 적극적 참여를 이끌어 내는 새로운 통치·운영 체제를 말한다.

** 2008년 2월 17일, 결국 코소보는 독립을 선언했고 미국 등 서방 강대국들은 독립을 승인했다. 그러나 여전히 러시아·중국·브라질·인도 등 유엔 회원국의 절반가량이 코소보를 독립국으로 인정하지 않고 있다.

짐바브웨 사태, 서구의 이중 잣대를 보여 주다

2008년 7월 3일

1965년 11월 이언 스미스가 이끌던 인종차별주의 정부가 당시 남부 로디지아의 정착민 식민지였던 짐바브웨의 독립을 불법적으로 선언했을 때, 나는 열다섯 살이었다.* 우리 가족은 수도인 솔즈베리(지금의 하라레)에 살고 있었다.

나는 스미스의 반란으로부터 우리를 구하기 위해 영국의 낙하산 부대가 내려오는 모습을 기대하며 하늘을 바라보던 게 기억난다. 그러나 그런 일은 없었다. 그러니 패디 애시다운[전 영국 자유민주당 대표] 같은 작자가 로버트 무가베** 정권에 맞선 영국의 군사개입이 "정당화될 수 있다"고 말하는 걸 듣노라면 구역질이 날 지경이다. 한마디로

---

* 지은이 알렉스 캘리니코스는 영국 식민지 시절의 짐바브웨에서 태어나 어린 시절을 보냈다.

** 로버트 무가베 한때 짐바브웨 독립운동의 지도자로 추앙받았지만, 1980년부터 2017년까지 철권통치를 했다.

흑인 정권에게는 무력을 사용해도 괜찮지만, 백인 정권에게는 안 된다는 얘기다.

무가베가 아프리카의 다른 지역과 제3세계에서 일정한 지지를 유지하려고 영악하게 이용해 온 것이 바로 이런 종류의 이중 잣대다. 그는 토니 블레어와 조지 W 부시보다 나은 적을 찾을 수 없었을 것이다.

물론 서구 제국주의에 맞서 짐바브웨의 '완전한 독립'을 위해 싸운다는 무가베의 주장은 새빨간 거짓말이다. 그는 여당인 '짐바브웨·아프리카 민족동맹애국전선ZANU-PF'에 있는 극소수 고위 인사들의 이익을 지키려고 굶주리고 억압받는 국민에게 곤봉을 휘두르며 복종을 강요하고 있다. 이자들은 무가베가 대통령에서 물러나면 자신들이 쌓아 둔 더러운 부는 물론 목숨마저 잃지 않을까 두려워한다. 이 집단은 군대와 보안 기구의 고위층에 집중돼 있다. 그들은 2008년 3월 말 무가베와 '짐바브웨·아프리카 민족동맹애국전선'이 대선과 총선에서 패배한 뒤 (합동작전사령부를 통해) 정치적 지배권을 확실하게 장악했다.

무가베와 그 측근들의 계산에는 두 가지 차원이 있는 듯하다. 첫째, 그들은 짐바브웨 국민이 경제난, 정치적 억압, 대규모 탄압으로 기진맥진한 상황이고, 따라서 성공적 항쟁을 일으킬 수 없을 거라고 믿는다. 둘째, 무가베는 아프리카 다른 지역의 동맹들, 특히 남아프리카공화국의 대통령 타보 음베키가 외부의 개입을 막아 줄 거라고 믿고 있다. 이런 두 가지 가정은 어리석은 게 아니다. 무가베를 비이성적 미치광이로 묘사하는 영국 언론의 보도를 믿는 것이야말로 어리석은 일이다.

이상하게 들리겠지만, 무가베의 생각은 이언 스미스의 생각과 흡사하다. 1971년에 스미스는 이렇게 말하며 흐뭇해했다. "우리에겐 세계에서 가장 행복한 아프리카인들이 있다." 스미스는 남아공 인종차별주의 정부의 지지를 받는 한 자신이 살아남을 수 있다고 믿었다.

그리고 예전의 스미스와 꼭 마찬가지로, 무가베는 자신의 계산이 매우 취약한 근거에 기반하고 있음을 깨닫게 될 것이다. 대규모 실업과 이주의 [파괴적] 결합이 정권의 통제력을 강화했을 수는 있다. 그러나 어떤 공포정치로도 무가베가 2000년대 초 야당인 '민주적 변화를 위한 운동MDC'에 맞서 자신을 지지했던 농촌 지역 대다수에서 지지를 잃었다는 사실을 감출 수는 없다. 며칠 전 '민주적 변화를 위한 운동' 사무총장 텐다이 비티가 정부 청문회에서 폭로했듯이, '짐바브웨·아프리카 민족동맹애국전선'의 고위 인사들이 3월 총선 이후 그토록 협상하고 싶어 했던 까닭이 바로 이것이다.

게다가, 음베키의 지지는 가치가 떨어지고 있다. 음베키는 2007년 12월 여당인 아프리카민족회의ANC 지도부 선거에서 제이컵 주마에게* 참패한 이래 레임덕에 시달려 왔다. 주마의 핵심 기반 하나는 남아공노동조합회의COSATU다.

남아공노동조합회의는 무가베의 민주주의 공격에 반대하는 활동을 꾸준히 벌여 왔다. 2008년 4월에 남아공 노동조합 활동가들은 무가베가 추진하는 중국산 무기의 수입을 봉쇄하는 행동을 조직했고, 음베키가 이 행동을 지지하도록 압력을 가했다. 2008년 6월 29

* 제이컵 주마 2009~2018년 남아공 대통령을 지냈다. 2018년 2월 부패 혐의로 광범한 항의를 받은 끝에 퇴진했다.

일 자 〈업저버〉를 보면 남아공노동조합회의 지도자인 즈웰린지마 바비는 얼마 전 치러진 짐바브웨 선거를 추잡한 짓이라고 비난하며 "아프리카와 전 세계의 노동자들은 물론 전 세계의 진보적 시민들에게 무가베와 그 정부의 완전한 고립을 위해 활동할 것을 호소했다."

짐바브웨 민중의 완강한 저항과 이런 연대 행동은 조만간 무가베 정권을 박살 낼 것이다.* 영국과 미국의 낡은 제국주의자들 덕분이 아니라 말이다.

---

* 안타깝게도, 이 전망은 온전히 실현되지 못했다. 무가베는 2017년 11월 아내에게 대통령직을 물려주려 시도하다 군부 쿠데타와 의회 탄핵에 직면에 사임했고 2019년에 죽었다.

러시아·그루지야 전쟁의 진정한 패배자는 미국이다

2008년 8월 28일

이제야 러시아와 그루지야[지금의 조지아] 간 전쟁이* 진정되는 듯하다. 그렇다면 이 전쟁은 장기적으로 어떤 영향을 미칠까?

러시아는 그루지야 대통령 미하일 사카슈빌리가 미국 부시 정부의 지원을 받아 건설한 군사 기반 시설을 체계적으로 파괴한 후, 여전히 그루지야에 큰 영향력을 행사할 수 있는 지역으로 군대를 이동시켰다. 그러나 캅카스 지역에서 사카슈빌리가 패배자라면, 전 세계적 수준에서는 미국이 패배자다. 단기적으로뿐 아니라 장기적으로도 그렇다.

---

* **러시아·그루지야 전쟁** 미국이 (과거 소련의 일부였던) 그루지야를 나토에 끌어들이려 하고 합동 군사훈련을 벌이는 등 러시아를 압박하자, 러시아는 그루지야의 자치주인 압하지야와 남오세티야의 친러시아 분리주의자들을 부추겨 독립을 선포하게 했다. 2008년 8월 그루지야군이 압하지야와 남오세티야를 공격하자 러시아군이 개입해 전쟁이 벌어졌고 러시아의 승리로 끝났다.

일간지의 머리기사를 넘기고 전문가 논평란을 보면, 부시 정부는 전임 클린턴 정부로부터 계승한 대對러시아 정책 때문에 맹비난을 받고 있음을 알 수 있다. 클린턴과 부시는 냉전 이후 러시아가 쇠약해진 틈을 타 나토 가입국을 러시아 국경 지역으로 확장하는 정책을 펴 왔다.

러시아·그루지야 전쟁의 기원에 대한 〈뉴욕 타임스〉의 심층 보도는 전 모스크바 주재 미국 대사인 제임스 콜린스의 견해를 소개하고 있다. "러시아가 '우리에게는 방어할 이해관계가 있다'고 말할 때 우리는 그것이 얼마나 진지한 말인지 이해하지 못했다."

부시 정부는 이런 오만함에 더해 무모하기도 했다. 고위 정보 분석가였던 한 인사는 〈뉴욕 타임스〉 인터뷰에서 이렇게 말했다. "우리는 사카슈빌리의 군대를 훈련시켰고 그는 군사적 모험에 동원할 수 있는 고도로 훈련된 소수 정예부대를 보유하게 됐다. [그러나] 정보기관은 이것이 매우 위험한 시도라고 느꼈다."

이처럼 그루지야 위기는 부시 일당의 무능을 다시 한 번 드러냈다. 그러나 미국 입장에서 훨씬 더 곤혹스러운 점은, 이 사건이 미국이 가진 힘의 한계를 극명히 보여 줬다는 것이다. 문제는 단지 미군이 이라크와 아프가니스탄에 발이 묶여 캅카스에 개입할 수 없었다는 것에 그치지 않는다.

설사 미국이 군사적 여유가 좀 더 있었다 하더라도 캅카스 파병은 러시아와 전면전으로 발전할 수 있다. 부시와 [부통령] 체니도 세계의 종말을 가져올 핵전쟁을 일으킬 정도로 멍청하지는 않다.

미국 정부의 약점은 러시아를 어떻게 제재할 것인지의 문제를 두고 더 뚜렷하게 드러났다. 2008년 8월 19일 나토 외무부 장관들이 모여 러시아를 성토하고 그루지야를 지지했지만 구체적 행동은 아무것도 결의하지 않았다. 나토 주재 러시아 대사는 "용두사미"라고 비꼬았다.

미국 정부가 러시아를 상대로 사용하겠다고 으름장을 놓은 조처들(G8에서 축출, WTO 가입 보류 등)은 기껏해야 상징적 의미가 있을 뿐이다. 또, 그런 조처들은 이 기구들이 진정한 국제기구가 아니라 서방 지배를 위한 도구라는 인상을 중국과 인도 같은 신흥 강국들에게 심어 주는 역효과도 있을 것이다.

더구나, 미국 정부는 러시아의 협조가 필요하다. 카네기모스크바센터의 마샤 리프먼은 옛 소련 핵무기 통제 문제, 아프가니스탄 전쟁 지원 문제, 이란·북한의 핵 프로그램 중단 문제 등을 예로 들면서 러시아가 미국에 손 벌릴 일보다 미국이 러시아에 손 벌릴 일이 훨씬 더 많으므로 "러시아가 더 유리한 위치에 있다"고 지적했다.

또, 유럽연합의 경우 러시아 에너지 자원에 대한 의존도가 갈수록 높아지고 있다. 그럼에도 러시아는 경제 전선에서 취약한 면이 있다. 러시아 주가는 지난 두 달 동안 25퍼센트나 폭락했다. 그루지야와 전쟁이 발발한 주에는 러시아 외환 보유액이 164억 달러나 줄었다.

그러나 이런 자본 탈출을 더 넓은 관점에서 평가할 필요가 있다. 석유와 천연가스 가격이 치솟으면서 러시아는 여전히 5810억 달러의 외환(세계 3위)을 보유하고 있다.

러시아의 자신감과 능력은 이런 에너지 호황에 힘입었다. 러시아 정부는 앞으로도 강한 면모를 보이려 할 것이다. 우크라이나는 또 다른 뇌관이 될 가능성이 있다. 우크라이나 대통령 빅토르 유셴코는 사카슈빌리처럼 나토 가입을 원한다.*

우크라이나는 비슷한 영향력을 가진 친서방계와 친러시아계 정치 세력으로 분열해 있다. 또, 우크라이나는 크림반도를 통치하는데, 이곳은 러시아 흑해함대의 기지이기도 하다. 러시아·그루지야 전쟁 동안, 유셴코는 그루지야 공격에 동원된 러시아 전함들이 크림반도의 세바스토폴 기지로 돌아오는 것을 가로막겠다고 위협했다. 그러나 다른 위협들처럼, 이것은 현실화되지 않았다. 당분간은 러시아가 칼자루를 쥐고 있을 것 같다.

* 실제로 2014년에 우크라이나에서 미국을 중심으로 한 서방 제국주의와 러시아 제국주의가 다시 충돌했다. 각각의 지원을 받는 현지 세력들 사이에서도 충돌이 벌어졌다. 결국 러시아는 우크라이나의 크림반도를 병합해 버렸다. 163쪽 참고.

체제의 실패가 낳은 경제 위기와 전쟁

2008년 10월 9일

2008년 여름과 이른 가을에 걸쳐 전 세계적으로 경제적·지정학적 불안정이 더 심화하고 있다. 2007년 8월 금융시장이 얼어붙으면서 신용 경색이 시작됐고, 이윽고 경제 위기가 전 세계로 확산되기 시작했다. 동시에, 2008년 8월 러시아와 그루지야 사이의 짧은 전쟁 이후, 패권 국가의 지위를 지키려는 미국의 모험 때문에 러시아와 매우 위험한 충돌이 발생할 가능성이 높아지고 있다. 강력한 반자본주의·반제국주의 좌파의 필요성이 어느 때보다 커졌다.

신용 경색이 발생한 뒤 몇 달 동안 주류 언론인들과 경제학자들은 위기의 확산을 막을 수 있다고 자신했다. 이유는 가지가지였는데, 어떤 이는 금융시장 혹은 '앵글로색슨' 자유 시장 경제만 위기를 겪고 유로존이나 중국·인도 등 '신흥 시장 경제'는 미국과 '탈동조화'해 세계 자본주의 성장 동력이 될 것이라고 주장했다. 그러나 이유는 다양하더라도 함축하는 바는 비슷했다. 2008년 봄 미국 연준의 전 의장 앨런 그린스펀이 말한 것처럼 "최악은 끝났다"는 것이다.

2008년 9월 15일 세계적 투자은행인 리먼브러더스가 무너졌을 때 그린스펀은 자신이 매우 어리석었다고 느꼈을 것이다. 이제는 세계 자본주의의 주요 경제들이 일반화된 경기후퇴에 영향받고 있음이 분명해졌다. 물론, 그 속도는 불균등하다. 최근에 발표된 통계를 보면, 2008년 2분기에 유로존·일본·영국·캐나다는 성장률이 정체하거나 마이너스를 기록했고, 위기의 진원지인 미국은 3.3퍼센트 성장했다. 신흥 시장에서 자본이 이탈하기 시작하면서 6~9월에 295억 달러가 빠져나갔다. 상하이 주가 지수는 2008년 1~8월에 57퍼센트나 폭락했다.

세 가지 메커니즘이 작용하면서 경제 불황을 심화시키고 있다. 첫째는 신용 경색이다. 2000년대 초 그린스펀과 동료 중앙은행장들은 미국의 이윤율 하락이 심각한 불황으로 발전하는 것을 막으려고 미국과 세계경제에 값싼 신용을 쏟아부었다. 그래서 주택 시장을 중심으로 투기 거품이 발생했고(단지 미국뿐 아니라 영국·남아일랜드·스페인에서도), 2007년 8월 그 거품이 꺼졌다.

그 결과 미국과 유럽 은행들은 엄청난 악성 부채를 짊어졌고 설상가상으로 어느 은행이 얼마나 많은 악성 부채를 가지고 있는지 알 수 없다는 불확실성 때문에 전 세계 금융시장이 마비됐다. 은행들은 사실상 서로 대출하기를 중단했다. 불황이 전면화하면, 이에 반응해 금융시장 상황이 더 나빠질 것이다. 물가 상승과 실업 때문에 기업들이 파산하고 가계들이 부채를 상환하지 못하면, 은행들의 악성 부채는 더 늘어날 것이다. 자본축적 과정에서 신용이 핵심적 구실을 하는 것을 감안할 때 이것은 매우 심각한 문제다.

둘째 메커니즘은 물가 상승이다. 신용팽창에 힘입은 미국 경제의 회복과 미국에 값싼 공산품을 수출하는 중국의 거침없는 성장에 힘입어 2000년대 중반에 세계경제가 호황을 누릴 수 있었다. [경제 호황으로] 석유 등 천연자원 수요가 늘면서 가격이 폭등했다. 물론 2008년 7월 150달러에 이른 석유 가격이 9월 중순에 100달러까지 떨어진 것이 보여 주듯이 금융 투기꾼들이 국제상품시장에서 가격을 올리는 데 일정한 구실을 한 것도 사실이다.

물가 급등은 현 상황에서 두 가지 부정적 영향을 미치고 있다. 먼저, 물가 급등은 실질임금을 깎는다. 남반구에 사는 많은 빈민에게 이것은 죽느냐 사느냐의 문제다. 그러나 그 정도로 심각하지 않더라도, 사람들은 재화와 서비스 구입에 더 적은 돈을 쓰게 된다. 카를 마르크스와 존 메이너드 케인스는 서로 다른 방식으로 같은 점을 지적했다. 즉, 지출이 줄면 재화와 서비스를 생산하는 노동자들이 해고되고 이것이 수요를 줄이면서 고용이 더 악화하는 악순환이 반복된다는 것이다.

다음으로, 중앙은행들은 물가 상승을 잡기 위해 높은 이자율을 유지하라는 압력을 받고 있다. 지난 30년 동안 신자유주의가 승리한 결과로 새로운 경제정책 체제가 성립됐다. 그 결과 선출되지 않은 중앙은행장들에게 이자율을 정할 수 있는 권한이 부여됐다. 보통 그 권한에는 물가 상승률을 낮게 유지하라는 조건이 따라 붙었다. 그래서 현재 중앙은행들은 높은 이자율을 유지하라는 압력을 받고 있다. 그 결과 돈 빌리기가 더 어려워지고 금리가 더 비싸지더라도 말이다. 유럽중앙은행과 영국은행은 물가 상승률을 낮추기 위해 불황도 감수할 수 있다고 밝혔다.

경제 위기를 확산시키는 셋째 메커니즘은 환율 변동이다. 주도적 자본주의 국가로서 미국의 지위 덕분에, 연준은 다른 나라 중앙은행보다 이자율을 낮추기가 용이하다. 그래서 투자자들은 [금리가 더 높은] 다른 곳에서 더 높은 수익을 올릴 수 있기 때문에 달러를 덜 선호하게 된다. 부시 정부는 미국 수출 기업의 경쟁력을 높이려고 노골적으로 약弱달러 정책을 폈다.

달러화의 가치 하락(2002년 초와 2008년 초 사이 25퍼센트가 하락했다) 속도는 신용 경색 초기 국면에 더 빨라졌다. 그 덕분에 미국 상품의 가격이 싸지면서 수출이 늘었다. 2008년 2분기 미국의 경제성장은 거의 전적으로 수출 증가와 수입 축소의 효과였다. 그러나 이것은 다른 곳에서 역효과를 발생시켰다. 세계 기축통화로서 달러화의 주요 경쟁자인 유로화 환율이 크게 상승한 것이다.

유로존 수출품 가격이 비싸지면서 이 지역의 성장률이 더 낮아졌다. 예컨대 실질임금을 크게 낮춘 잔혹한 산업 구조조정을 겪은 후 2000년대 중반 세계 최대 수출국으로 부상한 독일에게 이것은 심각한 문제다. 순전히 수출 덕분에 1990년대의 장기 불황에서 미약하나마 회복하던 일본은 훨씬 더 취약하다.

다양한 메커니즘과 경향이 상호 작용하는 자본주의 경제체제의 복잡성 때문에 현재 위기가 어떻게 발전하고 얼마나 심각할지 예측하기 힘들다. 예컨대 환율을 보자. 달러의 가치는 2008년 초반 7퍼센트 하락했지만 그 뒤 9월까지 10퍼센트 상승했다. 이것은 아마도 경제 위기의 심각성이 드러나자 핫머니(유리한 이자율을 좇아 유입되는 자금)가 체제의 핵심부로 도피하고 있기 때문일 것이다. 그 결과, 유로화 가치가 하락했고, 주택과 금융 위기로 몸살을 앓는 영국 파운드화는 아예 추락하고 있다. 만약 이 추세가 지속된다면 미국 경기의 급격한 하강으로 이어질 수도 있다.

미국 정부는 이것을 막으려 한다. 그래서 1930년대 이후 가장 우파적인 공화당 정부가 엄청난 돈을 금융시장에 퍼부었다. 재무부 장관 헨리 폴슨이 몇몇 중요한 국가 개입 정책을 조직했다. 첫째는 2008년 2월 투자은행 베어스턴스를 구한 것이다. 그 뒤 9월 초 거대 주택담보대출 기업 프레디맥과 패니메이를* 사실상 국유화했다. 프레디맥과 패니메이는 미국의 신규 주택담보대출의 4분의 3을 차지한다. 이 두 기관의 인수로 미국 정부의 부채 규모는 국민소득의 5분의 2가 됐다. 그리고 리먼브러더스 몰락 후 시장을 휩쓸던 공포심을 진정시키려고 9월 15일 850억 달러의 구제금융을 동원해 AIG를** 인수했고, 곧 7000억 달러를 들여 투기 활동 실패로 은행들이 짊어진 악성 금융자산들을 사들이겠다고 발표했다.

이런 극적 조치들은 미국 국가 운영자들이 미국 금융 시스템이 1930년대처럼 붕괴하는 것을 막기로 굳게 결심했음을 보여 준다. 그린스펀뿐 아니라 IMF도 1930년대와 현 상황을 비교하는데, 이는 전 세계 지배자들이 현 위기를 얼마나 심각하게 보고 있는지 증명하는 예다.

---

* 패니메이는 대공황 직후인 1938년에 저소득층 가정에 주택담보대출을 제공하기 위해 설립된 정부 기관으로 1968년에 부분적으로 민영화됐고, 패니메이와의 시장 경쟁을 위해 프레디맥(연방주택대출저당공사)이 설립됐다. 일반적으로 패니메이와 프레디맥은 주택담보증권을 뜻하는 말로도 쓰인다.

** AIG 2008년 서브프라임 모기지 부실 사태 당시 세계 최대 보험사. 자회사 매각과 미국 정부의 구제금융으로 구사일생했다. 2009년 아시아 생명보험 부문은 AIA로 분리했다.

그러나 국가의 능력에는 한계가 있다. 폴슨은 두 가지 이유에서 리먼브러더스가 파산하도록 방치했다. 첫째, 폴슨은 리먼브러더스를 구출하면 나중에 일이 잘못돼도 국가가 구해 줄 것으로 가정하고 은행들이 투기 활동을 계속하지 않을까 우려했다. 둘째, 금융 전문가 애비나시 퍼소드는 미국 부채 규모가 급격히 늘어난 후 “신용 시장이 미국 정부의 파산 가능성을 따지기 시작했다”고 지적했다. 이것은 “전무후무한 사태”로, 미국 정부마저 시장의 신뢰를 유지하는 문제를 걱정해야 한다는 뜻이다. 그 뒤 폴슨이 태도를 바꾼 것은 미국 국가 운영자들이 얼마나 사태를 우려하고 있는지를 보여 줬을 뿐이다. 금융 시스템이 위기에서 벗어난 것이 아니었다.

또, 개별 자본들 간의 경쟁적 축적이 자본축적의 원동력이다. 주요 국가들은 자국 영토에 근거한 기업들이 경제 위기에서 최악의 타격을 입는 것을 막으려고 노력하고 있다. 환율 변동은 ‘꾸러미 돌리기’* 놀이와 비슷한 결과를 낳는다. 예컨대 통화가치가 강세인 나라들은 생산과 고용에서 타격을 입는다. 그래서 그들이 자국 통화가치를 내리면 상대적으로 통화가치가 오른 나라들이 타격을 입는다. 최근 [WTO] 도하 협상 실패가 반드시 보호무역주의 경향의 갑작스런 강화로 연결되지는 않을 것이다. 그러나 그것은 (북반구와 남반구를 통틀어서) 대형 무역 국가들이 서로 타협할 여지가 점차 줄고 있음을 보여 줬다.

한편, 경제적 불안정의 확산이 세계 국가 체제에 존재하는 지정학적 불안정과 결합하고 있다. 현대의 자본주의적 제국주의의 특징이

---

* 꾸러미 돌리기 꾸러미를 돌릴 때마다 짐이 늘어나는 놀이.

경제적 경쟁과 지정학적 경쟁의 결합이기 때문에 이 점이 중요하다. 9·11 이후 군사적 우위를 이용해 미국의 세계 패권을 지키려는 부시 정부의 노력이 세계 정치를 좌우했다. 이 과정에서 이라크 정복이 핵심 열쇠였다. 이라크 정복 후 중동을 자유주의적 자본주의 모델에 따라 변화시키고, 세계 제1의 석유 생산 지역에 대한 미국의 지배를 강화하고 다른 이들을 겁준다는 계획이었다.

부시의 전쟁 몰이 결과는 별로 좋지 않다. 부시 정부는 3년 반 동안 재앙을 겪은 후 이라크에 일정한 안정을 가져올 수 있었다. 이것은 이른바 '증파'의 효과이기보다는 두 가지 정치 거래 덕분이었다. 첫째 거래는 이란(사담 후세인 제거 이후 영향력이 강화된 지역 강국)과 이란의 동맹인 시아파 정당들(누리 알말리키의 꼭두각시 이라크 정부를 지배한다)과 맺었다. 둘째는 수니파 저항 세력들과 맺은 거래다. 그들은 원래 점령군에 맞서 싸웠지만 알말리키 정부와 알카에다의 공격으로부터 보호받고 돈도 받을 겸 미국과 동맹 관계를 맺었다.

이런 전략의 문제점은 명백하다. 현재 미국은 서로 매우 적대적인 두 집단과 동맹을 맺고 있다. 이런 허약한 동맹 관계는 시간이 지날수록 흔들릴 수밖에 없을 것이다. 이미 알말리키 정부는 미국 정부에게 2011년 말까지 철군한다는 약속을 억지로 받아 냈다. '수니파 각성 운동'도* 알말리키 정부가 자기 구성원들을 탄압할 뿐 아니라 꼭두각시 정부의 군대와 경찰에 채용한다는 약속을 지키지 않는다

---

* 수니파 각성 운동 미국이 종파 간 갈등을 통제하지 못하자 수니파 지도자들을 부추겨 알카에다 지지자들을 견제하도록 한 운동.

고 불평하고 있다. 시아파 빈민과 점령 반대 여론의 지지를 받고 있는 무끄타다 사드르의 마흐디군軍은 지금은 조용하지만 영원히 그러지는 않을 것이다.

한편, 아프가니스탄에서 미국과 나토는 1980년대 옛 소련의 군대를 무너뜨린 바로 그 세력을 상대로 이길 수 없는 전쟁을 치르고 있다. 더 위험한 것은 그 전쟁이 파키스탄으로 확산된 것이다. 파키스탄 전 대통령 페르베즈 무샤라프가 자리에서 쫓겨난 것도 그것과 연관돼 있다. 무샤라프의 후임 대통령인 아시프 알리 자르다리가 당선하기 직전에 미국 정부는 아프가니스탄 국경을 넘어 파키스탄 지역을 공격했다. 그 때문에 민간인 사망자가 발생하면서 파키스탄의 탈레반 세력만 더 강해졌다. 부시와 체니는 [2008년 미국 대선에서 공화당 후보] 존 매케인을 당선시키기 위한 마지막 노력으로 이란 공격을 계획하고 있을지 모른다. 그러나 세라 페일린을* 영웅으로 떠받드는 우파 광신도들만이, 이란 침략으로 상황이 악화하는 것이 아니라 무언가 이룰 수 있다고 생각할 것이다.

한편, 부시 정부는 캅카스 지역에서 러시아를 자극해 또 다른 '역풍'(당장은 9·11만큼 극적이지는 않지만 잠재적으로는 매우 심각하다)에 직면했다. 냉전 종식 후 미국 패권 전략의 핵심적 내용 하나는 러시아의 약점을 이용해 유럽연합과 나토를 중동부 유럽으로 거침없이 확장하는 것이었다. 이를 통해 러시아를 포위하고 미국의 영향력을 유라시아 깊숙이 확장한다는 계획이었다. 이 정책은 1990년

* 세라 페일린 2008년 미국 대선에서 매케인의 러닝메이트(부통령 후보)였다. 낙태를 반대하고 인종차별적 언사를 일삼아 강경 우파의 지지를 받았다.

대 초 빌 클린턴 정부에서 시작돼 부시 정부로 계승됐고, 우크라이나와 그루지야 같은 허약한 친서방 정부들의 지지를 받았다.

러시아가 혼란스럽고 분열하던 1990년대 보리스 옐친 집권기에는 이것이 비용이 적게 들고 효과적인 계획으로 보였다. 그러나 블라디미르 푸틴과 그의 문하생이자 후계자인 드미트리 메드베데프* 치하 러시아에서는 상황이 변했다. 러시아 경제는 2000년대 중반 에너지 호황의 주된 수혜자였다. 푸틴은 석유와 천연가스 산업에 대한 정치적 통제를 재확립했다. 푸틴은 러시아 국가의 기강을 확립하고 군사력을 재건하고 일종의 권위주의적 자본주의를 장려했는데, 이데올로기적으로 이것의 핵심적 내용은 몰락한 소련 제국의 영광을 최대한 회복한다는 노골적 민족주의 메시지였다.

상황이 어쨌든, 우크라이나와 그루지야(러시아와 국경을 맞댄 주요 국가들)로까지 나토를 확대한다는 계획은 무모하다. 미국과 러시아 사이의 상대적 힘의 변화를 볼 때, 2008년 4월 나토 정상회담에서 부시가 밀어붙인 나토 확장 정책은 어리석음의 극치다. 이라크의 경우와 마찬가지로, 자만은 (그리스 신화가 말하듯이) 인과응보를 가져오기 마련이다. 러시아·그루지야 전쟁에서 실수와 음모가 한 구실에 대해 여러 설이 난무했다. 정말로 체니와 미국 정부의 우파들이 그루지야의 칠칠치 못한 대통령 미하일 사카슈빌리가 남오세티야를 공격하도록 부추겼을까? 혹은 사카슈빌리는 러시아 정부의 모사꾼들이 쳐 놓은 덫에 걸린 것일까?

---

* 메드베데프는 2008년 무렵부터 푸틴과 번갈아 대통령과 총리를 맡아 왔지만, 푸틴이 실세고 메드베데프는 푸틴의 꼭두각시로 여겨진다.

아마도 두 질문에 대한 답은 모두 "그렇다"일 것이다. 그러나 그것은 러시아가 누리는 세 가지 결정적 이점에 비해 덜 중요한 것이다. 먼저, 러시아는 그 지역에서 미국과 이스라엘이 사카슈빌리에게 아무리 많은 무기와 군사 자문을 보내더라도 뛰어넘을 수 없는 압도적 군사적 우위를 점하고 있다. 둘째, 미국 정부의 군사적 대응(그루지야가 나토 회원국이었다면 필요했을 것이다)은 전면전을 불러올 가능성이 있었다. 제아무리 부시와 체니라도 그루지야를 두고 핵전쟁을 벌일 가능성은 거의 없다. 어떤 경우든, 미국의 군사력이 상당 부분 이라크와 아프가니스탄에 묶인 상황에서 미국 정부의 선택의 폭은 넓지 않다. 냉전 때 가장 위험한 상황이었던 1962년 쿠바 미사일 위기 당시, 미국이 재래식 군사력에서도 지역에서 명백한 우위를 점하고 있었다는 점을 잊어서는 안 될 것이다.

셋째, 푸틴과 메드베데프는 과거 미국 국방부 장관 럼즈펠드가 이라크 전쟁 직전에 했던 것처럼* '새로운' 유럽과 '낡은' 유럽의 분열을 이용할 수 있었다. 중동부 유럽 국가들은 유럽연합과 나토 회원 가입을 자유 자본주의 클럽에 가입하고 러시아의 위협으로부터 안전을 보장받을 수 있는 패키지 상품으로 여긴다. 그루지야 전쟁 이후 이들 나라 정부는 모스크바를 비난하고 그루지야와 우크라이나에 대한 나토의 연대를 요청하는 선전전에 뛰어들었다. 폴란드는 (대중적 반감을 무릅쓰고) 서둘러서 미국과의 미사일 방어 조약에 서명했다.

유럽 대륙 강국인 프랑스와 독일은 이와는 다른 노선을 택했다.

---

* 103쪽 참고.

그들은 2008년 4월 우크라이나와 그루지야의 나토 가입 계획에 거부권을 행사했다. 그들은 러시아의 그루지야 공격 후 나토와 유럽연합 정상회담에서 러시아를 비난하는 말은 무성해도 그것이 행동으로 연결되지는 않도록 만전을 기했다. 심지어 [이탈리아] 실비오 베를루스코니의 우파 정부조차 그루지야 문제에서는 온건한 태도를 보였다. 이런 태도들을 보인 이유는 아주 비열했지만(특히 베를루스코니의 경우), 가장 중요한 이유 — 러시아에 대한 유럽연합의 에너지 의존도가 갈수록 높아지는 것 — 는 한동안 변하지 않을 것이다.

2020년에 유럽의 천연가스 생산량은 2006년의 절반에 불과할 것으로 예상된다. 러시아는 천연가스 매장량이 세계 1위다. 따라서 유럽 [천연가스] 소비에 대한 러시아의 기여가 현 수준인 25퍼센트 이상으로 높아질 것이 자명하다. 케임브리지에너지연구소의 사이먼 블레이키는 〈파이낸셜 타임스〉에 이렇게 말했다. "[러시아와 유럽의 에너지] 상호의존도가 너무 높아 20년이 지나더라도 크게 변하기 힘들 것입니다."

러시아는 그런 현실을 이용해 미국의 유럽 동맹들을 분열시켜 미국이 러시아와의 대결에 유럽 동맹국들을 동원하지 못하게 만들고, 장기적으로 우위를 점할 수 있을 것이다. 이것이 새로운 냉전이 시작되지 않을 여러 이유 중 하나다. 그러나 가장 중요한 이유는 최근의 부활에도 불구하고 장기적으로 봤을 때 러시아의 상대적 힘이 크게 하락했다는 점이다. 제2차세계대전 이후 소련은 유라시아 대륙에서 최대의 영토를 확보할 수 있었다. 1970년대에는 엄청난 핵무기뿐 아니라 재래식 군사력을 전 세계에 파견할 수 있는 능력이 있었다. 1980년대에만 해도 소련은 세계 제조업 생산량의 14.8퍼센트를 차지했는데, 이는 당시 미국(31.5퍼센트)의 거의 절반에 해당하는 양이었다.

가장 유리한 국민소득 계산법(구매력평가)을 따르더라도, 2007년 러시아는 세계 GDP의 3.2퍼센트를 차지한다. 이것은 1992년(4.2퍼센트)보다도 낮고, 미국(21.63퍼센트)과는 비교할 수 없이 낮은 수준이다. 2006년 러시아 군비 지출을 가장 높게 잡았을 때 약 700억 달러 정도다. 반면에 같은 해 미국 군비 지출은 무려 5359억 달러였다. 러시아는 전략적·경제적으로 알짜배기 지역인 우크라이나와 중앙아시아를 잃었고, 인구도 계속 줄고 있다. 또, 옛 국가자본주의 시절보다 세계시장에 깊숙이 편입돼 있기 때문에 [외부의 경제적 충격에] 훨씬 더 취약하다. 그루지야와의 전쟁 이후 러시아는 상당량의 자본 이탈을 겪었다. 일부는 세계적 신용 경색이 영향을 미쳤기 때문이지만, 모스크바 증시는 2008년 5월 정점에 달한 후 9월 중순까지 50퍼센트나 떨어졌다.

그러나 이런 약점을 큰 그림에서 봐야 한다. 미국과 러시아의 경제력·군사력 격차는 냉전 때보다 훨씬 더 크다. 즉, 현재 미국만이 유일한 세계적 제국주의 열강이다. 그래서 미국은 다른 어느 국가보다 자신의 재원을 훨씬 더 넓은 지역에 사용해야 하고, 폴 케네디가 "제국의 과잉 확장"이라고 부른 것에 취약하게 됐다. 러시아는 미국이 서아시아(중동)에 발이 묶이면서 나타난 이런 약점을 이용할 수 있었다.

러시아는 여전히 막강한 군사력을 보유하고 있고 에너지 호황에 힘입어 군사력을 현대화했다. 러시아는 그루지야 전쟁을 통해 자국 국경 지역에서 제국주의적 이익을 지킬 능력이 있다는 것을 과시했다. 러시아는 지구적 수준에서는 미국과 경쟁할 수 없을 것이지만 몇몇 중요한 지역, 특히 중요한 에너지 공급 지역인 캅카스나 중앙아시아, 어쩌면 중동에서는 미국의 영향력에 도전할 수 있다.

이것이 보여 주는 것은 비록 미국이 우위를 점하고 있지만, 오늘날 세계 정치는 마르크스주의자들이 전통적으로 제국주의 간 경쟁이라 부른 동력에 의해 움직이고 있다는 것이다. 게다가 중국 경제의 급속한 성장에 따른 세계 경제력의 재편도 고려해야 한다. 중국이 "다음 번 초강대국"이라는 온갖 주장은 엉터리다. 설사 중국이 매년 8~10퍼센트씩 성장하더라도 앞으로 몇십 년 동안 여전히 가난한 국가일 것이다.

그러나 중국은 지난 25년간 세계 자본주의에서 가장 역동적인 지역이었던 동아시아에서 가장 강력한 국가가 되고 있는 중이다. 미국이 유럽과 중동뿐 아니라 이 지역에서도 패권을 차지하려 한다는 점, 그리고 원재료에 대한 중국의 수요가 아프리카와 라틴아메리카의 전통적 의존 관계에 이미 크게 영향을 미치고 있다는 점을 고려하면, 미국과 중국 간 경쟁은 격화할 수밖에 없다. 이미 미 국방부는 중국의 군사력에 대한 연례 보고서를 제출하고 있다.

이렇듯 우리는 불안정한 상황들이 혼합되는 상황에 직면해 있다. 이것이 다가 아니다. 예를 들어, 만약 많은 전문가들이 예측하듯이 중국에서 국가자본주의와 사적 자본주의의 불안정한 결합이 내부적으로 붕괴한다면? 그러나 불안정의 근원은 명백하다. 위기로 점철된 자본주의적 경제 발전과, 국가들 사이의 상대적 힘이 변화하면서 지위가 흔들리는 미국이 패권을 유지하기 위해 기울이는 노력이다. 캅카스에서 벌어진 전쟁은 이 두 가지가 상호작용할 때 어떤 위험이 발생하는지 보여 줬다.

해결책은 명백하다. 성취하기는 쉽지 않지만 말이다. 쇠퇴하는 '유일 슈퍼파워'에 맞서 우리는 〈뉴욕 타임스〉가 2003년 2월 15일 대규모 반전 시위 때 '제2의 슈퍼파워'라고 부른 세력을 부활시켜야 한다. 그러나 이번에는 그 힘을 단지 전쟁광과 모리배뿐 아니라 그들 뒤에 있는 자본주의 체제 자체에 맞서도록 집중시킬 필요가 있다.

정당성을 완전히 잃은 아프가니스탄 전쟁

2009년 9월 15일

이미 누더기가 된 미군과 나토군의 아프가니스탄 점령 정당화 논리가 최후의 일격을 맞았다.

2009년 여름 아프가니스탄 남부에서 영국군 사상자가 급증하자, 군 대변인은 이들의 죽음이 8월 20일 대선에서 아프가니스탄 국민이 민주적 권리를 행사하는 데 필요한 희생이라고 변명했다. 그러나 서구의 꼭두각시 구실을 해 온 현 대통령 하미드 카르자이가 대선에서 선거 부정을 광범하게 저질렀다는 의혹이 이제 진실로 밝혀지고 있다. 9월 11일 BBC는 다음과 같이 보도했다. "아프가니스탄 헬만드주州 바바지의 투표소 4곳 중 3곳에 대한 조사가 진행 중이다. … 아프가니스탄 선거민원위원회는 선거 부정 증거가 발견된 70여 개 투표소의 투표용지들을 개표 과정에서 제외했다. 조사 중인 바바지의 투표소들에서 투표용지 수천 장이 나왔는데, 한 선거 참관인은 자신이 있었던 투표소에서는 하루 동안 기껏해야 15명이 투표했다고 말했다."

선거 부정이 의심받는 투표용지들은 대부분 카르자이를 찍은 표들이다. 선거 부정이 점점 분명해지자 신노동당의 외무부 장관 데이비드 밀리밴드는 BBC와의 인터뷰에서 충격적인 말들을 쏟아 냈다. "아프가니스탄은 전쟁으로 파괴된 나라입니다. 저는 이런 곳에서 일어난 선거 부정에 흥분할 생각도, 자유롭고 공정한 선거를 강조할 생각도 없습니다. … 영국의 입장에서 결정적으로 중요한 것은, 아프가니스탄의 새 정부가 먼저 신뢰할 만하고, 국가의 미래를 결정할 세 가지(보안군, 정치적 통합력, 경제 재건 능력)를 발전시킬 명확한 프로그램을 갖추는 것입니다."

달리 말해, 아프가니스탄 대중이 스스로 뽑은 정부를 갖는 게 아니라 서구가 바라는 정부, 즉 서구의 요구에 순응하는 정책을 펴는 정부를 갖는 것이 중요하다는 것이다.

이것이 이란의 마무드 아마디네자드나 짐바브웨의 로버트 무가베가 선거 부정을 정당화한 논리와 무엇이 다른지 나는 도무지 모르겠다. 물론 아마디네자드와 무가베는 틈만 나면 서구를 비난했다는 점이 다르다. 이를 통해 미국과 영국이 전하는 메시지는 자신의 꼭두각시가 저질렀다면 선거 부정도 용인할 수 있다는 것이다. 이것들이 정말 놀라운 것은, 잘 알려져 있다시피 오바마 정부가 카르자이의 부패와 무능을 못마땅해했기 때문이다.

그러나 몇 달 전 카르자이와 공공연히 말다툼을 벌인 미국의 파키스탄-아프가니스탄 특사 리처드 홀브룩은 막상 카르자이의 선거 부정 증거가 발견되자 재선거 실시 가능성을 일축해 버렸다. 이것은 제국주의 열강이 자신의 꼭두각시 정부의 요구에 어떻게 휘둘리게 되는지를 보여 주는 사례다.

베트남 전쟁 후반, 미국이 북베트남과 평화협정을 맺는 데 어려움을 겪은 주요인 하나는 남베트남 대통령 응우옌반티에우의 생떼쓰기였다. 그는 미국의 군사력과 재정 지원 덕분에 권좌를 유지했다. 만약 미국이 그를 간단히 내쳤다면, 그것은 남베트남의 독립을 수호한다는 베트남 전쟁의 이데올로기적 정당성을 훼손했을 것이고 엄청난 정치적 혼란을 낳았을 것이다. 1963년 존 F 케네디 정부는 남베트남 응오딘지엠 정부가 전복되고 대통령이 암살되는 것을 방조했다가 이 점을 깨달았다.

오늘날 미국과 그 동맹들도 비슷한 이유로 골치 아픈 카르자이를 쉽게 내치지 못하고 있는 것 같다. 그러나 다른 부분에서도 옛 베트남 전쟁의 망령이 다시 나타나고 있다. 〈타임스〉와 〈데일리 메일〉의 보도를 보면, 나토 산하 독일 점령군의 공중폭격으로 쿤두즈 지역 민간인이 학살당했을 때, 나토군 총사령관 스탠리 매크리스털은 나토 사령부에 금주령을 내렸다. 〈데일리 메일〉은 그 이유를 이렇게 전한다. "카불의 나토 사령부에 있는 대원들은 '만취했거나 숙취 때문에' [무슨 일이 있었는지 묻는] 총사령관의 질문에 답할 수 없었다."

나토군은 정말 자기 일을 즐기고 있는가 보다. 마치 〈지옥의 묵시록〉의* 한 장면 같지 않은가?

* 〈지옥의 묵시록〉 베트남 전쟁을 다룬 프랜시스 포드 코폴라 감독의 유명한 1979년 작 반전 영화.

오바마의 BP 때리기가 보여 주는 다국적기업과 국가의 관계

2010년 6월 24일

기억할지 모르겠지만, 얼마 전까지만 해도 세계화 시대에는 '국경 없는 자본'이 어디든지 원하는 곳으로 갈 수 있고 무엇이든 원하는 대로 할 수 있다는 논의가 무성했다. 또, 그 때문에 각국 정부가 서로 앞다퉈 자본의 편의를 봐주려고 한다는 얘기도 많았다. 그렇지만 지금 BP의 최고경영자인 토니 헤이워드에게는 아마도 이런 말이 딴 세상 얘기처럼 들릴 것이다.

2010년 3월 말에 BP는 시가총액 기준으로 〈파이낸셜 타임스〉가 선정한 세계 500대 기업 중 18위였다. 그런데도 미국 정계는 BP에게 멕시코만灣 기름 유출 사고의* 책임을 가차 없이 추궁할 기세다.

물론, 헤이워드가 2010년 6월 17일에 미 하원 에너지통상위원회

* 멕시코만 기름 유출 사고 2010년 4월 20일 멕시코만의 해상 석유시추선 딥워터호라이즌호가 폭발해 막대한 양의 원유가 해상으로 유출됐다.

에 출석해서 당한 공개적 수모는 미국에서 역사가 오래된 하나의 정치 의례다. 예컨대 1933년 5월에는 JP모건 금융 제국의 후계자 잭 모건이 청문회에 불려 나와 1929년의 증시 대폭락에 대한 책임을 추궁당했다. 상원 금융위원회 고문 퍼디낸드 페코라가 총지휘한 이 청문회의 결과물이 바로 JP모건을 분할하고 은행 규제를 강화한 글래스스티걸법이다. 미국 은행들이 이 법의 속박에서 벗어나기까지 50년이 넘게 걸렸다. 마찬가지로 2008년의 금융 붕괴도 미 의회에서 한바탕 청문회 바람을 불러일으켰고, 청문회에 불려 간 금융계 인사들(특히 리먼브러더스 최고경영자 딕 펄드)은 헤이워드와 거의 비슷할 정도로 거칠게 다뤄졌다. 그러나 단지 그것뿐, 1930년대에 금융권에 가해진 것과 비견할 만한 수준의 후속 조치는 전혀 취해지지 않았다.

반면 BP에 대해서는 무자비한 후속 조치들이 논의되고 있다. 2010년 6월 19일에 〈파이낸셜 타임스〉는 이렇게 논평했다. "두 달 전이었다면 BP의 파산은 상상도 할 수 없었을 것이다. 그러나 이제는 여전히 가능성이 매우 낮기는 해도 가능하기는 하다."

물론 BP는 어떤 처벌이라도 달게 받아야 한다. 2010년 6월 19일 〈가디언〉 칼럼에서 나오미 클라인이 훌륭하게 묘사했듯이, 멕시코만 기름 유출 참사는 지구를 파괴하는 자본주의의 광기를 상징적으로 보여 준 사건이다.

그러나 클라인은 자본주의 논리 일반을 묘사했을 뿐, BP를 둘러싼 상황 전개의 특이점을 설명하지는 않았다. 헤이워드를 공개적으로 망신 준 의원들은 하나같이 자본주의의 철석같은 옹호자들이다. 그들 대부분은 또한 이번 참사의 원인이었던 해저 유전 탐사를 지지한다. 클라인이 지적했듯이 오바마는 "타이밍 한번 끝내주게도, … 멕시코만 기름 유출 사건 3주 전에 그동안 유전 개발이 금지돼 있었던 해역의 유전 탐사를 허용하겠다고 발표했다."

이 점은 오바마와 민주당 의원들이 어째서 BP 때리기에 그토록 열을 올리는지를 일정 부분 설명해 준다. 11월 중간선거가 점점 다가오고 있는 시점에 그들은 마치 자신들은 이번 사태에 전혀 책임이 없는 것처럼 보이고 싶은 것이다.

그렇지만 단순히 국내 정치 때문만은 아니다. 단언컨대, 미국에서 BP가 동네북이 된 것은 무엇보다 BP가 외국 기업이기 때문이다. 이는 결코 민족주의나 반反영국 정서 따위가 주되게 작용했다는 말은 아니다.

BP는 〈파이낸셜 타임스〉 선정 500대 기업 중에서 영국 기업으로는 1위다. 그런데 BP보다 랭킹이 높은 17개 기업 중 10개는 ('미국의 몰락' 어쩌고 해도) 미국 기업이다. 비록 BP의 주주 가운데 40퍼센트가 미국인이라 해도 BP는 미국 자본주의보다 영국 자본주의에 훨씬 더 중요한 기업이다. 미국 정치인들은 여전히 외국 기업보다 미국 기업들과 훨씬 연줄이 많다. 금융 위기를 불러온 월가의 은행들이 여태 별다른 책임을 지지 않고 버틸 수 있는 것도 그들의 엄청난 대정부 로비 능력[즉 연줄] 덕분이라 할 수 있다.

물론, 미국은 세계 최강대국으로서 유독 외국 기업들을 함부로 대해도 괜찮은 위치에 있다고 볼 수도 있다. 그러나 독일 정부도 GM이 유럽 자회사를 매각하려 하자 GM 측에 약속했던 보조금을 지급하길 거부하고 있다(나중에 GM은 매각 계획을 철회했다).

이처럼 멕시코만 기름 유출 사태가 보여 준 것은 단지 자본의 파괴적 논리만이 아니다. 이번 사태는 은행들에 대한 구제금융이 보여 준 것과 똑같은 진실을 반대의 사례로 보여 준다. 국민국가들이 자국 기업들과 맺고 있는 긴밀한 관계가 바로 그것이다.

'국경 없는 자본'은 신화일 뿐이다.

서구 열강들의 새로운 아프리카 쟁탈전

2013년 1월 26일

서구는 아프가니스탄에서 철군을 준비하고 있다. 그러나 프랑스의 말리 개입과 알제리 인질극은 아프리카 마그레브 지역에 새로운 전선이 형성되고 있음을 보여 준다. 영국 총리 데이비드 캐머런은 이 전선이 "심지어 수십 년" 동안 지속될 수 있다고 했다.

현 사태를 이해하려면, 아프리카 전역이 서구 제국주의 열강한테 중요한 곳으로 부상하고 있음을 유념해야 한다. 이것은 핵심적으로 아프리카의 천연자원 개발 열풍, 특히 아프리카의 땅과 바다에 매장된 석유·천연가스가 점점 더 매력적인 요소가 되고 있다는 점 때문이다.

인질 사태가 벌어진 알제리 사막의 인아메나스 가스전은 오랫동안 서구가 개발에 참여했고 서유럽 천연가스 사용량의 2퍼센트를 공급하는 곳이다. 최근에는 남아프리카의 빈국 모잠비크에서도 석탄과 천연가스 채굴권을 둘러싸고 다국적기업들이 쟁투를 벌이고 있다.

자본주의 선진국들이 아프리카에 개입해야 할 이해관계가 커지고 있는 것이다. 프랑스는 옛 아프리카 식민지들에 군사개입을 해 온 오랜 역사가 있다. 중앙아프리카 지역에서는 영국이 르완다 투치족 정권의 후원자가 됐다. 비록 최근에는 르완다 정부가 천연자원이 풍부한 이웃 나라 콩고를 불안정하게 하려고 너무 노골적으로 나서고 있어서 거리를 두고 있기는 하지만 말이다. 아프리카에 식민지를 가져본 역사가 없는 미국도 최근 들어 아프리카에서 훨씬 적극적으로 움직이고 있다. 미 국방부는 아프리카사령부를 설치하고 바삐 움직이고 있다.

서구가 비호하는 부도덕한 정권이 르완다에만 있는 것은 아니다. 언론은 알제리 특수부대의 "터프함"을 찬탄하는 보도를 많이도 했는데, 이들은 20만 명이 사망한 1990년대의 야만적 내전에서 그런 "터프함"을 연마한 부대다. 이 내전은 알제리 군부가 온건 이슬람주의 정당의 총선 승리에 불복하면서 촉발됐다.

2003년에 리비아의 카다피가 핵 개발 계획을 포기하자, 영국 비밀정보부MI6 같은 서구의 첩보 기관들은 카다피가 이슬람주의에 맞선 보루가 될 수 있도록 지원했다. [2011년] 카다피를 타도한 전쟁의 결과로 중무장한 이슬람주의 전사들이 리비아에서 마그레브 전역으로 퍼져 나가면서, 이 지역의 불안정이 심해졌다. 프랑스가 이슬람주의 민병대와 투아레그족 유목민 반군의 연합에 맞서 말리 북부에 개입한 것은 또 다른 불안정 요소다. 〈인디펜던트〉 중동 특파원 패트릭 코번은 다음과 같이 썼다. "알제리·리비아·니제르·부르키나파소 모두에 가난하고 불만을 품은 소수민족인 투아레그족이 살고 있다. 이 나라 정부들은 이슬람 근본주의자들의 위협이 주된 골칫거리인 양 말하는데, 이러면 미국·영국·프랑스·러시아 정부를 자극할 수 있기 때문이다. 그렇지만 최근 역사를 살펴보면, 북아프리카 지역의 진정한 고민거리는 투아레그족의 분리 독립 운동이다. 투아레그족이 가난하긴 하지만 석유, 천연가스, 우라늄, 희귀 자원이 매장된 지역에 주로 살고 있기 때문이다."

코번은 소식통의 말을 인용해, 말리 정부가 마그레브 지역의 알카에다로 하여금 말리 북부에서 투아레그족 분리주의자들의 대항마로 활동하도록 부추겨 왔다고 전했다. 〈뉴욕 타임스〉는 미국 국방부의 어설픈 개입에 대해서도 보도했다. 미군 특수부대는 마그레브와 서아프리카 전역에서 군사훈련 프로그램을 운영하며 지난 4년 동안 5500억 원에서 6300억 원에 달하는 돈을 썼다. 말리는 이 프로그램의 "모범적 파트너"로 꼽혔다. 그러나 2012년 말리 군부가 [중앙정부에 맞서] 쿠데타를 일으켰을 때, 말리 북부에서 교전 중이던 4개의 정예부대 중 3개 부대의 투아레그족 사령관들이 자신들의 병력을 반군에 넘겼다. 미군 아프리카사령부의 수장 카터 F 햄 장군은 이 사태에 당황해 다음과 같이 말했다. "우리가 훈련시킨 군대가 선출된 정부를 무력으로 전복하는 데 참여했다는 사실에 깊이 실망했다."

사태가 이러니, 알제리의 인질극과 말리에서 진행되는 프랑스 군사작전의 배후에는 훨씬 더 복잡한 정치·경제적 관계들이 존재한다. 현지 정부들은 권력을 유지하려 책략을 부리고, 서구 주요 자본주의 국가들은 경제적 중요성이 커지는 이 지역에서 위상을 강화하려 한다. 아프리카인 대부분이 가난하다는 사실 또한 염두에 둔다면, 더 많은 폭발적 사태가 일어날 것이라 예상할 수 있다.

러시아와의 관계 때문에 우크라이나 문제에서 머뭇거리는 서방

2014년 3월 15일

우크라이나에서 파국이 미뤄진 듯하다. 2014년 3월 4일 러시아 대통령 블라디미르 푸틴은 기자회견을 열어 크림반도를 넘어 우크라이나 동부까지 장악할 생각은 없는 듯이 말했다.* 그리고 서방의 대응이 별 볼 일 없으리라는 푸틴의 계산은 옳았다.

3월 6일 유럽연합은 러시아 제재안에 합의했는데 매우 제한적이었다. 그나마도 크림자치공화국 의회가 [우크라이나로부터의] 독립을 묻는 주민투표를 3월 16일에 실시하기로 결정하지 않았다면 유럽의 제재는 훨씬 더 약했을 것이다.

이런 소심한 대응에는 유럽과 러시아의 밀접한 경제적 관계가 반

---

* 실제로 러시아가 크림반도 이외의 지역까지 병합하지는 않았지만, 러시아의 지원을 받은 각종 분리주의자들이 우크라이나 남동부 일부를 장악했다.

영돼 있다. 그 관계는 러시아 올리가르히의* 메이페어[런던 하이드파크 동쪽에 있는 고급 주택지] 대저택 소유 신화를 넘어서는 것이다. 물론 런던의 금융 중심가는 수상쩍은 거래에 관심 있는 자들을 끌어모으는 곳이지만 말이다.

유럽연합은 러시아의 최대 교역국이다. 유럽연합과 러시아의 무역 규모는 2012년에 2800억 파운드였고, 러시아로 유입된 해외직접투자FDI의 75퍼센트가 유럽연합 기업들의 것이다. 이에 견줘 미국과 러시아의 무역 규모는 240억 파운드밖에 안 돼, 네덜란드와 러시아의 무역 규모보다 작다. 그러니, 며칠 전에 있었던 회담에서 독일·이탈리아와 함께 네덜란드가 러시아 제재에 적극적으로 반대한 것은 놀라운 일이 아니다. 2008년 8월 러시아가 그루지야를 침공했을 때도 비슷한 양상이 나타났다.

물론 경제적 상호의존도가 높다고 전쟁을 막을 수 있는 것은 아니다. [제1차세계대전이 벌어진] 1914년에 영국은 독일의 최대 수출 시장이었다. 그러나 지금은 심지어 대서양 건너편[미국]에서도 실제로 충돌을 감수하려는 움직임이 포착되지는 않는다. 미국 의회의 공화당 의원들은 한판 붙자고 말할지도 모르겠다. 그렇다고 그들이 오바마가 해야 할 일을 구체적으로 제시하는 것도 아니다. 3월 6일 헨리 키신저는 이 논의에 끼어들어 우크라이나를 "핀란드처럼 만들자"는 즈비그뉴 브레진스키(전 백악관 안보보좌관)의 제안에 공감을 표했다. 다른 말로 해서 우크라이나를 유럽연합 쪽으로 더 당기기는 하

* 올리가르히 소련 붕괴 후 시장 자본주의로 전환할 때 막대한 부와 정치권력을 누리게 된 특권 집단.

지만 지정학적으로 중립을 지키게 하고 나토에 편입시키지는 말자는 것이다.

현재의 위기는 나토를 러시아 국경 쪽으로 확장시켜 온 정책이 얼마나 위험한 것인지를 극명하게 드러낸다. 나토에 가입한 덕분에 과거 소련 소속이었던 발트해 연안국들(에스토니아, 라트비아, 리투아니아)은 러시아가 위협하면 미국에 군사적 도움을 요청할 수 있다. 3월 8일 오바마는 성명을 발표해 "우리 발트해 연안 동맹국들의 안전과 민주주의를 항구적으로 지원하겠다"고 재천명했다.

푸틴이 우크라이나에 개입해 이 정책을 약화시키려 한다는 점에는 의심할 여지가 없다. 러시아 소재 싱크탱크의 소장 루슬란 푸호프는 3월 4일 〈뉴욕 타임스〉에 기고한 글에서 푸틴의 의도를 더 구체적으로 말했다. 푸틴은 "크림반도를 우크라이나의 영토로 남겨 놓으려 애쓸 것이다. 그러나 그 목적은 크림반도를 우크라이나 정치에 영향을 끼칠 더 강력해진 수단으로 삼고, 다른 지역의 친러시아 세력에게 강력한 본보기를 보이려는 것이다."

푸호프는 푸틴이 우크라이나의 다음 대통령으로 율리아 티모셴코를 밀 것이라고도 예측했다. 비록 티모셴코가 지금은 러시아 반대파의 여걸이 돼 있지만, 그녀는 2010년 우크라이나 대선 후보 중 러시아가 가장 좋아한 후보였다. 푸호프는 다음과 같이 전망한다. "또 다시 반복된 우크라이나 혁명의 최종 결과로 러시아가 크림반도를 사실상 통치하고, 우크라이나 정부는 통상적으로나 개인적으로나 푸틴 씨에게 묶이게 될 것이다. 더 약해지고 불안정해진 우크라이나는 계속해서 러시아와 서방 사이를 오락가락할 것이고 우크라이나 정치는 다시 격랑에 휘말리게 될 것이다."

러시아 사회주의자 보리스 카가를리츠키는 훨씬 더 냉소적 어조로 말한다. "우크라이나의 당국자들도 만족해한다. 그들은 '러시아의 위협'을 핑계로 들며 새 정권을 강화하고, [우크라이나의] 경제적 어려움을 외부 압박의 결과라고 해명하고, 과거까지 거슬러 올라가 우크라이나를 몰락시킨 자신들의 행위가 정당했다고 말할 수 있게 됐다. 따라서 '평화도 전쟁도 아닌' 현재 상황은 러시아 정부와 우크라이나 정부에 모두 안성맞춤이다. 적어도 지금은 그렇다."

여기서 누가 속죄양이 될지 추측하는 것은 어렵지 않다. 우크라이나는 유럽에서 가장 가난한 나라로 2012년 1인당 연간 명목소득이 2329파운드[약 413만 원]였다. 자메이카, 튀니지, 파라과이보다 낮았다.

우크라이나 새 정권은 올리가르히의 권력을 강화하고 있다. 예를 들어, 올리가르히들이 우크라이나 동부 주지사로 임명되고 있다. 티모셴코의 측근인 현재 총리 아르세니 야체뉴크는 이미 재정 지원의 대가로 IMF가 요구한 조건을 모두 수용했다. 그 조건에는 에너지 소비자가격을 대폭 인상하는 것 등이 있다. 전쟁이 일어나든 일어나지 않든, 지금 위기의 대가를 치르는 것은 우크라이나의 평범한 사람들일 것이다.

파리 공격은 제국주의의 유산이다

2015년 1월 16일

전에도 유럽의 다른 곳(2004년 3월 스페인 마드리드와 2005년 7월 영국 런던)에서 2015년 1월 7일 파리와* 같은 일이 벌어진 적이 있다. 무슬림 세계에 대한 제국주의의 개입과 이슬람주의자들의 테러리즘이라는 악순환은 여전히 계속되고 있다.

다만 이번에는 상황이 더 나쁜 듯하다. 한편에서는 인종차별적이고 무슬림 혐오를 부추기는 우파가 유럽에서 전보다 강해지고 있다. 그러나 반전운동은 전보다 약하다. 다른 한편에서는 전쟁이 낳은 야만과 중동의 반혁명 속에서 '이라크·시리아 이슬람 국가ISIS' 같은 반동적 맹신 집단이 성장하고 있다.

이런 상황은 유럽의 반제국주의 좌파에게 특별히 막중한 책임을 부여한다.

---

* 파리 공격 이슬람주의 테러리스트가 무함마드를 부정적으로 묘사한 〈샤를리 에브도〉 본사를 습격해 수십 명을 죽거나 다치게 한 사건.

[영국의 반전 국회의원] 조지 갤러웨이에게 약점이 있을지라도, 그가 2005년 7월 런던 버스 테러 직후 하원에서, 토니 블레어 정부가 아프가니스탄과 이라크 점령에 참여한 것이 그 비극을 낳았다고 비판한 것은 영원히 칭찬받을 일이다. 참으로 안타깝게도, 오늘날 프랑스에는 그런 목소리를 내는 사람이 없다. 프랑스에서 우리 사회주의노동자당SWP과 가장 비슷한 정당인 반자본주의신당NPA은 〈샤를리 에브도〉 학살을 비판하는 성명을 냈는데 그 제목은 "야만과 반동의 광기"였다.

학살을 비난한 것 자체가 틀린 것은 아니다. 그러나 반자본주의신당이 그 공격을 야만주의라고 부른 것은 잘못이다(심지어 또 다른 반자본주의신당 성명에서는 범인들을 파시스트라고 부르고 있다). 이것은 정확히 지배계급이 무슬림 세계를 상대로 전쟁을 벌이면서 제시하는 프레임이다. 9·11 이후 조지 W 부시는 문명과 야만주의의 충돌을 운운했다. 프랑스의 전임 우파 대통령 니콜라 사르코지는 최근 엘리제궁 대통령 관저 계단에 서서 그와 비슷한 말을 했다. 이런 담론은 서방 제국주의 국가들이 "후진적" 사회에 질서와 자유를 가져다주고 전 세계적 "이슬람 파시스트" 세력에 맞서 싸울 정당한 권리가 자신들에게 있다고 주장하는 것을 은연중에 돕는다.

반자본주의신당 성명은 또한 공격자들이 "반동적이고 반反계몽주의적인 편견의 이름으로 공포감을 부추기고 표현과 언론의 자유를 침해"했다고 주장한다. 지금 프랑스에 일고 있는 '내가 〈샤를리 에브도〉다' 물결을 사실상 지지하는 것이다. 〈샤를리 에브도〉는 무슬림을 아주 인종차별적이고 끔찍하게 묘사하는 것을 즐겨 해 온 잡지인데 말이다.

사회 전복적이고 반체제적임을 자처하는 잡지가 프랑스 정부한테서 100만 유로 지원을 약속받다니 참으로 웃긴 일이다. 이처럼 풍자만평에 정부가 돈을 지원하는 현상은 오늘날 프랑스에서 벌어지는 일을 집약적으로 보여 준다. 정치인들은 갈수록 공격적으로 프랑스 국가가 "세속주의", "공화주의"를 따라야 하고, 모든 시민은 그 기치 아래 계급·성·인종·종교를 초월해 단결해야 한다고 주장한다.

그러나 여기서 말하는 세속주의는 여러 종교를 포용한다지만 사실상 이슬람은 배제한다. 프랑스 공립학교는 2004년에 히잡(머리 스카프) 착용을 금지했고, 2011년에는 공공장소에서 베일 착용을 금지했다. 〈샤를리 에브도〉에게 무슬림을 모욕할 권리가 있다는 주장은 바로 이 "공화주의" 이데올로기와 결을 같이 하는 것이다.

2015년 1월 11일 파리 시위는 세속주의가 이처럼 인종차별적이고 이슬람 배척적인 형태로 발전한 것의 절정이었다. 이른바 "공화주의 행진"을 이끈 자들은 대통령 프랑수아 올랑드, 그 전임자 사르코지, 그리고 [이스라엘의] 대大살육자 베냐민 네타냐후 등 각국 지배자들이었다. 그 행진은 프랑스 지배계급이 제1차세계대전 당시 노동자들이 사장들과 함께 전쟁을 지지하도록 만들려고 내세운 '신성한 단결'[전시 계급 협조 정책]과 여러 점에서 닮아 있다.

반자본주의신당이 이런 "국가적 단결"을 비난하고 그 행진에 참여하지 않은 것은 잘한 일이다. 그러나 반자본주의신당이 지배적 사상과 타협했기 때문에 지금 반자본주의신당의 태도는 잘해야 (그 창립자 중 한 명인 고故 다니엘 벤사이드의 표현을 빌리자면) "양비론" 밖에 안 된다. 프랑스 국가도 이슬람주의자도 둘 다 틀렸다는 것이다. 벤사이드는 이런 태도가 "2가지 도전이 대등한 것처럼 오인하게 만든다"고 비판했다. 프랑스 국가와 미국·영국 같은 그 동맹국들은 이슬람주의자들보다 비할 데 없이 더 파괴적인 권력을 쥐고 있다. 비록 이슬람주의자들이 고약하기는 하지만 말이다. 서방 지배자들의 폭력은 그 폭력을 모방한 역습과 보복을 직간접으로 유발한다.

유럽 전역에서 인종차별과 무슬림 혐오라는 해일이 밀어닥치고 있다. 이에 전력을 다해 굳건하게 맞서는 것이 모든 혁명적 사회주의자들의 책무다. 우리는 노동자들이 인종과 종교를 떠나 인종차별, 전쟁, 긴축정책에 맞서 단결할 수 있다는 것을 보여 줘야 한다.

러시아 해킹 소동 뒤에는 제국주의 경쟁이 있다

2017년 1월 6일

2016년 최대의 정치적 승리자는 도널드 트럼프가 아니라 러시아 대통령 블라디미르 푸틴이라고 할 만하다.

2016년 초 러시아는 유가 하락과 서방의 경제제재로 심각한 경제적 압박을 받았다. 푸틴이 크림반도를 병합하고 나머지 우크라이나를 분할하자 미국과 유럽연합은 러시아에 경제제재를 가했다.

그러나 2016년 말, 푸틴은 웃고 있었다. 유가는 상승했다. 러시아는 시리아의 독재자 바샤르 알아사드 정권을 지키기 위해 잔혹하게 공군력을 사용하고 터키를 동맹으로 끌어들임으로써 시리아의 주요 실세로 부상했다. 그리고 푸틴은 트럼프가 오바마보다 훨씬 러시아에 우호적이길 기대하고 있다.

한편, 오바마는 후임자의 행보를 제약하는 데 얼마 남지 않은 임기를 바치고 있고 거의 깽판 치는 수준이다. 현재까지 그가 한 개입 중 가장 중요한 것은 〈뉴욕 타임스〉에 CIA 보고서를 흘린 것이다.

보고서는 러시아 정보기관이 트럼프 당선을 위해 민주당과 힐러리 클린턴, 그녀의 선거팀 이메일을 해킹해 유출했다고 주장한다. 민주당 당원들과 그들의 대서양 건너편 파트너인 〈가디언〉은 이런 주장을 강력히 지지한다. 러시아의 사이버 전쟁이 신자유주의가 그 중심부에서 패배한 것의 상습적 핑곗거리가 되고 있다. 이런 주장은 브렉시트 국민투표에 대한 [러시아 개입의 결과라는] 터무니없는 이야기나 가을에 있을 독일 총선에 러시아가 개입할 것이라는 경고 등을 양산하고 있다.

이런 위선에 혀를 내두르지 않을 수 없다. [〈뉴욕 타임스〉 기자] 팀 와이너는 CIA의 역사를 다룬 그의 저작[《잿더미의 유산》]에서 CIA가 냉전 동안 어떻게 발톱을 키워 왔는지 보여 준다. CIA는 1948년 4월에 벌어진 이탈리아 선거에서 [우파] 기독민주당의 승리를 위해 민간 자본가들로부터 (다분히 불법적으로) 돈을 받아 선거 자금으로 지원했다. 제임스 앵글턴은 CIA 로마지부장이자 제2차세계대전 이후 미국 정보기관의 핵심 인물이었다. 와이너는 그에 대해 다음과 같이 썼다. 그는 "이탈리아 첩보 기관에 깊숙이 관여했다. 사실상 그가 운영했다. 그는 요원들을 선거 자금을 나눠 주는 보급 부대로 이용했다." 이탈리아 선거는 CIA가 세계 곳곳에서 조작하려고 노력한 수많은 선거 중 첫 사례였다.

러시아 해킹에 관한 진상은 정보기관들의 어두컴컴한 세계 속에 묻혀 있다. 그 바닥에서는 진실이 드러나는 일이 드물고 적어도 와이너에 따르면 CIA에게 실수와 실패는 일상적이었다.

이 사건에서 더 흥미로운 것은 오바마가 주미 러시아 외교관 35명을 보복 추방한 것에 대한 푸틴의 반응이다. 푸틴은 맞대응하겠다는 외무부 장관의 발표를 뒤집으면서 러시아는 아무 조치도 취하지 않겠다고 발표했다. 〈파이낸셜 타임스〉는 이렇게 설명했다. "푸틴은 오바마 이후 트럼프와의 관계를 고려하고 있다." 〈파이낸셜 타임스〉는 러시아 외교국방정책위원회 위원장인 표도르 루키야노프의 말을 인용했다. "미국이 러시아를 다루는 방식은 항상 러시아를 변화시키려는 것이었다. 트럼프는 아무것도 바꾸려 하지 않는다. … 트럼프와 푸틴은 정치적 올바름을 싫어한다. 트럼프는 그 대신 국익에 집중한다. 바로 그것이 러시아가 미국인들에게 항상 원했던 것이다."

더 정확히 말해 푸틴이 미국에게 원하는 것은, 자신이 영향력을 행사하는 제한된 지역에서 러시아가 제국주의 열강으로 인정받는 것이다. 사이먼 사라잔 하버드대 교수는 〈워싱턴 포스트〉에 이렇게 말했다. "푸틴이 성공한 것은 그가 러시아의 중대한 이해관계가 걸려 있거나 승산이 있을 때만 미국에 싸움을 걸기 때문이다. … 여기서 최우선 고려 사항은 미국이 전력을 다할 용의가 있는지 여부다. 우크라이나에서는 미국의 중대한 이해가 위험에 처하지 않았다. 오바마 정부는 결국 시리아에 대해서도 마찬가지라고 판단했다."

어쩌면 트럼프와 푸틴이 중동에서는 협력할 수 있을지도 모르지만 갈등은 사라지지 않을 것이다. 트럼프와 대만 총통의 전화 통화로 벌어진 소동은* 트럼프가 중국을 겨냥한다는 것을 분명히 보여준다.

---

* 트럼프는 대통령에 취임하기도 전인 2016년 12월 2일 대만 총통 차이잉원과 전화 통화를 했다. 양국 정상 간 통화는 미국이 중국과의 관계를 의식해 대만과 단교한 이래 37년 만의 일이었다. '하나의 중국'을 고집하는 중국 정부는 공식 항의했다.

그러나 푸틴은 중국의 환심을 사려고 오랜 노력을 기울인 끝에 최근 결실을 하나 맺었다. 남중국해에서 중국과 러시아의 합동 군사 훈련을 벌인 것이다. 만약 미국과 중국 간 마찰이 격화한다면 푸틴은 새로운 친구들 사이에서 선택을 해야 할 수도 있다.

우리가 "미국", "중국", "러시아"라고 부르는 것은 지리적 기반에 근거한 자본가 권력 복합체다. 이들은 때때로 공통의 이익을 추구하기도 하지만 흔히 갈등을 겪는다. 트럼프의 승리 같은 드라마틱한 인적 변화가 일어났더라도 제국주의 경쟁을 해결하진 못한다.

서방이 부추기는 동아시아·동유럽 불안정

2017년 9월 14일

2017년 9월 8일 나토 사무총장 옌스 스톨텐베르그는 〈가디언〉과 인터뷰하며 "30년 정치 인생 동안 지금보다 위험한 시기가 있었느냐"는 질문을 받았다. 그는 이렇게 답했다. "현 시기는 이전보다 더 예측 불가능하고 더 어려운 시기다. 매우 많은 도전을 동시에 받고 있기 때문이다. 북한에서 보듯 대량살상무기가 무분별하게 퍼지고 있고, 테러리스트 문제도 있고, [곳곳이] 불안정한 데다, 러시아는 전보다 더 세게 나오고 있다. 세계는 더 위험해졌다."

30년이라고 해 봐야 냉전의 절정기는 포함이 안 된다. 예컨대, 1962년 10월 미국과 소련은 쿠바 미사일 배치 문제로 거의 핵전쟁을 벌일 뻔했다. 1983년 10월에는 소련 지배자들이 미국이 군사훈련을 빙자해 선제공격을 할까 봐 두려워하며, 자신들이 선수를 칠까 고려했다. 그 순간들은 십중팔구 인류 역사상 가장 위험한 순간이었을 것이다.

현 시기에 대한 스톨텐베르그의 평가에는 부분적 진실과 자신의 이해에 따른 거짓말이 섞여 있다.

현재 한반도에서 일어나는 대립은 진정으로 무서운 일이다. 몇 년 전만 해도 한반도에서 핵무기를 가진 국가는 미국뿐이었다. 북한 지배자들은 미국의 핵무기 독점에 도전하는 이유를 상당히 노골적으로 밝혔고 수소폭탄을 장착한 대륙간탄도미사일ICBM 개발에 거의 성공했다. 고립된 스탈린주의 국가 북한의 통치자 김정은은 사담 후세인이나 무아마르 알 카다피와 같은 최후를 피하고 싶어 한다. 이 둘은 미국의 개입으로 권좌에서 제거되고 살해당했다. 도널드 트럼프는 북한이 "화염과 분노"에 직면할 것이라고 말하는 등 수차례 군사력 사용 위협을 가했다. 그러나 사실 미국이 군사력을 사용하기는 쉽지 않다. 북한과 전쟁을 벌이면, 그 피해는 최소한으로 잡아도 남한 수도 서울의 처참한 파괴다. 최악으로는, 세계 최초의 쌍방 핵전쟁으로까지 나아갈 수 있다. 그런 전쟁이 일어나면 틀림없이 북한은 파괴될 것이다. 이런 끔찍한 시나리오가 양쪽을 억제하고 있다.

그러나 스톨텐베르그의 인터뷰에서 주된 초점은 러시아와 벨라루스가 [그들의] 서부 국경 즉, 발트해 연안국 등 나토 회원국 인접 국경에서 합동 군사훈련을 벌인 것이었다. 스톨텐베르그는 에스토니아에 있는 영국군 부대를 방문하는 중이었다. 이 부대는 동유럽에 배치된 나토 전투부대 4개의 일부다.

러시아 군사훈련을 두고 스톨텐베르그가 드러낸 불만은 서방이 러시아를 대하는 근시안적 태도의 전형을 보여 준다. 이 군사훈련이 나토의 최근 행보에 대한 대응이기도 하다는 사실을 무시하는 것이기 때문이다. 그런데 그 나토의 움직임은 러시아의 2014년 크림반도 점령과 지속적인 우크라이나 동남부 지역 개입에 대한 대응이었다.

더 장기적 관점에서 보면, 이 갈등은 미국이 초래한 결과다. 소련 붕괴 후 미국은 나토를 러시아 국경 쪽으로 확장해 왔다. 그러던 중에 우크라이나가 유럽연합과 연합협정을 맺기로 결정하자, 러시아 대통령 블라디미르 푸틴은 서방의 포위망이 급격하게 강해질 것이라 봤다. [그래서] 푸틴은 러시아 제국주의의 힘을 "가까운 외국"[옛 소련의 일원이었던 나라들을 지칭]에 행사했다. 푸틴의 이런 행보는 역겨운 횡포였지만, 미국이 중동에서 한 짓도 그 못지않다. 사망자 수로 따지면 미국이 살해한 사람이 훨씬 더 많다.

어쨌든 스톨텐베르그가 말하는 "더 세게 나오는 러시아"가 가까운 미래에 서방과 핵전쟁을 벌일까? 그렇지는 않다. 미국과 러시아가 전쟁을 벌이면 양측 모두 상상할 수 없을 만큼 큰 참화를 입을 것이라는 계산이 냉전 시기의 위기들 때에도 두 적대국을 억제했다. 이는 오늘날에도 적용된다.

또한, 앞서 말한 것처럼 한반도의 갈등도 당사국들이 싸우면 처참한 결과를 낳을 것이란 사실 때문에 억제되고 있다. 그러나 트럼프가 있다. 제임스 클래퍼 전 미국 국가정보국장은 2017년 8월 CNN에 이렇게 말했다. "트럼프가 홧김에 김정은에게 뭔가 조처를 취하기로 결정하면 그를 막을 방법이 별로 없다. … 그가 핵을 사용한다고 결정하더라도 통제할 방법이 거의 없다. 이는 매우 무서운 일이다."

미국의 충실한 하인 스톨텐베르그는 이런 사실을 언급하지 않는다. 우리에게는 두 가지 선택지가 있다. 트럼프의 장군들이 트럼프를 잘 통제하길 기대하든가, 아니면 몇몇 개인에게 전 인류를 파괴할 힘을 부여하는 이 체제를 무너뜨리든가.

서구와 중국의 관계 변화를 보여 준 영국 총리의 중국 방문

2018년 2월 7일

1972년 미국 대통령 리처드 닉슨의 역사적 중국 방문은 존 애덤스가 오페라[〈닉슨 인 차이나〉]로 만들었지만, 영국 총리 테리사 메이의 이번 중국 방문은 그럴 일이 없을 것이다. 테리사 메이의 [2018년 1월 31일] 중국 방문은 브렉시트를 둘러싼 보수당의 분열 소식으로 언론에서 완전히 묻혔다.

그러나 메이의 이번 방문에서는 중국과 서구 열강의 변화하는 관계를 드러내 주는 흥미로운 조짐이 보였다. 닉슨의 목표는 소련에 맞서 미국과 중국의 암묵적 동맹을 강화하려는 것이었다. 그러나 이제 미국과 유럽연합 모두 갈수록 중국을 지정학적 위협으로 보고 있다. 도널드 트럼프가 2017년 12월 중국을 "전략적 경쟁자"라고 명명한 것은, 미국 정책 입안자 대다수가 오래전부터 생각해 온 바를 그저 터놓고 말한 것뿐이다.

영국이 전통적으로 미국을 좇긴 하지만, 메이의 전임 총리 데이비드 캐머런과 그의 재무부 장관 조지 오즈번은 중국과 긴밀한 경제 협력 관계를 맺으려 했다. 그들은 영·중 관계의 새로운 "황금기"에 대해서 떠벌렸다. 2015년 오즈번의 지휘 아래 영국은 아시아인프라투자은행AIIB에 참여하기로 결정하며 미국에 반항하기까지 했다. 아시아인프라투자은행은 중국이 미국이 주도하는 세계은행 같은 기관들의 대안으로 제안한 것이다. 당시 버락 오바마 행정부는 영국이 "끊임없이 중국에 타협하고 있다"고 불만을 드러냈다.

그러나 "황금기"는 실현되지 않았다. 캐머런이 집권한 동안 중국이 약속했던 영국에 대한 투자는 대부분 이뤄지지 않았다. 영국의 대중국 국제수지 적자는 255억 파운드[38조 원]이고, 대중국 수출이 영국 전체 수출에서 차지하는 비율은 겨우 3.1퍼센트에 불과하다.

현재 메이의 브렉시트 이후 "글로벌 영국" 구상을 듣다 보면, 중국과의 경제적 관계는 훨씬 더 긴밀해질 것처럼 느껴진다. 그러나 사실 집권한 이후로 메이는 오즈번이 추진했던 중국 기업과의 거래에 냉담한 반응을 보여 왔다(예컨대, 핵 발전 산업).

베이징에서도 메이는 중국 국가주석 시진핑의 '일대일로' 정책을 지지하는 양해각서MOU 서명을 거부했다. "새로운 실크로드"라고도 알려진 일대일로 정책은 중국이 새로운 수출입 경로를 개발하기 위해 수립한 일련의 거대 기반 시설 구축 프로젝트다. 현재 중국의 무역은 태평양과 인도양을 잇는 좁은 믈라카해협을 지나는 경로에 크게 의존하고 있다. 미국과 중국이 충돌할 경우, 미국 해군은 믈라카해협을 쉽게 봉쇄할 수 있다. 일대일로 프로젝트에는 특히 중국에서 중앙아시아를 지나 유럽으로 이어지는 육상 경로를 개척하는 것이 포함된다.

[중국의] 이런 시도는 이미 중동부 유럽과 같은 유럽연합의 주변부를 분열시키고 있다. 중국이 사하라사막 이남 아프리카 지역과 라틴아메리카에서 수년째 진행해 온 작업을 중동부 유럽에서도 시작한 것이다. 바로 상대적으로 가난한 국가들이 중국의 투자와 차관을 제공받는 대신, 일대일로와 연결된 거대 기반 시설 프로젝트에 참여하는 것이다. 그 결과가 바로 "16+1"로 표현되는, 중동부 유럽 16개국과* 중국의 협력 관계가 부상한 것이다. 유럽연합은 이로 인해 중동부의 회원국들과 예비 회원국들이 [유럽연합이 아닌 다른] 경제·정치적 중심으로 이끌릴까 우려하고 있다. 남중국해 영토 분쟁에 대한 태도와 중국의 대유럽 투자에 대한 새로운 안보 규제 조항 문제를 둘러싼 유럽연합 내부 대립을 보면,** 중국의 영향력을 이미 확인할 수 있다는 지적도 있다. 이것은 유럽연합이 브렉시트를 맞아 결속하는 모습을 보이려 노력하지만, 실제로는 분열의 압력이 더 강해지고 있음을 보여 준다.

그래서 십중팔구 시진핑은 브렉시트 과정에서 곤란을 겪고 있는 메이를 압박해 일대일로에 참여토록 할 수 있을 것이라 기대했을 것이다. 그러나 메이는 그러지 않았다. 부분적으로 이는 브렉시트 협상

---

* 중동부 유럽 16개국 냉전 시절 동구권에 속했던 유럽의 중동부 국가들로 상당수는 오늘날 유럽연합과 나토 회원국이다. '16+1'에서 16개국은 다음과 같다. 헝가리, 불가리아, 루마니아, 폴란드, 보스니아 헤르체고비나, 세르비아, 크로아티아, 슬로베니아, 슬로바키아, 알바니아, 마케도니아, 몬테네그로, 체코, 리투아니아, 라트비아, 에스토니아.

** 유럽연합 집행위원회는 첨단 기술 유출을 우려해 중국 자본의 유럽 기업 인수·합병을 규제하자고 주장했으나 네덜란드와 북유럽 회원국들의 반대에 부딪혔다.

이 까다로운 단계로 들어선 마당에 서유럽의 주요 유럽연합 국가들을 적대하고 싶지 않았기 때문일 것이다.

또한, 이는 미국과의 관계 때문이기도 할 것이다. 전략국제문제연구소CSIS 매슈 굿맨은 〈파이낸셜 타임스〉에 이렇게 말했다. "분위기를 보아하니 미국은 중국을 밀쳐 내려고 준비 중이다." 2015년 오즈번은 오바마에게 반항할 자신감이 있었지만, 지금 메이는 트럼프와 같은 편에 서기를 선택했다. 브렉시트 이후 보수당은 지금보다도 더 미국에 아첨하는 모습을 보일 가능성이 높다.

무역 전쟁은 계속될 것이다

2018년 7월 31일

3대 경제블록인 미국·유럽연합·중국 사이에서 전개되던 무역 전쟁이 며칠 전부터 소강상태에 접어든 듯 보인다. 유럽연합 집행위원장 장클로드 융커와 도널드 트럼프가 워싱턴에서 회담했는데, 이들은 실무 그룹을 구성해 유럽연합의 대미 무역 흑자를 어떻게 줄일지 의논하는 동안 추가적 수입 관세를 부과하지 않기로 합의했다.

그러나 트럼프가 2018년 6월 초 철강과 알루미늄에 부과한 수입 관세나 유럽연합이 그 보복으로 미국산 상품에 부과한 관세는 여전히 철회되지 않은 상황이다. 더군다나 사업가로서 트럼프는 (《거래의 기술》이라는 책 집필에는 참여했을지 몰라도) 거래를 곧잘 깨 버린다는 점에서 뉴욕에서 악명이 자자했다. 2018년 5월 중국의 부총리 류허가 트럼프를 만난 직후 백악관은 중국과의 무역 전쟁을 "보류"하겠다고 선언했지만, 트럼프는 며칠 지나지 않아 류허와의 합의를 파기했다.

미국과 유럽연합 간 최근 합의의 문제 하나는 양측의 무역마찰이다차원적이라는 점이다. 사람들이 주목한 것은 트럼프가 유럽산 수입 자동차에 관세 20퍼센트를 부과하겠다고 으름장을 놓은 것이었다. 그렇게 되면 유럽연합의 제조업 강국이자 수출 허브인 독일이 특히 큰 타격을 입을 터였다. 그렇지만 가장 까다로운 부문은 미국과 유럽이 모두 강력한 보호 조처를 취해 온 농업 부문이다. 유럽연합 측이 유전자조작식품GMO을 자기네 식품 시장에 들여놓지 않으려고 한다는 점이 특히나 분쟁거리다.

융커는 유럽연합이 미국산 대두를 더 많이 수입하겠다고 약속했다. 트럼프 처지에서 이는 중요한 약속이다. 트럼프가 중국산 물품에 수입관세를 매긴 것에 대응해, 그동안 엄청난 양의 미국산 대두를 수입하던 중국이 미국산 대신 브라질산 대두를 수입하기로 결정했기 때문이다. 미국의 농업 종사자들이 크나큰 타격을 입었다.

트럼프는 2018년 11월에 치러질 미국 중간선거를* 겨냥한 캠페인을 이미 시작했다. 며칠 전 아이오와주 지지자들 앞에서 트럼프는 이렇게 말했다. "농업 종사자들을 위해 방금 유럽 시장을 개방시켰습니다. 그러니 저에게 너무 분개하실 것 없습니다." 그런데 평론가 볼프강 뮌차우가 이미 지적했듯이, 동전의 반대편을 보면 이 협상판이 깨질 여지는 남아 있다. "미국산 대두를 수입함으로써 유전자조작식품이 수입될 수 있음을 유럽연합 측이 깨닫는다면 말이다. 얼마 전 융커는 여기에도 합의한 셈일 수 있다."

---

* **중간선거** 대통령의 4년 임기 중간, 즉 대통령 취임 후 약 2년이 지난 뒤에 시행되는 선거로, 연방 하원 의원 전원과 연방 상원 의원의 3분의 1을 새로 선출한다. 대통령 임기 중간에 치러지므로 중간 평가의 성격이 있다.

독일은 합의 결과를 반겼지만 프랑스의 경제부 장관 브뤼노 르메르는 이 거래에 물음표를 던졌다. 르메르는 이렇게 말했다. 농업은 "협상 대상에서 빠져야 한다. … 우리는 위생·식품·환경 면에서 엄격한 기준을 부과하고 있다. … 유럽이 이런 기준에서 타협하는 일은 없을 것이다."

트럼프는 미국과 유럽연합의 실무 그룹이 지적재산권 침해, 산업 보조금, 국영기업들의 활동에 관한 문제들을 논할 것이라고 밝혔다. 이것은 사실상 중국의 거대한 국가 주도 경제를 대놓고 겨냥한 언사다. 아마도 트럼프와 융커는 중국에 대항할 동맹 결성을 꾀하고 있는 것일지 모른다.

그러나 3대 거대 경제블록은 단지 무역뿐 아니라 투자를 통해서도 서로 얽혀 있다. (상당수가 국가 통제 아래 놓여 있는) 중국 기업들은 그동안 미국과 유럽의 기업들을 인수하는 데 갈수록 열을 올려 왔다. 좌파 일각에서 여전히 주장하듯이 만일 중국 국가는 [제국주의가 아니고] 서방이 주도하는 "초국적 자본"의 도구에 지나지 않는다면 이는 문젯거리가 되지 않을 것이다. 그렇지만 실상은 다르다. 미국과 유럽연합 모두 자기 나라 기업들이 개발한 기술이 해외직접투자를 매개로 중국 국가자본주의 측에 팔려 가고 있어서 갈수록 심기가 불편해지는 상황이다. 여기에 상황을 더 꼬이게 하는 요인이 하나 더 있다. 중국 시장이 너무나 중요한 나머지 주요 기업 간에 합병이 이뤄지려면 미국과 유럽뿐 아니라 중국 측 규제 당국의 허가도 필요한 경우가 있다.

며칠 전 미국의 반도체 기업 퀄컴은 네덜란드 기업 NXP를 약 440억 달러[50조 원]에 인수하려던 계획에서 손을 떼겠다고 발표했다. 트럼프가 무역 전쟁을 고조시키자 중국 규제 당국이 이에 응수해서 2018년 5월 하순경 합병 승인을 지연시킨 것이 그 이유였다. 퀄컴의 최고경영자가 이 사태를 보고 이렇게 말했다. "우리가 어찌할 수 없는 일들이 발목을 잡은 게 분명합니다."

이런 일화를 보면 주요 자본주의 경제권이 얼마나 서로 뒤얽혀 있는지, 또 그럼에도 그들의 이해관계가 얼마나 여전히 충돌하고 있는지를 알 수 있다. 무역 전쟁은 계속될 것이다.

우크라이나 문제가 보여 준 미국 지배계급의 내분

2019년 11월 28일

도널드 트럼프 탄핵소추 과정에서 우크라이나가 핵심 쟁점이 된 것은 우연적 요소가 크게 작용했다.

트럼프가 원한 것은 우크라이나 대통령 볼로디미르 젤렌스키가 헌터 바이든의 기업 활동을 수사해 부패 혐의를 캐내는 것이었다. 헌터 바이든의 아버지 조 바이든은 민주당 정권에서 부통령을 지냈고 2020년 대선에서 트럼프의 경쟁 상대다. 바이든의 뒤를 캔다는 목적에만 부합했다면 트럼프에게는 우크라이나든 어디든 상관없었을 것이다. 그런데 하필 우크라이나에서 이런 일이 벌어졌다는 사실은 신자유주의 정치 질서의 위기가 어떻게 강대국 간 지정학적 경쟁을 심화시키는지 보여 준다.

우크라이나와 러시아의 관계는 스코틀랜드와 잉글랜드의 관계를 생각하면 좀 더 쉽게 이해할 수 있다. 우크라이나는 독자적 민족 정체성을 발전시켰지만 300년 넘게 러시아 국가의 일부였다. 스코틀랜드도 비슷한 기간 동안 잉글랜드와의 연합국에 속했다. 이 때문에 1991년 우크라이나 독립은 러시아 세력권에 큰 구멍을 냈다. 스코틀랜드가 영국에서 독립하면 그럴 것처럼 말이다.

1991년 독립 선언 후 우크라이나는 러시아 대 미국·유럽연합의 각축장이 됐다. [미국 외교 전문지] 《포린 어페어스》의 한 기사는 우크라이나를 [냉전이 끝난 후] 유라시아 대륙에 "안정적 질서를 세우려는 시도가 거듭 좌절된 곳"이라고 설명한다.

최근 사례는 2014년에 벌어졌다. 친서방 성향이 뚜렷한 정권이 우크라이나에 들어서자 러시아는 전략 요충지인 크림반도를 무력으로 병합했다. 러시아의 지원을 받은 각종 분리주의자들이 우크라이나 남동부 일부를 장악했다. 그 때문에 러시아와 서방 사이의 긴장이 고조됐고, [러시아를 상대로 한] 일련의 경제제재가 뒤따랐다.

그 와중에 러시아 대통령 블라디미르 푸틴은 중동에서 미군이 일부 철군한 틈을 타 막후 실세로 떠올랐다. 뒤이어 푸틴을 존경하는 자[트럼프]가 미국 대통령에 당선하자, 냉전적 편집증의 기류가 서방과 러시아 양 진영 모두에 흘렀다.

미국이 러시아에서 '색깔 혁명'을 획책할 것을 두려워한 푸틴은 서방의 선거에 개입해 왔다. 이에 유럽과 미국의 자유주의자들은 트럼프 당선, 브렉시트 국민투표 같은 여러 낭패가 모두 러시아의 개입 탓이라고 둘러대며, 푸틴을 자신들의 실패에 대한 변명거리로 써먹었다.

애초 우크라이나를 미국 대선 논란에 처음 끌어들인 것은 트럼프 일당이다. 당시 이들은 [트럼프 편인] 러시아가 아니라 [민주당 편인] 우크라이나가 2016년 미국 대선에 개입했다고 주장했다. 그런데 이제는 도리어 트럼프가 미국의 군사원조에 의존하는 우크라이나의 처지를 이용해 우크라이나 대통령을 압박해서 바이든 부자의 뒤를 캐고 자신을 돕게 했다는 정황이 폭로됐다.

민주당이 마침내 트럼프의 덜미를 잡았다면서 폭로한 것이 러시아가 아닌 우크라이나와의 커넥션이라는 사실은 자못 흥미롭다. 러시아 정부와 그들의 첩자·대자본가가 트럼프의 약점을 쥐고 흔든다는 것을 입증하려는 모든 시도가 실패했다는 것이 그동안 내가 받은 인상이었는데, 우크라이나 스캔들은 그 인상이 옳았음을 보여 준다. 결국 트럼프가 푸틴에게 경도된 것은 매수나 협박 때문이 아니라 푸틴을 진짜로 존경하기 때문인 것이다.

그럼에도 미국 안보 기구들이 보기에는 그것만으로도 충분히 범죄적이다. 그들에게 우크라이나는 러시아에 맞선 최전선이다. 청문회에서 드러난 사실을 보면, 초강경 매파인 전前 백악관 국가안보보좌관 존 볼턴은 트럼프와 그의 심복[개인 변호사] 루디 줄리아니 등이 원조를 대가로 우크라이나에게 바이든 부자 수사를 요구하는 것을 막으려 했다. 볼턴이 2019년 9월에 경질된 배경을 엿볼 수 있는 대목이다. 볼턴과 함께 일했고 2019년 7월까지 국가안보회의NSC 유럽·러시아 담당 고문이었던 피오나 힐은 2019년 11월 21일 널리 호평을 받은 청문회 증언에서, 2016년 미국 대선에 우크라이나가 개입했다는 주장은 러시아의 공작이라고 일축했다.

이렇듯 이번 청문회에서는 미국 안보 기구들 내 반反트럼프 분위기가 얼마나 광범한지 드러났다. 그러나 그들이 트럼프를 싫어하는 것은 트럼프가 국제적 극우의 성장을 부추기는 인종차별주의자·성차별주의자라서가 아니다. 오히려 미국 제국주의와 다른 열강의 패권 경쟁에서 트럼프의 무능함이 갈수록 드러나고 있다고 생각하기 때문이다. 트럼프 탄핵 발의자들[미국 민주당]을 요란하게 응원하기 전에 이 점을 유념해야 한다.

미국-유럽연합 무역 전쟁과 새우등 터지는 영국

2020년 1월 30일

중국과 미국이 지난 2년간 벌인 무역 전쟁을 휴전하기로 합의했다. 2020년 1월 15일 워싱턴에서 양국은 이른바 "1단계" 무역협정에 서명했다. 그러나 가장 중요한 갈등(중국 정부가 자국 기업을 지원하고 '하이테크 경제'로 나아가려는 야심을 품은 것을 둘러싼 갈등)은 해소되지 않았다. 두 국가는 평균 약 20퍼센트의 관세를 상대국의 수출품에 여전히 부과하는데, 이는 분쟁 전과 비교하면 훨씬 높은 수준이다.

그러나 새로운 무역 전쟁의 조짐이 커지고 있는데, 이번에는 미국과 유럽연합이다. 2020년 1월 22일 도널드 트럼프는 다보스에서 열린 [각국 정부와 다국적기업 대표자들의 모임] 세계경제포럼에서 이렇게 불평했다. "유럽연합은 무역할 수 없는 부문을 지정한 무역 장벽이 있고, 관세도 이곳저곳에 부과합니다. … 솔직히 말해, 유럽연합은 중국보다도 거래하기가 더 어렵습니다." 트럼프는 미국에 수출되는 독일 자동차들에 특별히 집착해, 여기에 관세를 매기겠다고 꾸준히 위협해 왔다. [미국 외교 전문지] 《포린 폴리시》에 최근 실린 한 기사의 제목은 이랬다. "유럽이 트럼프 무역 전쟁의 새 전선이다."

그리고 트럼프의 말이 맞다. 유럽연합은 무역하기 까다로운 상대다. 유럽 통합이 성공한 진정한 비결은 거대한 대륙을 하나의 시장으로 묶고 유럽연합 지배자들이 만든 규제를 따르도록 한 것이다. 이 시장에 접근하려면 비非유럽 기업들도 그 규제를 준수해야 한다. 트럼프 정부가 분개하는 건 바로 그 때문이다.

영국의 유럽연합 탈퇴(브렉시트)에서 유럽연합이 주되게 신경 쓰는 것은 영국이 탈퇴 후에도 그 규제를 따르도록 하는 것이다. 한 전문가는 이를 두고 "영국을 유럽연합의 규제 위성국가로 만드는 것"이라고 묘사한다. 유럽연합은 영국과의 FTA 협상에서 영국 기업들이 [규제를 피하는 방식으로] "원가 경쟁력을 갖추거나 무임승차하지 못하도록" 하는 것을 최우선 순위에 두고 있다. 유럽연합은 만일 영국 기업들이 합의 내용을 위반했다고 여기면 영국을 응징할 권리[즉각 보복성 무역 제재에 나설 권리]를 요구한다.

사정이 웃기게 된 것은 미국과 유럽 사이에 무르익는 무역 전쟁에서 영국이 최선봉이라는 것이다. 트럼프는 유럽연합 집행위원장 우르줄라 폰데어라이엔과 [세계경제포럼이 열린] 다보스에서 만나 2020년 11월 미국 대선 전에 유럽연합과 무역 협상을 타결하리라 예상한다고 발표했다. 그럴 가능성은 높지 않다. 특히 프랑스가 농산물 수입에 대한 협상을 일절 거부하기 때문에 공산품 무역에 관한 논의에서 진전이 없는 상태가 이어지고 있다. 1950년대 이래로 역대 프랑스 정부들의 주요 우선순위에는 자국 농부들을 국제 경쟁에서 보호하는 것이 포함돼 있다.

그러나 당면 상황에서 가장 첨예한 쟁점은 디지털세稅다. 프랑스와 영국 등은 미국 IT 대기업(페이스북, 구글 등)에 세금을 부과하려 한다. 이 기업들은 그 나라 국민들을 상대로 돈을 벌지만 조세 도피처에 적을 두고 있어 세금 부담을 피하고 있다. 미국 재무부 장관 스티븐 므누신은 영국의 디지털세 계획에 관해 이렇게 대꾸했다. "만약 누군가 우리 디지털 기업에 세금을 임의로 부과한다면, 우리도 그들의 자동차 기업에 임의로 세금을 부과하는 방안을 검토할 것이다." 이미 므누신은 프랑스의 디지털세 도입에 대한 보복으로 프랑스 수출품 24억 달러어치에 관세를 부과한 바 있다.

아이러니하게도, 그간 미국이 으스대는 것에 줄곧 불평해 왔던 프랑스가 굴복했다. 프랑스 재무부 장관 브뤼노 르메르와 므누신은 곧장 세금·관세 부과를 보류하고 디지털세에 대한 국제적 합의를 마련해 보기로 했다.

세게 나온 곳은 영국이었다. 영국 정부는 "세금 문제는 우리 고유 권한이고 앞으로도 그럴 것"이라고 밝혔다. 여기에는 [집권] 보수당이 미국보다 유럽연합과의 무역협정을 더 중시하기로 결정한 것이 반영된 듯하다. 미국은 [단일국가로는] 영국의 최대 교역 상대이고 영국 수출의 5분의 1을 차지한다. 그러나 유럽연합은 45퍼센트나 차지한다.

2020년 1월 26일에는 또다시 불꽃이 일었다. 미국 상무부 장관 윌버 로스는 유럽연합이 탄소세를 도입하면 보복할 것이라고 위협했다. 이런 갈등은 단지 트럼프의 보호무역주의 때문만은 아니다. IT 대기업들은 미국 자본주의의 선봉에 서 있고, 트럼프는 그 기업 사장들과의 정치적 갈등과는 별개로 그 기업들을 방어하려 한다.

저마다 고유한 무역 규정 체제를 갖고 있는 세 무역 블록, 즉 유럽 연합·미국·중국 사이의 쟁투가 갈수록 치열해지고 있다. 영국 같은 더 작은 국가는 고래 싸움에 등 터지기 십상이다.

3장

미국의 세계 지배 전략

진퇴양난에 빠진 미국

2004년 4월 17일

2004년 4월 첫 주에 미국 주도의 점령군이 쫓겨난 이라크 남부 도시 중 하나가 쿠트라는 사실은 시사적이다. 1916년에 바로 이곳에서 영국 침략군이 오스만제국 군대에 포위당했고, 결국 항복했다. 물론, 지금의 이라크 점령은 아직 그 정도의 재앙을 겪지는 않았다.

그러나 미국과 그 동맹들(영국이 가장 중요한 동맹이다)이 점차 자신들이 통제하지 못하는 상황에 빠져들고 있는 것은 명백하다. 미국은 팔루자에서 해병대에게 저항을 진압하라고 명령했고, [남부에서] 급진적 시아파 성직자 무끄타다 사드르의 힘을 꺾으려 했다. 두 전선에서 한꺼번에 싸운 것은 정말 멍청한 실수였다.

그렇지만 현재 미국의 위기는 부시와 그의 네오콘 보좌관들이 만든 계획 자체의 모순에 뿌리를 두고 있다. 이라크 침략은 미국 국방부 장관 도널드 럼즈펠드가 추진한 "변형 전쟁"의 시험 무대였다. 상대적으로 규모가 작고, 고도로 기계화되고, 중무장한 미군이 이라크 군대를 압도하면서 겨우 몇 주 만에 이라크의 주요 중심지들을 점령했다.

미국이 이라크를 장기 점령한다면 중동을 지배하고 이곳의 막대한 석유 자원을 지배할 것이다. 그러나 바로 여기에 첫째 모순이 있다. 럼즈펠드의 군사정책은 기동성이 높고 최첨단 무기로 무장한 소규모 군대에 의존한다. 그러나 이런 군대는 이라크같이 넓고 복잡한 사회를 점령하는 데 적당하지 않다. 대규모 군대가 소규모 부대들로 쪼개져 이라크 전역에서 점령 임무를 수행하다 보니 사상자가 속출했고, 이는 부시 정부를 정치적으로 난감하게 만들었다.

이전의 제국주의 열강은 영국의 인도군처럼 주로 현지에서 모집한 용병들에 의존했다. 그러나 [미 군정 최고행정관] 폴 브레머는 점령에 유용할 수도 있었던 이라크 군대를 해산시켰다.

미국은 자신에 동조하는 정부들을 "의지의 동맹"으로 끌어들여 부족한 병력을 보충하려 했다. 그러나 며칠 전에 쿠트를 점령하고 있던 우크라이나 병사들이 저항 세력 앞에서 도망치면서 이런 정책의 한계가 드러났다.

럼즈펠드는 청부업자와 전직 군인을 보안 요원으로 고용해 이라크를 가득 채우면서 미군이 맡았던 임무를 사유화했다. 그렇지만 이런 용병들은 점령 통치자가 이용할 수 있는 군사적 자원이 될 수 없을 뿐 아니라, 우리가 지난 며칠 동안 목격했듯이, 공격과 납치에 취약하다.

둘째 커다란 모순은 21세기 초인 오늘날 미국이 1870년대 영국의 빅토리아 여왕이 인도 여왕으로 등극했던 것처럼 자신을 식민지 권력으로 선언할 수 없다는 데 있다. 따라서 브레머는 미국에 고분고분하면서도 민주적 정당성을 누리는 이라크 정부를 구성하려 노력할 수밖에 없다. 문제는 정당성을 얻기 위해서는 선거를 거쳐야 하는데, 이라크인들은 분명히 워싱턴이 싫어하는 정치 세력에게 투표할 것이란 점이다.

바로 이 때문에 점령이 종결되기로 예정된 2004년 6월 30일을 앞두고 온갖 책략이 난무하고 있다. 며칠 전까지 미국의 계획은 일단 미국이 뽑은 과도통치위원회에 "주권"을 넘기고 연말에 선거를 치르는 것이었다. 연말에 있을 선거도 겉모습만 바꾸는 수준일 것이고, 미국 점령군의 주둔은 계속될 것이다. 브레머는 미래에 선출될 정부를 꼼짝 못 하게 만들면서 실제 권력을 미국 대사관과 미국 기업의 손에 쥐어 줄 법안들을 통과시키고 있다.

지난 며칠간의 사건은 이런 시나리오를 완전히 혼란에 빠뜨렸다.

브레머와 미군은 엄청난 무력을 과시하면서 팔루자에서 살해당한 미국 용병 4명의 죽음에 복수할 생각이었다. 그러나 그들은 저항 세력에 대한 지지를 확산시키면서 점령의 약점만 노출시켰을 뿐이다. 팔루자에서 발생한 사건은 미국의 화력이 얼마나 많은 사람들을 학살할 수 있는지를 상기시킬 것이다. 2004년 4월 첫째 주에만 600명이 사망했다. 그러나 이것은 동시에 점령자가 의존하는 권력의 기반이 얼마나 얄팍한지도 폭로했다.

패트릭 그레이엄은 〈업저버〉에 "팔루자 외곽 지역에서 미군은 무엇을 쏠 수 있는지만 통제한다. 나머지는 전혀 통제하지 못한다"고 보도했다. 미국은 압도적 군사력을 사용하면서도 확실한 군사적 승리를 얻지 못한 채 심각한 정치적 패배를 겪고 있다.

팔루자에서는 신설된 이라크 군대의 한 대대가 싸우기를 거부했다. 심지어는 이라크과도통치위원회의 기회주의자들도 반항할 수밖에 없었다. 어떤 이는 사임했고, 어떤 이는 공개적으로 미국의 전술을 비난했다. 그들은 이라크 도시들을 폭격하고 있는 점령군에 동조하는 것이 정치적 자살 행위임을 잘 알고 있다.

브레머는 한발 물러나서 팔루자에서 휴전하기로 합의했다. 한편, 이라크 남부의 무끄타다 사드르 군대는 진압되기는커녕 시아파 이슬람의 최고 성지인 카르발라와 나자프에 진지를 마련했다. 토니 블레어는 점령이 패배한다면 "독재자들이 기뻐할 것이고, 광신도들과 테러리스트들이 기고만장할 것"이라고 신경질을 부렸다. 럼즈펠드는 이라크에 미군을 더 많이 보내 "불한당, 폭도, 테러리스트"를 쳐부수겠다고 발표했다.

그러나 럼즈펠드는 베트남 전쟁 당시 대통령 린든 존슨과 달리 훨씬 많은 병력을 파병해 이라크 위기에 대처할 수는 없다. 베트남 전쟁 당시 미군은 징집병이었지만, 지금 미국은 현역 육군 자원병들에 의존하고 있다. 48만 명의 현역 육군은 미국 역사상 최소 규모다.

전 미국 국방부 차관보 로런스 콜브는《포린 어페어스》최신 호에서 이라크와 아프가니스탄 점령 때문에 미군이 받는 엄청난 압력을 묘사했다. 그가 인용한 어떤 전문가는 이렇게 말했다. "우리의 자원병 군대는 지난 30년 역사상 지금이 가장 취약하다." 콜브에 따르면, "현역 육군 사단 10개 중 겨우 2개 사단만이 이라크와 아프가니스탄이 아닌 다른 곳에서 전투를 치를 준비가 돼 있다." 이라크 정복은 예방 전쟁이라는 부시 독트린의 첫 시험대였다. 그러나 바로 그 이라크 정복 때문에 미국이 부시 독트린을 세계의 다른 곳, 예컨대 동북아시아나 라틴아메리카에서 적용하는 것이 (불가능하지는 않을지라도) 어려워졌다.

부시 정부는 진퇴양난에 빠져 있다. 이라크는 점점 더 수렁이 되고 있지만, 미군이 철수한다면 그것은 베트남 전쟁 이후 미국 제국주의의 가장 큰 패배가 될 것이다. 이라크 전쟁은 미국의 독보적 세계 '패권'을 입증하기 위한 것이었다. 그러나 그것은 부시와 블레어가 빠져나올 수 없는 함정처럼 보이기 시작하고 있다.

묻어 두고 싶은 이라크

2005년 4월 16일

이라크를 기억하는가? 만약 기억하고 있다면 당신은 참 대단한 사람이다. 왜냐면 정부는 대중매체의 전폭적 지원을 받아 우리가 이라크를 잊어버리게 만들려고 최선을 다하고 있기 때문이다.

최근 BBC 라디오 프로그램 〈투데이〉에서 보건부 장관 존 리드가 핀에 꽂힌 나방처럼 당황하며 한 말을 들은 사람이라면 누구나 수많은 노동당 유권자들이 느끼는 소원함의 핵심이 이라크 문제임을 토니 블레어와 그의 각료들이 인정하는 것이 얼마나 어려운 일인지를 깨달았을 것이다.

대중매체는 이라크에 관한 보도를 사실상 차단함으로써 이라크를 기억에서 지우려는 노력에 공모하고 있다. 마치 2005년 1월 말 선거 이후로는 이라크 사정이 좋아져서 자세한 보도를 하는 것이 별 의미가 없다는 집단적 결정이라도 한 것 같다.

때때로 이상한 이야기가 새어 나오고 있기는 하다. 예컨대 2005년 4월 6일, 우리는 1월 선거에서 선출된 의회의 다수당들이 마침내 정부를 승인했다는 얘기를 들었다. 어떤 합의에 도달하는 데 두 달 이상 걸렸다는 것은 건강한 민주주의의 증거라고 보기 어렵다. 오히려 이것은 미국이 민족이나 종교에 따른 동맹들 간의 거래를 바탕으로 한 체제를 도모하고자 한다는 사실을 반영할 뿐이다.

수니파가 우세한 이라크 중부 지방에서는 압도적으로 선거를 보이콧했다는 점을 기억해야 한다. 이로 인해 다른 두 세력이 의회를 장악하게 됐다.

첫째는 이라크 북부의 쿠르드 정당들이었다. 그들의 지도자들은 한때 터키 국경을 넘나들며 전리품 밀매를 두고 벌이던 싸움을 중단하고 이제 자신들의 운명을 전적으로 미국에 맡겨 버렸다. 그들은 그 보상으로 대통령직을 얻었고, 그 직위는 쿠르드애국연합의 잘랄 탈라바니에게 돌아갔다.

그러나 가장 큰 몫은 통일이라크연맹이 가져갔다. 시아파 무슬림의 지도적 성직자 아야톨라 알리 시스타니의 후원을 받는 이 세력은 미국 점령의 종식 시한을 정하겠다는 공약을 걸고 선거운동을 벌였다. 통일이라크연맹의 이브라힘 자파리는 새 정부의 총리다. 미국 중동연구정보프로젝트의 크리스 텐싱은 통일이라크연맹이 자신들의 선거공약을 어기고 있다며, “지금 당장은 미국이 통일이라크연맹의 보호자”라고 말한다. 탈라바니는 CNN과 한 인터뷰에서 자신의 정부는 적어도 2년 동안 “미국과 그 동맹군이 절실히 필요하다”고 말했다.

미국 의회는 이라크와 아프가니스탄에 800억 달러 추가 지출을 가결하려 하고 있다. 이 돈의 일부는 이라크의 새로 선출된 국회의원과 각료의 손에 고스란히 들어갈 것이다.

많은 사람들은 이라크의 정치권력이 종단주의 세력들 간에 분할돼 내전이 일어나기 전의 레바논처럼 되기를 미국이 바라고 있다고 생각한다. 그리고 이 부패한 권력 기구가 제대로 운영되지 못할 경우 워싱턴의 최후 방어선은 쿠르드족으로 하여금 공동 정부를 이탈해 분리 정권을 형성하도록 조장해서 미국과 이스라엘의 지원 아래 북부의 석유 매장 지역을 통제하도록 하는 것이다.

대중매체의 이라크 관련 보도 통제는 또, 미군 장성들이 주장하듯이 점령에 반대하는 무장투쟁이 줄어들고 있다고 보도한다. 그러나 최근 몇 주간 게릴라들은 아부그라이브 감옥에 대대적 공격을 감행하고 이라크군 고위 장성을 납치했다. 며칠 전에는 꼭두각시 군대의 군인 15명이 바그다드 남쪽 라티피야 부근에서 매복 습격을 받아 살해당했다.

2005년 4월 19일은 사담 후세인 정권 붕괴 2주년이 되는 날이었다. 바그다드에서 수만 명의 대규모 시위대가 피르두스 광장으로 행진해 갔다. 2년 전 후세인의 동상 제거 장면이 연출됐던 바로 그곳이다. 〈파이낸셜 타임스〉에 따르면, "2003년 미국 침략 이후 아마도 최대 규모의 정치적 시위"였던 그 시위는 이상하게도 자비로운 미국의 점령 아래에서 얻은 이라크의 민주주의를 축하하기 위해 열린 것이 아니었다.

그들은 "점령 반대"와 "미국 반대! 사담 반대! 이슬람 만세!"를 외쳤고 아부그라이브 등지의 감옥에서 미군이 자행하는 고문을 무대에서 재연했다.

이 시위는 급진적 시아파 성직자 무끄타다 사드르의 지지자들이 조직했다. 의회 내 상당한 세력이 그에게 충성하고 있으며, 이들은 저항 세력과 가까운 가장 중요한 정치 세력이다.

새 '정부'의 역겨운 정치인들과 그들의 미국인 후원자들의 앞날은 그리 순탄치 않을 것이다.

이라크 전쟁 4년

미국의 중동 전략이 파탄 나다

2007년 3월 13일

2003년 조지 W 부시와 토니 블레어가 이라크 정복을 시작했을 때 미국은 천하무적처럼 보였다. 미국이 아프가니스탄의 탈레반 정권을 순식간에(2001년 9·11 테러 이후 겨우 두 달 만에) 전복했을 때, 미국의 세계 지배를 의심하는 사람은 거의 없었다.

사실, 바로 이것이 공화당의 네오콘이 이라크 침략을 주장한 주된 이유 중 하나였다. 즉, 네오콘인 찰스 크라우트해머가 "일시적 일극 체제"라고 부른 것을 영속화하려는 것이었다. 네오콘의 계산은 이랬다. 이라크를 차지하면, 냉전 해체 뒤 미국이 이렇다 할 경쟁자 없이 세계를 지배한 역사적 상황이 영속화할 것이다. 이라크를 지배하면, 중동을 지배하는 강대국으로서 미국의 지위가 확고해질 것이기 때문이다.

이것의 함의는 중동 지역에 국한되지 않을 터였다. 급진적 지리학자 데이비드 하비가 지적했듯이, 미국이 중동을 확고히 지배하면 유럽연합·일본·중국 같은 잠재적 경쟁자들이 중동 석유에 접근하지 못하도록 '석유 수도꼭지'를 잠글 수 있을 것이다.

4년이 지난 지금, 그 계획은 어떻게 됐는가? 미군은 최첨단 기술을 이용한 속전속결식 전쟁으로 몇 주 만에 이라크 군대를 이겼지만, 점령에 반대하는 대다수 이라크인들의 저항에 직면해서는 대체로 무능력했다.

과거의 식민 점령군들이 그랬듯이, 미군은 반란 진압의 근본 법칙 앞에 무너졌다. 그 법칙이란, 게릴라들을 대중으로부터 고립시키지 못하면 그들을 분쇄할 수 없다는 점이다.

이라크 점령 세력은 이런 목표를 전혀 이루지 못했다. 무장 저항 세력의 기반은 주로 이라크 중부의 수니파 무슬림 거주 지역이었다. 그러나 점령이 시작된 지 채 몇 달이 안 돼 다수파인 남부의 시아파 무슬림들을 비롯한 대다수 이라크인들이 미군과 그 동맹군이 이라크를 떠나기를 원했다.

미국은 [동맹국인 영국의 식민지 지배 전례를 따라] 이간질해 각개 격파하기로 주도권을 되찾으려 했다. 상층에서는 시아파 지도자들과 정치적 동맹을 맺는 한편, 기층에서는 내무부 등에 똬리를 튼 종파적 살인 특공대를 물질적으로 지원했다. 그러나 [2006년 2월 사마라의 시아파 황금돔 사원 폭파 사건 이후] 종파 간 살상의 악순환이 걷잡을 수 없이 격화했다. 특히 바그다드 지역에서 그랬다.

한편, 사담 후세인 정권이 몰락하자 중동 지역의 세력 저울이 이란에 유리해졌다. 미국 국가 안보 전문가 발리 나스르는 이렇게 말한다. "오늘날 이란을 억제할 수 있는 유일한 군대[옛 이라크 군대 — 캘리니코스]를 미국이 파괴해 버렸다." 이런 지정학적 현실에 더해, 이란의 시아파 이슬람 정권이 이라크 남부의 시아파에게 미치는 정치적·문화적·경제적 영향력을 추가로 언급해야 한다.

이런 종합적 실패 때문에 미국 권력에 대한 세계인들의 견해가 근본적으로 바뀌었다. 특히, 이라크 재앙이 중국의 급속한 경제성장과 겹쳤기 때문에, 지금 평론가들은 쇠퇴하는 미국이 "과잉 확장의 위기"를 겪고 있다고 묘사한다.

이라크 재앙에 더해 처음에 전쟁을 정당화하기 위해 둘러댄 거짓말들이 폭로되자, 블레어가 총리직을 수행하기가 거의 불가능해졌고, 2006년 11월 미국 중간선거에서 민주당이 승리한 이후 부시는 레임덕에 빠졌다. 부시는 자신의 행정부 내 네오콘들을 훨씬 더 강력하게 지지하는 것으로 이에 대응했다. 이라크 주둔 미군의 새 사령관 데이비드 퍼트레이어스는 미군 '증파'를 공세적으로 실행하고 있다.

2007년 2월 14일에 이 새 정책이 시행된 이후 미군은 폭력 사건 건수가 감소했다고 주장했다. 그러나 많은 미군 전문가들은 비관적이다. 이라크 반군 문제에 대해 미군 고위 간부들에게 조언하는 예비역 해병 대령 게리 앤더슨은 수니파 반군과 시아파 민병대가 "미군의 증파가 끝날 때까지 조용히 기다렸다가 미군이 철수하기 시작하면 이라크 보안군을 습격할 것"이라고 예상했다.

분명히, 점령에 가장 일관되게 반대한 시아파 민병대인 마흐디군 지도자 무끄타다 사드르는 바그다드 중심지로 들어오는 미군을 공격하지 말라고 명령한 듯하다. 그러나 수니파 저항 세력은 미군에 대한 공세를 강화해서, 한 달여 동안 적어도 6대의 미군 헬기를 격추했다. 이 수니파 민병대 가운데 일부는 얼마 전 성지 카르발라 순례에 참가한 시아파 무슬림들을 살해한 일련의 종파적 폭력에도 가담한 것 같다.

이처럼 이라크에서는 혼란과 학살이 끊이지 않고 있다. 이런 짓을 이란으로 확산하겠다는 부시 정부의 위협이 얼마나 진지한 것인지 판단하기는 쉽지 않다.

한편으로, 부통령 딕 체니의 지시에 따라 작성된 자세한 이란 공격 계획을 베테랑 탐사 전문 기자 시모어 허시가 폭로한 바 있다. 여기에는 이란과 시리아와 레바논 헤즈볼라에 대항하기 위해 수니파 정권들과 운동들(알카에다와 연계돼 있거나 동조하는 급진파들을 포함한)의 동맹을 구축하기 위해 사우디아라비아와 협력하는 것도 포함돼 있다. 다른 한편, 〈파이낸셜 타임스〉는 미국이 좀 더 "실용적"인 외교정책으로 변화하는 기류가 나타났다고 주장한다.

그러나 우리는 결코 미국의 '실용파'가 승리할 때까지 잠자코 기다려서는 안 된다. 며칠 전 〈가디언〉에 쓴 글에서 놈 촘스키가 지적했듯이, "상처 입은 야수가 훨씬 더 위험하고 예측할 수 없는 법이다. 어떻게든 궁지를 벗어나려고 필사적으로 애쓰면서 부시 정부는 훨씬 더 큰 재앙을 무릅쓸 수도 있다." 따라서 반전운동은 여전히 경계해야 하고 이라크·아프가니스탄 점령 종식을 위한 운동을 계속해야 한다.

지금까지 반전운동이 정점에 이른 것은 2003년 2월 15일이었다. 그날 전 세계에서 벌어진 대규모 반전시위를 보고 〈뉴욕 타임스〉는 "제2의 슈퍼파워"가 등장했다고 보도했다. 이라크 침략 4년을 맞아 비슷한 규모의 시위가 전 세계에서 벌어진다면 정말 멋진 일일 것이다. 그러나 슬프게도 이런 일이 일어날 것 같지는 않다.

2007년 1월 워싱턴 반전시위와 2월 런던 반전시위는 어느 모로 보나 대규모 시위였다. 그러나 2003년 4월 9일 바그다드 함락 이후 각국의 전국적 반전 연합체들은 대거 운동을 포기하고 말았다. 이것은 이 연합체들의 많은 수, 특히 유럽 대륙의 연합체들이 냉전기 핵무기 반대 운동에 기원을 두고 있다는 사실을 반영한다. 그들은 '이슬람 파시즘'에 맞서 싸운다고 주장하며 발호하는 서구 제국주의에 대처할 수 있는 이데올로기적 무장이 부족했다.

정치적 동맹이 때로는 부정적 구실을 했다. 미국의 반전운동가들은 2004년 대통령 선거 때 전쟁을 찬성하는 민주당 후보 존 케리를 지지하는 오류를 저지르는 바람에 엄청난 방향감각 상실에 빠졌다. 이탈리아 운동은 로마노 프로디의 [중도 좌파] 정부를 지지해 심각한 타격을 입었다. 프로디 정부가 이탈리아의 아프가니스탄 점령 동참을 강력히 지지하기 때문이다.

그러나 이런 실패들 가운데 어느 것도 불가피하지 않았다. 영국의 전쟁저지연합은 [9·11 이후] 제국주의의 장기적 공세에 맞서 싸운다는 인식을 바탕으로 창설됐다. 이런 인식 덕분에 영국 역사상 가장 중요한 운동 가운데 하나가 유지될 수 있었다.

그러나 전쟁저지연합은 제국주의 공세를 물리칠 수 있다는 점도 알고 있었다. 부시와 블레어는 이라크에 온갖 고통과 참상을 가져왔지만 결국 실패했다. 이것만으로도 우리가 "제2의 슈퍼파워"를 구축하는 데 다시 헌신할 이유가 될 것이다.

제국의 무덤으로 진군하는 오바마

2009년 5월 21일

2009년 5월 초 두 사건은 아프가니스탄 전쟁의 수위를 높이겠다는 오바마의 주장이 빈말이 아니었음을 보여 줬다.

하나는 상징적 사건이었다. 오바마는 이라크 수감자를 괴롭힌 미군 병사들의 사진을 공개하겠다던 애초 약속을 번복했다. 백악관 대변인은 순전히 미국 군대의 안전을 염려해서 입장을 바꿨다고 말했다. 그러나 고위 군 장성들의 압력이 있었음이 분명하다. 이것은 오바마가 조지 W 부시 정부 시절에 테러 용의자들의 고문을 허용하는 문서를 작성한 전직 관리들을 처벌하는 문제를 놓고 왔다 갔다 한 것을 떠올리게 한다.

오바마는 자신을 뽑아 준 사람들, 즉 9·11 이후 부시가 선언한 전 세계적 비상사태를 끝내기를 바라는 사람들의 압력을 받고 있다. 그러나 오바마는 과거 부시를 도와 미국의 제국주의 전쟁을 벌인 국가 안보 기구들이 필요하다. 그래서 오바마는 고문 지시 문서를 공개하기 앞서 CIA 본부를 방문해 비밀 공작원들을 한자리에 모아 놓고 자신이 그들을 아끼고 소중하게 여긴다고 안심시킨 것이다.

또 다른 사건은 오바마가 아프가니스탄에서 어떤 작전을 펴려고 하는지 보여 주는 것이었다. 2009년 5월 11일, 미 국방부 장관 로버트 게이츠는 이제 겨우 임명된 지 11개월 된 아프가니스탄 주둔 미군 사령관 데이비드 매키어넌을 해임한다고 발표했다. 게이츠는 매키어넌의 경력이 끝난 것이냐는 질문에 "아마도"라고 퉁명스럽게 답했다. 스탠리 매크리스털 중장이 매키어넌을 대체할 것인데, 그는 부시 정부에서 도널드 럼즈펠드가 국방부 장관일 때 많은 지원을 받은 합동특수전사령부 사령관이었다.

이 개편 뒤에는 틀림없이 데이비드 퍼트레이어스 장군이 있을 것이다. 그는 2007~2008년 이라크 '증파'를 기획한 인물이고, 지금은 '아프리카의 뿔'에서* 중동을 거쳐 아프가니스탄을 포괄하는 중부사령부 사령관이다.

오바마는 아프가니스탄 증파를 명령했다. 현재 아프가니스탄 주둔 미군은 4만 5000명으로, [2009년 초보다 1만 3000명이 늘었고] 2009년 말에는 6만 8000명에 이를 예정이다. 〈워싱턴 포스트〉 칼럼니스트 데이비드 이그네이셔스는 현재 적용 중인 [퍼트레이어스의] 대안 전략의 뼈대를 이렇게 요약했다. "퍼트레이어스 전략의 기본 내용을 이해하기 위해, 먼저 저항 집단들을 전투성 수준에 따라 수평으로 배치해 보자. 맨 왼쪽에는 '타협 불가능'한 극렬분자들이 있다. 미국이 그들을 길들일 방법은 없다. 오른쪽으로 이동하면 할수록 좀 더 유

* 아프리카의 뿔 에티오피아·지부티·소말리아 3개국을 포함하는 아프리카 동북부의 속칭.

연하고 '타협 가능'한 집단에 가까워질 것이다. 퍼트레이어스는 이라크에서 왼쪽 집단을 오른쪽으로, 즉 극렬분자들을 미군의 돈을 받는 부족 민병대로 변화시켰다. 그러지 않은 광신도들은 미군 특수부대의 '생포하거나 죽이는' 작전의 표적이 됐고, 매크리스털이 이 작전을 지휘했다. 이것은 강경책과 회유책을 결합한 전략이다. 무력을 사용해 한 지역을 확보한 뒤 그 지역을 유지하기 위해 좀 더 부드러운 대對게릴라전 수단들을 사용하고 경제를 재건하는 것이다. 아프가니스탄에서 퍼트레이어스의 계획은 오바마의 결정으로 추가 파병된 2만 1000명을 이용해 적을 강하게 공격하고 나서 탈레반 연합이 분열하는지 지켜보자는 것이다. 따라서 처음에는 미군이 남부의 탈레반 거점을 공격하면서 폭력 수위가 크게 높아질 것이다. 그러나 만약 이 전략이 성공한다면, 퍼트레이어스가 '카멜레온 반군'이라고 부르는 집단이 조금씩 모습을 드러낼 것이다."

제국주의 강대국의 대對게릴라 전략이 흔히 그러듯이, 이 전략도 정치를 빼먹는다. 부시 정부 때 국방부에서 일한 설레스트 워드는 〈워싱턴 포스트〉에 기고한 글에서 [2007년에] 다양한 정치 세력이 전투를 멈추고 "거래를 시작"하기로 결정한 것이 이라크에 제한적이지만 안정을 가져오는 데 결정적으로 중요했다고 지적했다.

탈레반도 그럴지 의문이다. 그들은 영향력이 커지고 있고, 단지 급진 이슬람주의 이데올로기만이 아니라 과거 승리의 역사적 경험에서 비롯한 자신감이 있다. 이그네이셔스가 지적하듯이 오바마는 "자신의 대통령직을 걸고 '제국의 무덤'으로 진군하고 있다."

오바마의 아프가니스탄 출구 전략

2011년 5월 5일

버락 오바마는 미군이 [2011년 5월 2일] 오사마 빈라덴을 암살했다는 소식을 발표하면서 이렇게 말했다. "오늘 밤 우리는 미국이 원하는 것을 이룰 능력이 있다는 것을 다시 한 번 확인했습니다." 미국 거리에서 환호하던 군중도 똑같이 승리감에 젖어 자축했을 것이다.

그러나 사실, 이번 사건의 가장 중요한 두 결론은 이런 도취감을 뒷받침하지 않는다.

첫째, 이번 사건에 관한 유치한 언론 보도의 주종을 이루는 '위인이 역사를 움직인다'는 사고에 빠져서는 안 된다. 서방 지도자들을 영웅으로 만드는 것이든 서방의 적들을 악마화하는 것이든 말이다.

빈라덴이 죽었다고 해서 미국과 그 동맹들을 노린 지하드 전쟁이 끝나지는 않을 것이다. 제이슨 버크는 자신의 훌륭한 책 《알카에다》에서 알카에다가 단일한 중심을 가진 중앙집중적 테러리스트 조직인 적이 없었다고 지적했다. 버크는 9·11 이전 영향력이 절정에 도달한 빈라덴을 벤처 자본가에 비유했다. 당시 빈라덴은 서방을 공격한다는 (그가 보기에) '전도유망한 아이디어'를 실현하려고 이슬람주의 조직들에게 돈과 기술을 제공했다. 지난 10년 동안의 전쟁으로 지하드 조직들은 분명히 약화됐다. 그들은 [2011년] 아랍 혁명 과정에서 철저히 주변화됐다.

그러나 일부 무장 조직들은 살아남았다. 빈라덴은 이들을 지휘한 적이 없다. 그는 이들에게 영감의 원천이자 저항의 상징이었을 뿐이다. 이제 미국의 손에 죽었기 때문에 빈라덴은 앞으로도 단지 조직된 지하드 집단들뿐 아니라 서방의 인종차별주의와 제국주의에 분노한 청년 무슬림들 속에서 그 구실을 지속할 수 있을 것이다.

둘째, 오바마는 빈라덴을 암살한 덕분에 자신이 어차피 하고자 하던 일(아프가니스탄 전쟁 개입 수위를 낮추는 것)을 좀 더 쉽게 할 수 있게 됐다. 거의 3년 전에 [전쟁 연구자] 애너톨 리벤은 냉소적 말투로 이렇게 말했다. "이 지역에서 일하는 서방 정보원들은 오사마 빈라덴 암살을 최우선 과제로 삼아야 한다. 빈라덴 암살은 전 세계적 테러 위협을 줄이는 데는 별 영향을 미치지 못할 것이다. … 그러나 그것은 승리를 선언하고 집으로 돌아가기 더 쉽게 만들 것이다." 아프가니스탄 증파는 이곳에서 서방의 처지를 개선했을지 모른다. 그렇지만 서방 군대가 탈레반을 격퇴할 것이라고 믿는 사람은 거의 없다.

한편, 미국이 경제 위기와 이라크·아프가니스탄 전쟁으로 약화되면서 미국을 둘러싼 국제 환경이 변하고 있다. 중국의 국제적 영향력이 빠른 속도로 증대하고 있다.

미국이 패권을 유지하려면 미국 정부가 이 두 전쟁에 투입되는 역량을 줄여야 함을 오바마는 잘 이해하고 있다. 며칠 전 오바마는 군

최고 지휘관을 교체하면서 국방부 장관 자리에 로버트 게이츠 대신 CIA 국장 리언 패네타를 앉혔다. 패네타는 하원 의원 출신으로 빌 클린턴 정부에서 예산국장과 백악관 비서실장을 지낸 바 있다. 〈워싱턴 포스트〉는 그를 "대단히 중요한 워싱턴 정계 인사"로 묘사했다. 오바마는 미국의 방대한 재정 적자를 삭감하기 위해 국방부 예산을 줄이려 하는데 패네타는 이것을 주도할 적임자로 평가받는다. 미국 국방부 관료 출신인 로런스 콜브는 〈파이낸셜 타임스〉에 이렇게 말했다. "게이츠가 국방부 장관으로 남아 있는 한 국방 예산 삭감은 가능하지 않다. 오바마는 패네타를 임명해 이 일을 추진할 수 있게 됐다."

오바마는 CIA 국장 자리에 현 아프가니스탄 주둔 미군 사령관인 데이비드 퍼트레이어스를 앉혔다. 퍼트레이어스는 이라크 점령이 붕괴하는 것을 막은 2007~2008년 미군 증파를 입안한 인물이다. 그는 대통령이 될 야심을 품은 영리한 정치군인으로 알려져 있다. 현재 논의와 좀 더 연관된 점을 말하자면, 그는 오바마가 2011년 7월부터 시작하겠다고 예고한 아프가니스탄 주둔군의 대폭 철군 일정을 연기하기를 원해 왔다. 따라서 오바마는 그를 아프가니스탄 주둔군 사령관 자리에서 물러나게 만들어야 했다.

그러나 〈뉴욕 타임스〉가 최근에 지적한 것처럼, CIA 자체가 "무장한 무인 폭격기를 사용해 파키스탄에서 폭격을 벌이고 … 아프가니스탄에 비밀 기지들을 건설하고 극비 임무를 수행하는 준군사 조직"이 됐다. [파키스탄 수도] 이슬라마바드와 가까운 병영 도시인 아보타바드에서 미국 해군 특수부대가 빈라덴을 제거했기 때문에 미국과 파키스탄 관계는 지금보다 악화될 것이 뻔하다.

오바마는 미국 제국주의가 벌여 온 전쟁의 부담을 줄이고 싶어하는지 모른다. 그러나 그와 미국 정부는 미국 제국주의 패권을 유지하려고 무자비하게 싸우고 있다.

미국의 '후반전'은 평탄하지 않을 것이다

2012년 2월 16일

"미국도 하프타임입니다. … 미국은 한 방에 나가 떨어지는 나라가 아닙니다. 우리에게는 후반전이 남아 있습니다."

얼마 전 미국 슈퍼볼 경기의 하프타임에 방영된 크라이슬러 광고에서 [영화배우이자 감독인] 클린트 이스트우드가 던진 멘트다. 이 광고는 그 뒤로 거대한 논란에 휩싸였다. 공화당의 핵심 책략가 칼 로브는 이 광고가 오바마를 위한 정치 선전이라고 주장했다.

크라이슬러는 한때 GM과 더불어 세계 자동차 업계를 주름잡았지만 2009년 초 오바마 정부에 의해 파산으로 내몰렸다. 미국 재무부가 두 회사의 대주주가 됐고 전미자동차노조UAW에 다수의 공장 폐쇄와 신규 인력에 대한 임금·복지 삭감을 골자로 한 잔인한 합의안을 강요했다.

이제 GM과 크라이슬러 모두 생산과 매출이 오르고 있다. 이는 더 크게 보아 미국 제조업이 부활하고 있는 것과 궤를 같이한다. 지난 2년 사이 미국의 생산직 일자리 수는 40만 개 늘었는데, 이는 선진국 가운데 가장 큰 증가폭이다.

〈파이낸셜 타임스〉는 최근 이렇게 보도했다. "공장을 새로 짓거나 증설하겠다는 미국 기업과 외국계 기업이 꾸준히 나타나고 있다. 예컨대, (제트엔진부터 의료용 스캐너까지 다양한 제품을 만드는) 제너럴일렉트릭도 슈퍼볼 광고에서 미국의 일자리 창출에 기여하겠다고 공언했다. 토요타는 하이랜더 SUV 모델 생산을 일본에서 미국 인디애나주로 이전하려고 4억 달러를 투자하고 미국인 400명을 추가로 고용할 계획이라고 이번 주에 밝혔다. 심지어 중국으로 이전했던 공장을 '리쇼어링'하는* 기업들도 있다. 중국이 거대한 제조업 호황을 누리긴 했지만 임금 상승으로 경쟁력이 떨어졌기 때문이다."

미국 경제 전체의 산출량과 고용도 비록 더딘 속도지만 증가하기 시작했다. 침체된 경기와 높은 실업률 때문에 지지율이 형편없던 오바마에게는 희소식이다.

갈수록 가관이 돼 가는 공화당의 대선 후보 경선도 오바마의 재선 가능성을 높여 주고 있다. 이른바 선두 주자라는 사모펀드 재벌 모르몬교도 밋 롬니는 경쟁자들(유통기한이 한참 지난 정치인인 뉴트 깅그리치, 동성애 혐오가 장기인 가톨릭 신자 릭 샌토럼, 그리고 남북전쟁에서 남부연합이 옳았다고 주장하는 론 폴)을 여전히 따돌리지 못해 고전하고 있다.

미국 지배계급이 오바마보다 이자들 가운데 한 명을 더 선호할 것이라고는 상상하기 힘들다. 따지고 보면 오바마도 2012년 새해 국정 연설에서 "미국의 복귀"를 선포하는 등 최근 들어 무척이나 제국

---

* 리쇼어링 '오프쇼어링'의 반대말로 해외로 이전했던 공장을 다시 국내로 이전하는 것.

주의적인 언행을 보였다. 국정 연설 직전에도 오바마는 해군 특수부대의 기습 작전을 성공시킨 국방부 장관 리언 패네타의 공로를 공개적으로 치하했다. 더티 해리(클린트 이스트우드)가 오바마를 찬양할 만도 하다.*

정치철학자인 앤드루 러빈은 이렇게 논평했다. "오바마가 최근 들어 [네오콘들의 — 캘리니코스] 주된 견해를 수용하고 있다는 징후가 보인다. 미국의 패권은 쇠퇴하지 않았고 오히려 또 한 번의 영광스러운 미국의 세기가 코앞에 다가왔다는 견해 말이다. 이런 주장이 시사하는 바는 앞으로 미 제국이 큰 암초를 만나지는 않을 것이고, 따라서 항로를 수정할 필요가 없다는 것이다. 미국의 세계 지배는 아직 끝나지 않았고 앞으로도 당분간은 계속되리라는 것이다."

물론 미국의 몰락을 말하는 최근의 논의들이 대단히 과장돼 있음은 분명하다. 그러나 오바마가 로널드 레이건을 흉내 내 "미국에 아침이 돌아왔다"고 말하는 것은 다소 성급하다.

미국 경제의 호전은 어디까지나 상대적이다. 얼마 전까지만 해도 미국 경기가 바닥을 기었던 것에 견주면 나아진 것이고, 경쟁자들의 상황에 견주면 그나마 나아 보이는 것이다. 최근에는 양대 수출 대국인 중국과 독일의 경기도 둔화하고 있다. 미국은 이들에 견줘 나아 보이는 것이다.

그러나 세계경제는 여전히 위기의 늪에 빠져 있고 이 위기는 금방이라도 더 심해질 수 있다. 게다가 오바마가 미국의 군사개입 수위를

---

* 클린트 이스트우드는 오래된 공화당 지지자이고 더티 해리는 그가 주연한 동명의 영화에 등장하는 잔혹한 경찰이다.

낮추고 싶어 하는 바로 그 지역, 즉 중동에서 거센 불길이 타오르고 있다. 이집트, 시리아, 이란을 보라.

이 중 어느 한 곳이라도 걷잡을 수 없는 불길에 휩싸인다면 미국 지배계급은 머지않아 자기 힘의 한계를 뼈저리게 느끼게 될 것이다.

언제나 미국 맘대로 되는 것은 아니다

2012년 8월 4일

미국 패권에 관한 최근의 논쟁은 혼란스럽고 모순적이다. 주류 담론은 미국이 쇠락하고 있고 중국한테 밀려나고 있다고 주되게 얘기한다.

공화당은 지금 버락 오바마를 공격하는 한 방법으로 이런 주장을 강력히 펴고 있다. 재앙으로 끝난 밋 롬니의 런던 방문도 이런 시도 가운데 하나였다. 조지 W 부시 정권의 마지막 국무부 장관을 지낸 콘돌리자 라이스도 2012년 7월 27일 자 〈파이낸셜 타임스〉의 한 기사에서 이렇게 역설했다. "미국이 다시금 세계를 이끌어야 한다고 국민을 고무하고 설득해야 한다. 미국은 여느 나라들과 다르다는 점을 미국인들은 기억해야 한다. … 그러지 못할 때 공백이 생길 것이고, 어쩌면 세력균형을 유지해 자유를 지키는 것에 관심 없는 세력들이 그런 공백을 메울지도 모른다."

이라크 침략의 목적은 "세력균형을 유지해 자유를 지키는 것"이었다. [부시 정권 시절] 공화당이 추진한 극단적 대외 정책이 못내 그리워 이런 제국주의적 모험주의를 부추기는 것일 테지만 그런 극단주의는 더는 통하지 않는다.

그러나 부시의 '테러와의 전쟁'에 확고히 반대한 좌파 가운데서도 미국이 이라크에서 승리했을 뿐 아니라 항상 이긴다고 생각하는 사람들이 있는 듯하다. 나오미 클라인도 자신의 책 《쇼크 독트린》에서 이라크를 두고 그와 같은 생각을 말했다. 클라인은 이라크 침략과 점령이 불러일으킨 혼란과 대학살은 모두 미국식 "재앙 자본주의"의 커다란 성공을 보여 준다고 주장했다. 다시 말해 블랙워터와 핼리버턴 같은 회사들이 이라크에서 떼돈을 벌었다는 것이다.

그러나 이런 종류의 분석은 부분과 전체를 뒤섞어 혼란을 일으킨다. 공화당과 제휴한 미국 회사들이 상당한 이익을 본 것은 이라크 점령의 부산물이었을 뿐이다. 이라크 점령의 주된 목적은 중동에 정치적 변화를 일으키는 것이었다. 이런 목적을 이루자면 중동 지역에 미국의 군사적 지배력을 견고히 확립하고 이라크에 세운 순종적 정권을 이용해 중동 곳곳으로 그 복사판을 퍼뜨려야 했다.

이라크의 알말리키 정부는 매우 형편없는 정권이다. 그럼에도 알말리키 정권은 이라크에서 미국의 전투 병력을 철수시켰고, 시리아의 바샤르 알아사드를 지원하는 문제에서 이란의 이슬람 공화국 정권과 지정학적 동맹을 맺었다. 이것은 미국의 계획에 없었다.

중동 지역은 정치적으로 변모하고 있다. 그러나 그것은 아랍 세계에서 가장 친서방적인 정권 두 개(튀니지의 벤 알리와 이집트의 무바라크)를 제거하며 시작된 민중 혁명의 확산 덕분이다.

그런데 바로 이 지점에서 좌파 일부는 숙명론적 견해를 내놓는다. 그런 숙명론에 동의하는 사람들도 미국이 처음에는 계획에 차질을

빚고 어려움을 겪었다는 점을 수긍한다. 그러나 그들은 미국이 통제력을 되찾고 있다고 주장한다. 미국이 이집트의 무슬림형제단을 포섭하고, 나토의 리비아 개입을 사주하고, 시리아에서 알아사드 타도를 꾀하면서 지배력을 회복하고 있다는 것이다.

이런 생각은 현 상황의 심각한 모순을 보지 못한다. 예를 들어 무슬림형제단은 매우 복잡하고 어려운 줄타기를 해야 한다. 무슬림형제단은 미국, 그리고 이집트 군부와 관계를 구축하면서도 자신의 대중적 토대 또한 유지하고자 한다.*

그런데 이런 숙명론은 또한 미국이 상당한 수준의 통제력을 갖고 있는 양 여긴다. 전혀 그렇지 않다. 리비아 개입은 서방 열강이 비교적 유리한 상황에서 부린 임기응변이 성공한 것이다. 취약하고 분열된 저항 세력은 긴 전선에 걸쳐 싸우고 있었고 이런 곳에서는 공군력이 매우 손쉽게 전세를 바꿀 수 있었다. 시리아는 전혀 다른 상황이다. 미국은 자유시리아군FSA을** 지원하며 현지에 군사적 압박을 가하고 있다. 이를 이용해 반정부 세력 가운데 좀 더 믿을 만한 자들과 알아사드 정권 인물들 사이의 협상을 중개하려는 것이다. 그러나 시리아 현지의 저항은 여전히 매우 다양한 양상을 띠고 있고 매우 지역적인 정치를 기반으로 동원된 세력들이 주도하고 있다.

비록 약해졌다곤 하나 미국은 여전히 세계 최대의 경제 대국이

---

* 2011년 이집트 혁명에 힘입어 집권한 무슬림형제단은 대중의 염원을 전혀 충족시키지 못하며 지지를 잃어 갔다. 그러다 결국 2013년 7월 군부 쿠데타로 정권을 빼앗겼다. 292쪽 참고.

** 자유시리아군 시리아에서 알아사드 정권에 맞서 전투를 벌이는 혁명 세력.

자 군사 강국이다. 그러나 결코 전능한 것은 아니다. 어쩌면 미국은 시리아에서 자기 목적을 이룰지 모른다. 그러나 그것은 여러 가능성 가운데 하나일 뿐이다. 모든 사람이 미국의 힘이 줄어들고 있다고 생각하는 이때에 좌파 사이에 미국의 승리가 불가피하다는 가정이 퍼지고 있는 것은 매우 이상한 일이다.

이라크 침공 10년, 미국 제국주의의 현주소

2013년 2월 16일

2003년 2월, 미국의 부시 정권은 자신이 전능한 힘을 가지고 있다는 오만한 믿음에 도취해서 이라크 침공을 준비하고 있었다. 10년이 지난 오늘, 미국은 어디쯤 있는가?

흔히들 미국의 체면이 땅에 떨어졌고, 더는 손쓸 수 없는 쇠퇴기에 있다고 한다. 며칠 전 라디오4의 〈투데이〉에서는 프랑스가 벌이는 말리 전쟁에 미국이 개입하지 않기로 한 것이 미국이 쇠약해졌다는 증거인지를 두고 토론이 벌어졌다.

이런 관점이 완전히 틀린 것은 아니다. 심지어 일부 좌파도 미국이 이라크에서 겪은 패배의 지정학적 규모를 제대로 인식하지 못하니 말이다.

물론 미국은 2007~2008년의 떠들썩했던 "증파"나, 더 중요하게는 시아파 지배에 대한 소수 수니파의 불안 정서를 이용하고 수니파 반군의 온건파를 매수하는 책략 덕에 이라크 상황을 다시금 안정시키긴 했다. 그러나 이라크에서 미국의 정치적 입지는 좁아져 왔다. 한

때 미국의 앞잡이 정권이었던 알말리키 정부가 미군에 초법적 위치를 보장하는 주둔군 지위 협정을 승인하지 않았다. 그 때문에 오바마 정권은 애당초 계획했던 것보다 2011년 말에 훨씬 대규모로 철군할 수밖에 없었다.

과거 아시아에서 미국은 베트남전에서 패배했지만, 1965년 수하르토의 반혁명으로 이미 인도네시아공산당을 파괴해 둔 데다 일본·한국·대만 등 미국의 동맹들이 경제적으로 성장한 덕에 패배의 충격을 만회한 바 있다.

그러나 중동에서 힘의 균형은 조금씩 워싱턴에 불리한 방향으로 기울어 왔다. 알말리키는 이란, 시리아, 레바논의 헤즈볼라에 동조하고 있다. 이런 동조는 시리아 혁명 때문에 약화되기는 했다. 그럼에도 미국은 이집트 무바라크 독재 정권이 2년 전에 타도되면서 중요한 동맹을 잃어버렸고, 에르도안 정권이 들어서며 독자적 목소리를 키우는 터키를 상대해야 한다.

이런 상황에서 오바마 정부는 중국이 경제적·군사적으로 가파르게 역량을 키우는 것에 대응하려고 자원과 초점을 동쪽으로 옮겨 왔다. 힐러리 클린턴은 며칠 전 국무부 장관에서 사임하기 직전에 다음과 같이 말했다. "우리는 중국의 성장을 계속 반길 겁니다. 중국이 그 지역에서 건설적 구실을 하고자 하는 한에는 말이죠." 이 말은 명백히 경고를 보내고 있는 것이다. 클린턴은 동아시아 국가들 사이의 갈등을 이용하려고, 중국의 힘이 커지는 것을 두려워하는 이 지역 국가들에 보호막을 제공하는 것처럼 보이기 위해 부단히 노력했다.

여전히 미국의 군사력은 중국보다 압도적으로 우세하다. 현재 중국은 우크라이나산 중형급 항공모함을 개조하고 있다.* 반면에 미국은 항공모함 전단이 11개나 있는데, 각각의 전단이 무시무시한 화력을 가지고 있다. 네오콘 역사가 에런 프리드버그는 《패권 경쟁》에서, 조만간 중국의 미사일 전력이 강력해져 미국이 대만을 방어하는 데 필요한 비용이 감당하기 힘들 만큼 커질 수 있다고 주장했다. 그러나 중국이 공산품을 수출하고 식량, 원자재, 첨단 기술 제품을 수입하는 데 필요한 항로는 앞으로 수십 년 동안 미국이 장악하고 있을 것이다.

그러니까 미국이 중동에서 저자세를 취하고 있는 것은 맞다. 정보 분석 업체 스트랫포의 조지 프리드먼은 중동에서 저자세를 취하는 것이 부시의 모험주의를 교정하는 데 꼭 필요한 일이라고 주장한다(공교롭게도 프리드먼 자신은 부시 정권 때 모험주의를 지지했지만 말이다). 프리드먼은 오바마가 말리에서 치를 고역을 프랑스에 떠넘긴 것을 두고, "[테러] 위협을 완전히 제거하기보다는 완화시키는 것에 만족하고, 다른 나라가 할 수 있는 싸움이라면 직접 말려들지 않는 식으로 미국 체제를 안정시키려는 것"이라고 봤다.

미국 제국주의는 이라크에서 패배하고 아프가니스탄의 진창에 빠져 허우적대면서 약화돼 왔다. 그러나 완전히 몰락한 것은 전혀 아니다. 미국 지배계급은 세계 자본주의 체제의 중심부를 차지하고 있다. 이것이 미국 지배계급이 지난 5년간의 자본주의 위기로 특별히 더 취약해진 이유다.

---

* 이는 중국 최초의 항공모함으로 '랴오닝함'이라는 이름으로 2012년 9월 취역했다. 2017년 중국은 자체 기술로 항공모함을 만드는 데 성공했다.

그러나 미국 자본주의가 여전히 중심적 구실을 하고 핵심적 자원을 누리고 있다는 사실 때문에, 미국은 여전히 지배적 제국주의 국가로 남을 것이다.

이란과의 핵 협상 타결로 중국에 집중할 수 있게 된 미국

2013년 12월 3일

2013년 11월 24일 스위스 제네바에서 타결된 미국 및 다섯 '강대국'과 이란 사이의 협상안이 받아들여질지는 아직 알 수 없다. 이스라엘 총리 베냐민 네타냐후와 미국 의회 내 네타냐후 후원자들은 이란의 핵 개발을 둘러싼 갈등을 종결하려는 이 잠정적 합의를 저지하기로 결심했다.

그러나 이번 협상 타결은 세력 편제가 변화하고 있음을 보여 주는 흥미로운 신호다.

이란 정권은 2003년 미국과 영국이 벌인 이라크 침공의 가장 큰 수혜자였다. 이라크 침공으로 이란한테는 가장 위험한 적이었던 사담 후세인 정권이 무너졌다. 이라크 점령이 낳은 피 튀기고 혼란스러운 정국에서 살아남은 누리 알말리키가 정부를 이끌게 됐다. 이제 이라크 정부를 지배하는 세력은 이라크 인구의 다수를 차지하는 시아파로 바뀌었고, 이들은 이란 내 시아파와 매우 강력하게 연계돼 있다.

이런 변화로 이 지역에서 이스라엘에 적대적인 축이 강화됐다. 이 축은 이란이 이끌고 있고, 시리아와 이라크 그리고 레바논의 강력한 시아파 운동인 헤즈볼라를 포괄한다. 이란의 지정학적·이념적 맞수이자 수니파의 지도자를 자처하는 사우디아라비아 왕가는 이런 사태 전개에 불안감을 느꼈다.

시리아 혁명의 비극은 바샤르 알아사드 정권과 항쟁에 참여한 민중 사이의 투쟁이 점차 이란과 사우디아라비아의 대리전으로 변질되고 있다는 점이다. 이란 혁명수비대와 헤즈볼라 전사들은 알아사드를 지원하고 있고, 사우디아라비아 등 걸프국들은 알아사드에 반대하는 전사들, 그중에서도 영향력을 점차 넓히고 있는 알카에다나 수니파 지하드 세력에 돈을 대고 있다.

당연히 이 모든 것은 미국 대통령 버락 오바마에게는 매우 좋지 않은 소식이었다. 이란의 핵무기 개발을 막기 위해 필요하다면 전쟁까지도 할 수 있다던 오바마의 말은 십중팔구 진심이었을 것이다. 사우디아라비아를 비롯한 중동 국가들의 군비경쟁을 막기 위해서라도 말이다.

그러나 오바마는 상대가 이란이든 시리아든, 중동에서 또 한 차례 전쟁을 벌이기를 원치 않는다. 스트랫포의 조지 프리드먼은 다음과 같이 지적했다. "2000년대 내내 [미국은 — 캘리니코스] 아프가니스탄과 이라크에 직접 군대를 파견해 수니 급진파와 대적하려 애썼다. [그러나] 미국은 더는 이슬람 세계에 주요 병력을 사용할 수 없게 됐다. 미국이 이슬람 세계에 전념하는 동안 러시아 같은 나라들이 미국 군대를 걱정할 필요 없이 책략을 부릴 기회를 얻었기 때문이다. 미국은 알카에다 문제로 골머리를 앓았다. 그러나 미국은 알카에다를 상대하는 새로운 전략이 필요해졌다. 시리아가 본보기를 보여 줬다. 미국은 [시리아에] 급진 수니파 정부가 들어서는 것을 허용하고 싶지 않아서 알아사드 정권에 확실히 반대하는 식으로 개입하지 않았다. 미국은 시리아 내 파벌들이 서로 균형을 이뤄 어떤 세력도 전체를 장악하지 못하기를 원했다."

미국이 중동에서 겪는 혼란을 이용해 러시아가 어떻게 득을 얻는지는 얼마 전 사건에서 볼 수 있었다. 2013년 11월 21일 우크라이나는 러시아한테서 옛 소련 소속 국가들과 러시아가 결성하는 단일 시장[유라시아경제연합]에 들어오라는 강력한 압력을 받고는 돌연 유럽연합과 하던 '유럽연합 동부 파트너십' 협상에서 철수했다.

한편 수니파의 지하드 세력은 중동 전역에서 더 활발하게 움직이고 있는데, 예를 들어 이라크와 레바논에서는 종파 간 폭탄 테러가 증가하고 있다. 미국과 이란 모두 이런 사태 전개를 달가워하지 않는다.

미국과 사우디아라비아의 관계도 냉각되고 있다. '셰일 혁명' 덕분에 미국은 이제 수입 에너지에 훨씬 덜 의존해도 된다. 반면, 사우디아라비아는 오바마가 이집트의 독재자 호스니 무바라크를 배신했다고 보며 분노하고 있다. 그래서 사우디아라비아는 최근 유엔 안보리 이사국이 되는 것을 거부했다.

어떤 평론가들은 미국과 이란이 1972년에 있었던 닉슨과 마오쩌둥의 합의에 비견될 만한 전략적 이해에 도달할 수 있을 것이라고 평가한다. 이 유명한 합의를 통해 중국은 소련에 맞서 미국과 제휴를 맺었다. 이런 분석은 왜 이스라엘과 사우디아라비아가 둘 다 제네바 핵 협상을 비난했는지 설명하는 데 도움이 된다.

이런 재조정으로 시리아 사태가 어느 정도 안정될지도 모른다. 그리고 그 덕에 미국은 중국이 제기하는 진정한 도전에 힘을 집중할 수 있는 시간을 벌었다. 제국주의 간 경쟁은 이제 새로운 국면으로 접어들고 있는 것인지도 모른다.*

* 2018년 5월 8일 오바마의 후임 대통령 도널드 트럼프는 이란 핵 협정을 파기하고 이란 제재를 강화했다. 이 때문에 이란을 둘러싼 중동 정세가 다시 악화했다. 2020년 한국의 문재인 정부는 미국의 요청에 호응해 아덴만에 파견돼 있는 청해부대의 작전 범위를 변경하는 방식으로 한국군을 파병하기로 결정했다.

트럼프가 중동에서 깡패짓하는 이유는?

2018년 5월 24일

도널드 트럼프는 왜 중동을 불안정하게 만드는가? 트럼프가 이스라엘 주재 미국 대사관을 예루살렘으로 이전하고 이란과의 핵 협정을 파기하는 것이 중동을 불안정하게 만들고 있다.

지배계급의 주류적 설명은 에드워드 루스가 〈파이낸셜 타임스〉에 쓴 기사 제목으로 요약될 수 있다. "도널드 트럼프는 중동에서 불장난을 치고 있다." 달리 말하면, 트럼프가 고작 허영심과 어리석음 때문에 저런 행동을 한다는 것이다.

여기에는 일말의 진실이 있을 테지만 문제의 본질에 이르지는 못한다. 이라크 전쟁의 승자가 누구인지를 묻는 것이 가장 좋은 출발점이다. 누가 졌는지는 모두 알고 있다(미국과 영국). 그렇지만 승자는 과연 누구였는가? 끊임없이 고통받아 온 이라크 민중은 당연히 아니다.

정답은 이란이다. 미국·영국의 이라크 침공은 이슬람 공화국(이란)의 가장 위험한 적수인 [이라크 지배자] 사담 후세인을 제거했다. 사담 후세인은 1980년대에 이란을 상대로 8년간의 유혈 낭자한 전쟁을 벌인 자다. 더군다나 후세인 정권은 시아파가 다수인 이라크에서 소수인 수니파가 지배력을 휘둘렀음을 반영했다. 억압받던 다수 시아파는 후세인의 몰락 이후 정치적으로 부상할 수 있었다. 시아파에 기반을 둔 이란 정권은 10년 넘게 이라크 정부에 막대한 영향력을 행사해 왔다.

또한 이란은 중동의 두 주요 국가인 이라크와 시리아의 부분적 분열을 이용할 수 있었다. 이란 혁명수비대와 이란 정부의 주요 동맹인 레바논 시아파 운동 헤즈볼라는 시리아의 바샤르 알아사드 정권을 떠받치는 데에 결정적 구실을 했다. 이라크에서 이란의 지원을 받은 시아파 민병대는 ISIS를 패퇴시키는 데 깊숙이 개입했다.

시리아와 이라크에서 벌어진 전쟁은 이란 정권을 유리한 위치에 올려놓았다. 게다가 헤즈볼라는 최근 레바논 선거에서 1위를 차지했다. 이런 사태 전개는 중동의 다른 두 정권, 즉 이스라엘과 사우디아라비아에게는 저주와 같다. 이스라엘은 적대국 이란이 강해지는 것을 두려워하고 사우디아라비아는 왕가 통치의 정당성을 교조적 수니파 이슬람에서 찾는다.

이와 같은 상황에 대한 미국의 대응은, 조지 W 부시의 두 번째 임기 후반부 이래로, 이란을 회유하는 것이었다. 버락 오바마가 2015년 체결한 핵 협정은 이 정책의 연장선이었고 다른 5개 '세계 열강'의 지지를 받았다. 그렇지만 사우디아라비아와 이스라엘은 이 협정에 반대했다. 이들이 반대하며 내세우는 가장 큰 근거는 이란이 협정을 어겼다는 것이 아니라(어겼다는 증거는 없다) 이란이 강력해지고 있다는 점이다.

트럼프가 집권하자 이스라엘과 사우디아라비아는 자신들의 요청에 귀 기울여 줄 미국 대통령을 갖게 됐다. 그렇다면 이들의 대안은 무엇인가? 전쟁일까? 미국 국방부는 2000년대 중반 이란을 공격하려던 부시 행정부의 계획을 가로막았다. 게다가 트럼프는 중동에서 또 다른 전쟁을 감당할 의사를 조금치도 보이지 않고 있다. 트럼프가 이란에 맞서는 이스라엘-사우디아라비아 연합을 지원할 수는 있다. [그런 연합이 구체화한다면] 시온주의를 국가 이념으로 삼는 이스라엘과, 반유대주의적인 살라피스트가 지배하는 사우디아라비아가 손잡는 기괴한 연합이 될 것이다.

그렇지만 이란은 만만한 상대가 아니다. 미국은 이란-이라크 전쟁의 균형추가 이라크 쪽으로 기울도록 만들려고 1987~1988년에 미 해군과 공군의 힘을 동원해야 했다. 그리고 이란은 역내 동맹들을 구축하고 있어 중동에 진정한 "화염과 분노"를 초래할 수 있다. 그래서 트럼프는 경제제재에 집중하고 있고, 미국 시장과 금융 시스템에 대한 접근을 차단하겠다고 위협하며 유럽과 일본이 자신의 뜻에 따르도록 만들려 한다.

그렇지만 중동은 여전히 예측 불가능한 지역이다. 최근 이라크 선거에서는 무끄타다 사드르가 이끄는 선거연합이 1위를 차지했다. 사드르는 [미국·영국의] 이라크 점령에 반대한 대표적 인사였다. 그는 바그다드의 사드르시티(그의 가문의 이름을 딴)를 중심으로 시아파 빈민 운동을 이끌었다. 이 운동은 절정기였던 2004년에, 미국과 영국에 대항하던 전국적 반란에 합류할 가능성을 보이며 점령자들을 위협했다. 그런 단결을 가로막은 세력은 점령자들과 훗날 ISIS가 될 세력이었다. 불행하게도 저항운동은 수니파와 시아파로 분열했다.

사드르 세력의 무장 조직인 마흐디군은 수니파를 상대로 한 암살에 연루됐다. 비록 사드르가 이를 허락했는지는 분명하지 않지만 말이다. 어쨌거나 이제 사드르가 돌아왔다. 그는 미국과 이란 둘 중 하나에 이라크가 종속되는 것을 반대하고 세속주의자와 좌파가 참여하는 연합을 이끌고 있다.

이것은 아랍 세계가 부패한 지배자들이나 외세의 노리개만은 아니라는 점을 분명히 보여 준다.

G20 회담에서 나타난 거래와 갈등

2019년 7월 2일

북반구와 제3세계의 주요 경제국들이 모이는 G20 정상회담은 2008년 금융 붕괴 시기부터 주목을 받았다. 서방 선진 공업국이 모이는 기존의 G7 정상회담보다 더 중요한 구실을 할지도 모른다는 기대에서다.

이런 기대는 실현되지 않았다. 소위 '신흥 시장 국가'들이 이해관계를 공유하는 응집력 있는 연합을 형성하지 못한 탓도 있다. 최근 들어 G20은 세계경제의 두 거인 미국과 중국의 싸움터가 됐다. 군사전략 연구가 에드워드 루트왁은 이것을 "지리경제학적" 충돌이라고 했다. 다시 말해 국가 간 적대가 주로 국경과 무기가 아니라(물론 이 또한 존재하지만) 무역과 투자를 둘러싼 갈등으로 표현된다는 것이다.

중국과의 무역 전쟁에서 도널드 트럼프의 주 목표는 두 가지다. 첫째는 중국에게 미국의 수출품을 더 많이 강매하는 것이고, 둘째는 시진핑이 산업의 기술 수준을 높이기 위해 추진하는 '중국제조

2025' 사업을 좌초시키는 것이다. 이 둘째 목표를 배경으로 트럼프는 중국의 거대 IT 기업 화웨이를 공격하며 미국 기업이 화웨이와 거래하는 것을 금지했다.

2019년 5월에 두 나라의 협상이 결렬되자 상대국의 수출품에 보복관세를 매기는 무역 전쟁이 악화될 조짐이 보였다. 트럼프는 2000억 달러어치 중국 수입품에 매기는 관세를 10퍼센트에서 25퍼센트로 올렸고, 관세 인상을 또 다른 3000억 달러어치 수입품으로 확대하겠다고 협박했다.

그러나 2019년 6월 28~29일 오사카에서 열린 G20 정상회담을 계기로 별도로 만난 트럼프와 시진핑은 협상을 재개하기로 합의했다. 전날 중국은 미국산 대두 2000억 달러어치를 구매하겠다고 발표해 타협을 시사했다. 미국 대두 농가들도 화웨이처럼 미·중 무역 전쟁의 주요한 볼모였다. 중국은 생활수준이 향상해서 육류 수요가 증가했고 사료용 대두 수입이 크게 늘었다. 중국 시장은 세계 대두 무역의 60퍼센트를 차지한다. 2018년 6월 중국은 미국산 대두에 25퍼센트 관세를 부과하고 브라질 같은 라틴아메리카 국가로 공급처를 갈아탔다.

이번 대화 재개가 그저 제스처에 불과한지 아닌지는 좀 더 지켜봐야 한다. 트럼프와 시진핑은 1년 전 부에노스아이레스에서 열린 G20 정상회담에서도 성공적 회담을 했다고 했지만 결국 무역 협상은 실패했다. 트럼프의 북한 방문은 중국에게 유리하게 작용할 것이다. 중국에게는 핵무기 개발에 관해 김정은을 압박할 경제적 힘이 있기 때문이다.

그럼에도 이번 회담은 흥미로웠다. 〈파이낸셜 타임스〉의 말처럼

"미국과 중국이 무역 전쟁에 몰두하면서 다른 G20 국가들이 양국 모두에게 압력을 높일 수 있는 새로운 역학 관계가 출현"했기 때문이다. 일본 쓰쿠바에서 열린 G20 재무부 장관 예비회담에서 중국은 산업 보조금과 철강 설비 과잉 문제에서 자기 편을 찾지 못했다. 한편 미국은 WTO의 분쟁 해결 제도를 개혁하기 위해 함께 노력하는 데에 마지못해 동의했다. 그동안 트럼프는 협조를 거부해 왔는데 말이다. 이는 트럼프 치하의 미국이 선진 자본주의 국가들을 이끄는 전통적 리더 구실을 사실상 포기하면서 남긴 공백을 다른 G20 회원국(특히 주최국 일본)이 메우려고 나선 것으로 볼 수 있다.

그러나 이런 시도는 제한적일 수밖에 없다. 세계 최대 무역 블록인 유럽연합이 자기 문제로 바쁘기 때문이기도 하다. 이제 곧 공석이 될 유럽연합의 주요 직책을 둘러싼 다툼이 교착 상태에 빠진 것도 이런 상태의 징후다.

더 근본적으로 중국의 부상은 세계경제라는 무대에서 미국이 만든 규칙에 따를 생각이 없는 강력한 행위자가 등장했다는 것을 뜻한다. 트럼프 정권이 그 규칙을 파기해 버리고 있다는 점 또한 불안정성을 키운다. 그러나 다른 주요 서방 제국주의 국가들이 선호하는 자가 트럼프 대신 백악관을 차지했어도 지금의 갈등은 사라지지 않았을 것이다. 장기적으로 보면 지금 걸린 판돈은 바로 미국이 지배적 자본주의 국가로 남느냐의 여부이기 때문이다.

트럼프가 이란을 이길 수 없는 이유

2020년 1월 15일

미국과 이란의 최근 대결에서 누가 피해자인지는 명백하다. [2020년 1월 3일 미군에게 암살당한] 이란 장군 가셈 솔레이마니와 [2020년 1월 8일 격추된] 우크라이나 여객기의 승무원·탑승객을 빼놓을 수 없다. 잔뜩 예민해 있던 이란 혁명수비대가 그 여객기를 격추했다.

그러나 대결의 승자는 누구인가?

미국 대통령 도널드 트럼프는 자신이 이겼다고 생각한다. 트럼프를 옹호하는 이들은 그가 1969~1974년 미국 대통령 리처드 닉슨의 수법을 따라 했다고 본다. 당시 닉슨은 자신이 핵무기를 사용할 만큼 비이성적이라고 적성국들이 생각하도록 만드는 수법으로 양보를 얻어 내려 했다. 트럼프가 솔레이마니를 암살한 후 이란 이슬람공화국 정권이 반격하면 "비대칭적"으로 대응하겠다고 위협한 것을 보며 모든 이의 간담이 서늘해졌다. 트럼프의 작전은 효과가 있었다. 이란은 조심스럽게 대응했고, 이라크 내 미군 공군기지의 빈 건물 몇 채를 타격하는 것에 그쳤다. 이런 단기 국면으로만 보면 트럼프가 이졌다는 주장에 일부 진실이 있을 수 있다. 그렇지만 시간은 미국 편이 아니다.

〈이코노미스트〉는 이렇게 깔끔하게 정리했다. “버락 오바마와 트럼프 모두 미국이 아시아에 집중해야 할 자원과 신경을 중동이라는 수렁에 쏟고 있다는 사실을 안다. 오바마는 협상으로 중동에서 퇴로를 열려 했지만 실패했다. 반면에 트럼프는 협박으로 퇴로를 열려 한다.” 그래서 이란과 핵 합의를 한 오바마와 달리 트럼프는 대對이란 경제제재 수위를 높이며 “최대 압박” 정책을 펴고 있다.

이에 대응해 이란 정권은 미국과 그 중동 동맹들을 타격할 능력을 과시하려 일련의 공격들을 펼쳤다. 그중 가장 중요했던 것은 2019년 9월 순항미사일과 드론을 동원해 사우디아라비아 석유 시설을 폭격한 것이었다. 사우디아라비아 왕실은 이에 겁을 먹고 이란과 지난 몇 년간 심해지던 갈등을 완화할 방법을 모색했다. 솔레이마니는 바로 이를 위해 사우디아라비아로 가던 길에 살해됐다고 한다. 사우디아라비아-이란 갈등이 이렇게 완화하던 요인 중에는 이란의 9월 공격에 트럼프가 성공적으로 대처하지 못한 것도 있다. 미국에 이전처럼 의존할 수 없게 된 사우디아라비아는 이란과 협상하는 것 말고는 대안이 없다고 느꼈을 것이다.

이번 미국-이란 위기로 저변의 세력 관계가 바뀌지는 않는다. 트럼프가 솔레이마니를 살해한 이유는 이라크의 친이란 민병대가 쏜 미사일에 미군 용병이 사망했기 때문이다. 트럼프는 1980년 이란에서 미 대사관이 봉쇄된 것과 2012년 리비아에서 미 대사가 살해된 기억에 사로잡힌 듯하다.

이란 정권이 조심스럽게 대응하는 것을 보면 알 수 있듯이 이들은 미국과의 전면전은 피하려 한다. 그러나 이란 정권은 시간을 벌고 있는 것일 수 있다. 이란은 미국과 다른 서구 열강을 중동에서 몰아낸다는 장기적 목표를 포기하기는커녕 오히려 재확인하고 있다.

솔레이마니는 미국의 이라크 점령을 끝내도록 2011년에 이라크 정치인들을 압박했다고 알려져 있다. 2014년 이라크가 ISIS의 공격을 받자 미군은 다시 돌아왔다. 그러나 이제 이라크 의회는 미군 철수 요구 결의안을 통과시켰다. 이란은 이런 요구가 실제로 관철되도록 압박할 것이다. 오바마와 트럼프 둘 다 중동에서 미군 역량을 줄이고 중국의 도전에 대응하는 데에 더 집중하길 바랐다. 중국의 도전은 조금도 줄지 않았다. 오히려 최근 중국은 호르무즈해협에서 러시아·이란과 해상 합동훈련을 벌였다. 호르무즈해협은 세계에서 가장 중요한 석유·가스 수송로다.

그러나 트럼프는 전임 오바마와 마찬가지로 중동이라는 수렁으로 빨려 들어오고 있다. 2019년 5월에 견줘 중동 주둔 미군은 1만 4000명 늘었고, 지금도 3500명 규모의 공수부대가 쿠웨이트로 향하고 있다. 〈이코노미스트〉는 이렇게 전망했다. "[오바마가 그랬듯 트럼프도 ― 캘리니코스] 역시 실패할 공산이 크다. 왜냐하면 트럼프의 대對이란 전략이 성공하려면 미국이 이란을 억제하기 위해 중동에서 버텨야 하기 때문이다."

트럼프는 유럽 동맹국들이 핵 합의를 포기하고 대對이란 제재 강화에 동참하도록 만들려 한다. 그러나 [유럽에서도 특히 미국에 우호적인 영국의 총리] 보리스 존슨조차 이를 내켜하지 않는다. 미국은 중동에서 빠져나오지도, 이기지도 못한다.

4장

불안정과 위기가 고조되는 동아시아

중국 문제로 골머리를 앓는 부시

2008년 3월 26일

[2008년 3월] 중국이 티베트인들의 항쟁을 진압하자 미국에서 중국을 비난하는 목소리가 커지고 있다. 원래 중국의 수단 정권 지원에 항의하는 운동으로 시작된 베이징 올림픽 보이콧(참가 거부) 요구가 점점 더 많은 사람의 지지를 받고 있다. 2008년 3월 21일, 미국 하원 의장 낸시 펠로시(민주당)는 인도 북부의 달라이 라마를 방문해서 조지 W 부시를 더욱 압박했다. 그러나 백악관은 중국의 티베트 시위 진압을 비난한 반면, 부시 자신은 여전히 침묵을 지키며 미국과 중국은 "복잡한 관계"라고 인정했다.

미국은 중국의 공장에서 쏟아져 나오는 값싼 공산품을 수입하는 가장 중요한 시장이다. 중국은 이런 대미 수출 덕분에 2007년 12월 기준으로 1조 5420억 달러[약 1500조 원]의 외환 보유액을 쌓아 두고 있다. 중국은 이 가운데 상당 액수를 미국에 빌려준다(국채 매입). 그러면 미국은 그 돈으로 중국산 제품을 수입한다.

미국과 중국의 이런 상호의존관계 덕분에 지난 몇 년 동안 세계

경제의 성장이 지속될 수 있었다. 그러나 겉보기에 우호적인 이런 관계의 이면에서 중국은 지난 30년 동안 이룩한 급속한 경제성장을 바탕으로 지역 열강, 나아가 세계 열강으로 떠오르고 있다.

그래서 미국은 중국을 위협적 상대로 여긴다. 미국 국방부는 4년마다 발표하는 국방태세검토보고서(2006년도)에서 다음과 같이 주장했다. "주요 열강이나 신흥 열강 중에서 중국은 미국과 군사적으로 경쟁하고 미국이 전통적으로 유지해 온 군사적 우위를 장기적으로 무력화할 수 있는 각종 군사적 교란 기술을 보유할 잠재력이 가장 큰 국가다." 요즘은 아예 미국 국방부가 "중화인민공화국의 군사력"에 대한 연례 보고서를 의회에 제출하도록 법으로 정해 놨다. 얼마 전 미국 국방부는 중국이 핵미사일 시스템을 현대화하고 2007년 1월 인공위성 요격 무기를 실험한 것에 우려를 나타냈다.

미국이 이런 사태 전개를 우려하는 것은 미국의 세계적 군사 패권이 위협받을 수 있기 때문이다. 지상뿐 아니라 우주 공간도 지배하려는 미국의 목표를 재확인하고 중국에도 경고 신호를 보내기 위해 미국 국방부는 최근 자국의 고장 난 인공위성을 요격했다.

따라서 미국과 중국의 관계는 그냥 "복잡한" 관계가 아니라 매우 모순적인 관계다. 중국은 미국에게 공장이자 은행일 뿐 아니라 미국의 세계 지배력에 도전하는 가장 큰 위협이기도 하다. 더욱이, 상황이 매우 유동적이다. 다양한 사건들이 미국의 세계 지배력을 위협하고 있다. 그중 하나가 세계 금융 위기다.

[미국 경제와 세계경제의] '탈동조화'를 주장하는 경제 평론가들이 많았다. 그들의 주장인즉슨, 미국 경제가 침체하더라도, 브릭스(브라질·러시아·인도·중국 등 '신흥 시장' 경제)의 역동성 덕분에 세계경

제는 계속 성장할 수 있다는 것이다. 이것은 자기최면의 위험성을 보여 준다. 미국은 여전히 세계경제의 5분의 1을 차지하고 있다. 중국이 미국의 경기 둔화에 특히 취약한 이유는 바로 미국과 중국의 경제적 상호의존 때문이다.

더욱이, 중국 경제 자체는 분명한 과열 조짐을 보이고 있다. 활황세가 지속되면서 물가가 급등하고 있다. 일부 평론가들은 중국 경제가 1980년대 말과 같은 거품 붕괴를 향해 나아가고 있다고 생각한다. 당시의 거품 붕괴는 톈안먼 광장 시위의 분출에 일조했다.

티베트 위기도 또 다른 불안정 요인이다. 중국 정부가 민족주의 카드를 이용해(그리고 한족의 피해를 집중 부각해) 티베트인 시위대를 고립시키고 중국 대중의 여론을 정부에 유리하게 만드는 데 그럭저럭 성공한 듯하다.

부시는 미국인들의 베이징 올림픽 보이콧 운동이 커지는 것을 바라지 않는다. 부시는 베이징 올림픽에 참가하겠다고 중국 주석 후진타오에게 약속했다. 한 아시아 전문가는 〈뉴욕 타임스〉에 다음과 같이 말했다. "베이징 올림픽은 [세계 무대를 향한] 중국의 커밍아웃 파티다. … 만약 부시가 베이징 올림픽 참가를 취소한다면 중국은 엄청나게 체면이 깎일 것이고, 그리되면 북핵에서 인권 문제까지 두 나라의 협력은 훨씬 더 어려워질 것이다."

이처럼 부시는 중국과 안정적 관계를 지속할 필요성과 국내에서 점차 커지는 반反중국 로비 사이에서 곤혹스러워하고 있다. 이런 모순은 앞으로 더 심각해질 것이다. 부시의 후임자가 누가 되든 이 모순에 부딪힐 것이다.

서방의 위선적 '중국 때리기'

2008년 8월 14일

나는 올림픽을 기껏해야 신경 거슬리는 일로 여긴다. 몇몇 근육질들을 위해 2주 동안 기업 협찬을 받으면서 국기를 흔드는 것은 전혀 내 취향이 아니다.

그러나 베이징 올림픽을 둘러싼 '중국 때리기' 물결은 구역질이 난다. 물론 중국이 반체제 인사를 잔혹하게 탄압하는 권위주의적 스탈린주의 정부에 지배받고 있는 것은 사실이다. 또, 티베트인들이 민족자결권을 누릴 수 있어야 하는 것도 사실이다. 비록 그들이 그 권리를 다시 불교 성직자들이 지배하는 사회로 되돌리는 데 사용하지 않기를 바라지만 말이다.

그러나 많은 중국 비판자들은 민주주의를 입에 올릴 자격이 없다. 예컨대 조지 W 부시는 베이징에 도착하기 전에 이렇게 말했다. "미국은 중국 정부가 정치적 반체제 인사, 인권 옹호 활동가, 종교 활동가를 구금하는 데 반대한다. 우리는 언론·집회의 자유와 노동권을 확고히 옹호한다. 이것은 중국 지도자들에 반대하기 위해서가 아니라 자기 국민에게 더 큰 자유를 보장할 때만 중국이 자신의 가능성을 완전히 실현할 수 있기 때문이다."

이자가 지금 누구랑 장난하나? 미국 정부는 이집트 정부와 밀접한 관계를 맺고 있는데, 이집트 정부는 마할라[이집트의 섬유공업 지대]의 파업 노동자들을 무자비하게 탄압하는 것으로 "집회의 자유와 노동권"에 '경의'를 표시했다. 미국 정부와 밀접한 관계를 맺고 있는 사우디아라비아 정부도 민주주의의 '민'자만 나와도 몽둥이를 휘두른다.

그렇지만 부시도 '공정한 재판을 받을 권리'를 목록에 포함시킬 배짱은 없었다. 오사마 빈라덴의 옛 운전기사인 살림 아흐메드 함단의 사례를 보자. 〈뉴욕 타임스〉 보도를 보면, 함단은 미국 군사 법정이 제멋대로 언도한 5년 6개월 형을 다 살고 난 뒤에도 풀려나지 못할 것이다. "부시 정부의 입장이 '테러와의 전쟁'이 끝날 때까지 [관타나모 수용소 — 캘리니코스] 수감자들을 풀어 줄 수 없다는 것이기 때문이다."

부시의 비판은 위선적이다. 그러나 누군가 이렇게 물을 수 있다. '서구 다국적기업들이 중국 정부의 권위주의 통치 덕분에 싼값에 중국 노동자들을 고용해 이득을 챙기고 있는데, 왜 베이징 올림픽에 대해 그 난리를 칠까?' 답은 중국이 그저 평범한 독재국가가 아니라는 것이다.

중국의 급속한 경제성장은 현재의 전 세계 세력균형을 바꾸고 있다. 시장환율로 계산했을 때, 중국이 전 세계 국민소득에서 차지하는 비중은 1980년 2.6퍼센트에서 오늘날 약 6퍼센트로 늘었다. 국민경제의 절대적 크기를 측정하는 데 좀 더 적합한 방식으로 계산하면 중국 경제는 거의 11퍼센트를 차지한다.

이것은 두 가지 계산법으로 각각 25퍼센트와 21퍼센트를 차지하는 미국에는 한참 못 미치는 규모다.* 그럼에도 중국의 경제적 부상은 국가 간 관계를 변화시키고 있다. 예컨대, 중국에 필요한 원료를 생산하는 제3세계 국가들은 융자를 받기 위해 미국이 주도하는 세계은행에 비굴하게 손을 벌리지 않아도 된다. 차관을 얻기 위해 신자유주의적 정책에 따라 국가 경제와 정치를 뒤바꾸지 않아도 된다는 말이다.

이것은 아프리카나 라틴아메리카에 대한 중국의 투자가 자비롭거나 이타적이란 뜻은 아니다. 중국이 이들 지역에 투자하는 것은 국가 통제가 여전히 강력한 이 자본주의 국가[중국]가 원료를 확보해야 하기 때문이다.

그러나 중국에 대한 수많은 야단법석의 상당수는 인권·티베트인·환경에 대한 진지한 우려가 아니라 중국의 힘에 대한 두려움에서 나온 것이다. 부시는 〈워싱턴 포스트〉와 한 인터뷰에서 "중국을 포용해야 한다"고 말했다. 그러나 부시의 메시지는 다음과 같은 뜻도 담고 있는 것으로 보인다. '누가 대장인지 잊지 말고 똑바로 처신하라.'

서구 열강은 현실을 부정하고 있는 듯하다. 그들은 미국 정부와 그 동맹들이 자기 맘대로 행동했던 소련 붕괴 직후 상황과 별로 변한 것이 없는 것처럼 행동하고 있다.

---

* 2019년 전 세계 국민소득에서 차지하는 비중은 미국이 24퍼센트, 중국이 16퍼센트다.

그러나 상황은 변했다. 미국의 힘은 쇠퇴하고 있다. 서구 열강들은 갈수록 자신감이 커지는 도전자들에 직면해 있다. 지금 캅카스에서 벌어지고 있는 전쟁이* 보여 주듯이, 만약 서방이 그들을 너무 몰아붙이면 그들은 반격할 것이다.

---

* 135쪽 참고.

중국의 힘을 과장하지 마라

2010년 2월 11일

요즘 중국에 관한 온갖 황당한 이야기들이 유행한다. 이 이야기들은 대부분 페리 앤더슨이 최근 〈런던 리뷰 오브 북스〉에서 '중국 광풍Sinomania'이라 묘사한 형태를 띠는데, 곧 중국이 새로운 초강대국이 되며 세계의 서열 구조에서 아직 미국의 지위를 대체하지는 못했지만 조만간 그렇게 되리란 것이다.

이런 주장들은 흔히 중국의 현 성장률이 지속될 것이란 전제 아래 머지않은 미래에 중국 경제의 규모가 미국을 능가할 것이라고 말한다.

그러나 통계 두 가지를 보면 이런 주장을 좀 더 객관적으로 따져볼 수 있다. 2009년 중국의 1인당 국민소득은 기껏해야 6500달러로, 228개 국가 중 127위밖에 안 된다. 미국의 1인당 국민소득은 4만 6400달러로 10위를 차지했는데, 순위가 더 높은 나라들은 조세회피처이거나 소규모 석유 토후국 등 그다지 중요하지 않은 나라들이다.

이처럼 '초강대국 중국'은 아직 먼 미래의 일이다. 그러나 중국 정부가 세계 무대에서 힘자랑을 시작한 것도 사실이다.

이것이 처음으로 뚜렷이 드러난 것은 2009년 12월 코펜하겐 기후 회담이었다. 당시 중국 총리 원자바오는 시종일관 뻣뻣하게 굴다가 맨 마지막 순간에야 다른 세 나라(인도, 브라질, 남아프리카공화국) 정상과의 회담에서 오바마와 합의했다.

그 뒤 몇 가지 놀라운 사건들이 벌어졌다. 2010년 1월 구글은 더는 중국 정부의 인터넷 검열을 따르지 않겠다고 선언하고, 중국 정부가 구글을 해킹했다고 주장했다. 흥미로운 점은 미국 정부가 신속히 구글을 지원하고 나선 것과는 달리, 다른 서방 기업들은 침묵을 지켰다는 것이다.

곧이어 1월 말 중국 정부는 64억 달러어치 무기를 대만에 팔기로 한 오바마 정부의 결정에 노발대발했다. 오랫동안 중국 정부는 대만이 중국의 일부이며 무력을 사용해 대만을 중화인민공화국에 편입시킬 권리가 있다고 주장해 왔다. 중국 정부는 대만 무기 판매에 연관된 보잉과 다른 미국 기업들에 경제제재를 하겠다고 위협했다.

사실, 오늘날 중국 정부가 보이는 자신감은 경제 위기와 밀접하게 연관돼 있다. 미국이 불황의 늪에서 헤매는 동안, 중국 경제와 여기에 [원자재와 중간재 등을] 수출하는 나라의 경제는 중국 정부의 엄청난 공공 지출 증가에 힘입어 성장하고 있다. 베이징에서 근무하는 한 미국인 기업가는 〈파이낸셜 타임스〉에 이렇게 말했다. "중국 정부는 현재 자신감이 대단합니다. 그들은 '우리가 중국이기 때문에 모든 이가 우리와 거래하고 싶어 한다'고 생각합니다."

경제 위기는 또한 직접적으로 중미 관계의 긴장을 고조시키고 있다. 두 나라가 모두 수출 경쟁력을 키우려고 통화가치를 절하했다. 지금껏 이 경쟁의 승자는 중국이었고, 미국 정부는 화가 났다. 며칠 전 오바마는 중국 정부의 환율 정책을 공격했고, 중국 정부 대변인은 중국의 통화가치가 "적절하고 균형 잡혀 있다"고 퉁명스럽게 대답했다.

그러나 중국 정부는 상당히 위험한 경쟁을 하고 있다. 2010년 2월 5일 발표된 미국의 실업률 통계를 보면, 2007년 12월 불황이 시작된 이후 2년여 만에 일자리 840만 개가 사라졌다. 2009년 12월에만 일자리 2만 개가 사라졌다. 오바마는 이런 실업률 급등이 공화당 우파와 티파티 운동이 주도하는 기층 반발을 낳고 있음을 잘 안다. 오바마는 앞으로 중국을 상대로 보호주의적으로 조처해야 한다는 압력에 직면할 수 있다. 한 저명한 경제학자는 1971년 당시 대통령 닉슨이 일본을 상대로 도입한 '충격 요법'을 예로 들며 모든 중국 수입품에 10퍼센트 추가 관세를 부과하자고 제안했다.

게다가, 중국 경제는 시한폭탄을 안고 있다. 많은 전문가는 정부의 추가 지출과 대출 때문에 현 경제 위기를 낳은 미국의 주택 시장 거품과 비슷한 어마어마한 거품이 형성되고 있다고 지적한다. 다시 말해, 현 위기를 극복하려는 과정에서 또 다른 위기의 씨앗이 뿌려졌을지도 모른다.

미국의 '아시아로의 중심축 이동' 전략

2013년 3월 16일

미국의 모든 군사력이 이라크로 말려들어 간 지 곧 10년이다. 미국은 전술적으로는 곧 적군을 압도했지만, 이제껏 당해 본 적 없는 큰 지정학적 패배로 나아갔다. 베트남 전쟁 당시에는 1971~1972년 리처드 닉슨이 중국과 국교를 정상화한 것으로 패배의 효과를 완화할 수 있었다. 그러나 오늘날에는 중국이 빠른 경제성장을 무기 삼아 미국의 패권에 전례 없이 큰 도전을 하고 있다는 관측이 지배적이다.

버락 오바마 정부는 "전략적 중심축"을 중국으로 옮기기 시작하며 미군의 60퍼센트를 태평양으로 집중할 계획을 짜고 있다. 그렇다고 미국이 중동을 버릴 것이라는 말은 아니다. 비록 [미국에 매장량이 많은] 셰일가스 덕분에 미국은 더 많은 에너지원을 국내에서 마련하겠지만(2012년 중국이 미국을 제치고 최대 석유 수입국이 됐다), 중동은 매우 중요해서 미국이 이곳에서 손을 뗄 수는 없다.

10년 전에는 미국 정책 입안자들의 눈이 확고히 중동에 꽂혀 있었다. 지금 그들은 동아시아를 보고 있다. 1941~1945년 태평양 전쟁 이래 미국은 동아시아에서 큰 영향력을 발휘했다. 그러나 중국의 부상으로 상황이 바뀌었다. 급속히 성장하는 중국의 산업을 뒷받침하는 식으로 아시아 역내 경제적 관계가 바뀌었다.

그리고 중국은 경제성장의 성과 일부를 군사력 증강에 투입했다. 2013년 3월 초 중국은 국방 예산을 10.7퍼센트 증액한다고 발표했다. 그러나 〈파이낸셜 타임스〉가 보도했듯이, 중국 국방비 증가는 사실 둔화하고 있다. "이 수치는 2000~2009년 연평균 증가율 16.5퍼센트, 그리고 1990~1999년 연평균 증가율 15.7퍼센트와 대조적이라고 … 미국의 중국 군사 전문가 두 명이 말했다. 물가 인상을 감안하면 중국의 군사력 확장 속도는 이전만큼 인상적이지 않다. … 실질 가격으로 볼 때 2010년과 2011년 중국의 군사비 지출은 평균 3.1퍼센트 상승했다. … 해마다 '정부 보조금에서 군대가 받은 돈이 차지하는 비율이 감소'했다."

어쨌든, 높은 국방비 지출은 강력한 경쟁국들이 몰려 있는 이 지역의 특징이다. 미국과 중국뿐 아니라 일본·인도·남한·베트남도 그렇고, 북한도 잊어서는 안 된다. 북한의 김정은 정권은 핵무기를 동원한 무력시위를 전문으로 한다.

그 위험성은 한 열도를 둘러싼 일본과 중국 사이의 갈등에서 드러난다. 일본과 중국은 대만 근처에 있는 그 열도를 각각 센카쿠와 댜오위다오라고 부른다. 일본은 1895년부터 그곳을 지배했고 중국은 영유권을 주장한다. 2012년에 이 갈등이 고조됐는데, 일본 민족주의자들이 이 섬들을 도쿄도에 편입시키려 한 저돌적 행동이 계기가 됐다. 예를 들어, 우파인 도쿄 도지사 이시하라 신타로는 그 섬들

중 세 곳을 매입하자는 운동을 벌였다. 중국과 일본의 전투기와 군함이 섬 근처에서 추격전을 펼치기도 했다. 일본은 2013년 1월 30일 중국 군함이 일본 구축함에 사격관제 레이더를 조준(사격 직전 단계)했다고 주장했다.

이 분쟁은 살 떨리지만 흥미롭기도 하다. 첫째, 이 분쟁은 전통적 영토 분쟁이다. 이는 세계화 때문에 영토 분쟁이 사라졌다는 지배계급 사상가들의 주장을 반박한다.

둘째, 바로 세계화의 중심국들, 즉 일본과 중국뿐 아니라 미국(일본과 상호방위조약을 맺은 관계다)도 이 분쟁의 당사자다. 이처럼 세계의 3대 경제가 이 조그만 섬을 둘러싸고 잠재적으로 충돌할 가능성이 있는 것이다.

셋째, 두 적대자 가운데 일본이 더 공세적이었다. 보수적 민족주의자인 신임 일본 총리 아베 신조는 2013년 2월 미국을 방문해 "일본의 귀환"을 선언했다. 아베는 〈워싱턴 포스트〉에 이렇게 말했다. "중국은 자국 경제에 필요한 천연자원을 확보하려고 강압적이고 위협적인 행위를 일삼고 있습니다."

미국의 처지에서 볼 때, 이런 경쟁 관계는 자국에 유리하다. 물론 오바마 정부는 태평양에서 전쟁이 일어나는 것을 바라지 않는다. 그러나 미국이 중국의 강력한 경쟁국들(무엇보다 일본과 인도)을 포섭해 중국을 가둘 수 있다면, 미국의 동아시아 패권은 더 오래 지속될 수 있을 것이다.

트럼프의 아시아 순방과 맞물린 긴장들

2017년 11월 7일

영화감독 켄 번스가 올해 연출한 10부작 다큐멘터리 〈베트남 전쟁〉은 흠이 있긴 하지만 흡인력 있는 작품이다. 이 다큐멘터리를 본 사람들이라면 워싱턴 정치가 [수천 킬로미터 밖인] 동남아시아의 전황과 맞물려 돌아가는 것에 놀라움을 금치 못했을 것이다. 당시의 워터게이트 사건은 그런 상호작용이 최고조에 이른 것으로, 그 시작은 전쟁에 반대하는 정적을 도청하려는 것이었고 결국 그 때문에 리처드 닉슨은 대통령직에서 사임하게 된다.

이와 유사하지만 훨씬 격렬한 상호작용이 도널드 트럼프의 동아시아 순방을 둘러싸고 벌어지고 있다. 2017년 10월 30일 특별검사 로버트 뮬러는 트럼프 대선 선거대책본부장이었던 폴 매너포트를 비롯해 선대본 주요 인사들을 기소했다. 이는 트럼프판 워터게이트가 될 수도 있는 사건이다.

이번 기소로 트럼프가 영화 〈좋은 친구들〉에나 나올 법한 마피아 세상에 산다는 것도 드러났다. 〈파이낸셜 타임스〉는 이렇게 썼다. "이번 주에 트럼프는, 폴 매너포트가 선거대책본부장에 취임하기 전까지는 그를 거의 몰랐다고 말했다. 그러나 두 사람은 1979년에 로이 콘의 소개로 처음 만났다. 트럼프의 '멘토' 로이 콘은 뉴욕의 전설적 변호사로, [감비노 패밀리의 두목] 존 고티, [제노베제 패밀리의 두목] '뚱보 토니' 앤서니 살레르노 등 뉴욕 최대 마피아 조직의 두목들을 변호한 자다. 트럼프는 자신의 건물 여러 채를 살레르노의 건설사 S&A콘크리트에게 짓게 했다. 트럼프는 매너포트가 1980년에 설립한 로비 회사의 첫 고객이었다." 화룡점정으로, 콘은 상원 의원 조 매카시가 반공주의 마녀사냥을 벌이던 1950년대에 매카시의 비서실장이었고, 바로 이 마녀사냥 덕에 [서두에 언급한] 닉슨이 정계에서 성장할 수 있었다.

현재 트럼프는 미국 정계의 압박을 피하려고 동북아 순방 중이다. 동북아 지역은 세계 최대 경제 대국들 가운데 세 나라(중국, 일본, 남한)가 있는 곳이자, 트럼프와 북한 정권 사이의 갈등으로 최근 몇 달간 긴장이 고조되고 있는 지역이다. 김정은 정권은 미국 본토를 타격할 수 있는 핵무기 개발을 계속하고 있다. 북한이 재래식 미사일과 포탄으로 서울을 인질로 삼은 지도 오래됐다.

2017년 9월 말, 트럼프 정부의 국무부 장관 렉스 틸러슨이 김정은과 대화를 도모하고 있다고 말했을 때 그는 그저 북한과의 전쟁은 선택지가 아니라는 미국 정계의 통념을 되풀이한 것이다. 트럼프는 틸러슨의 발언 직후 트위터에서 틸러슨에게 핀잔을 줬다. "[틸러슨은] 꼬마 '로켓맨'과 협상하려고 하는데 이것은 시간 낭비다." 트럼프의 이런 발언을 보면 그가 남한에서 환영받는 손님이기는 어렵다. 그러나 일본 총리 아베 신조는 동북아 지역에 대한 자신의 야심 때문에, 북한에 대한 "전략적 인내의 시대"는 끝났다는 트럼프의 선언을 공개적으로 지지해 왔다.

트럼프는 중국도 방문한다. 1972년에 닉슨이 방문해 중화인민공화국을 건국한 마오쩌둥과 저우언라이를 만난 것은 유명한 일이다. 이때 닉슨은 베트남 전쟁을 끝내는 데에 중국의 도움을 얻고자 했고, 냉전에서 중국이 소련을 견제하는 구실을 하기를 바랐다.

그러나 닉슨의 방중으로 중국공산당 지도부도 득을 봤다. 문화혁명으로 공산당이 내적 혼란을 겪으면서 중국은 철저히 고립됐었다. 어떤 중국 역사가에 따르면 1969년의 중·소 국경분쟁은 핵전쟁을 목전에 둔 일촉즉발의 상황까지 갔고 닉슨이 소련에 경고해 물러서게 했다.

반면 트럼프가 방중하는 지금은 상황이 다르다. 최근 중국공산당은 당대회에서 시진핑을 [마오쩌둥, 덩샤오핑과 같은 반열의] "핵심" 지도자로 추대하고 "시진핑 사상"을 당헌에 포함시켰다. 시진핑은 트럼프에게서 득을 볼 것이 없다. 사실 트럼프는 이미 임기 초에 시진핑에게 값진 선물을 준 셈인데, 바로 환태평양경제동반자협정TPP을 탈퇴한 것이다. TPP는 전 대통령 버락 오바마가 중국을 고립시키고 그 발을 묶으려 공들이던 것이었다.

트럼프가 트위터에서 거친 말을 쏟아 내고 보호무역주의적 수사를 남발한 것 때문에, 마치 중국이 현대 신자유주의 세계화의 믿음직한 수호자인 양 행세할 수 있게 됐다. 미국의 무역정책은 여전히 수수께끼인 데 반해, 중국은 '일대일로'라는 대사업을 추진해 유라시아 대부분을 중국 경제와 결속할 교통로를 건설하려 한다.

미국은 여전히 경제 규모가 세계 최대고, 군사력은 압도적으로 최강이다. 그러나 트럼프의 럭비공 같고 불안정한 지도력 때문에 미국의 경쟁자들은 세계의 지정학적 판세의 눈금을 저마다 유리한 방향으로 기울이려 하고 있다.

지배계급을 혼돈에 빠뜨릴 트럼프의 무역 전쟁

2018년 3월 7일

미 대통령 도널드 트럼프가 당선한 이래로, 그가 보통의 공화당 우파 대통령과 다를 바 없는지 여부를 두고 논쟁이 끊이지 않았다. 물론 트럼프 정부 아래에서 부자들은 잘 지내고 있다. 억만장자 워런 버핏의 기업 버크셔해서웨이는 공화당이 주도하는 의회의 세금 감면 덕에 수익이 290억 달러 더 늘었다.

그런데 2018년 3월 1일 트럼프가 수입 철강에 25퍼센트, 알루미늄에 10퍼센트 관세를 부과하겠다고 발표했다. 트럼프는 이 조처가 중국을 겨냥한 것이라 주장했지만, 이 관세로 캐나다·독일·영국·한국 같은 미국의 우방국들도 타격을 입을 것이다.

트럼프는 이 결정을 옹호하고자 트위터에 자극적 게시물을 올리고 있다. 예를 들면 이렇다. "한 나라(미국)가 사실상 모든 나라와의 무역에서 수십억 달러 적자를 본다면 무역 전쟁은 좋은 것이고 이기기도 쉽다. 예컨대, 우리가 특정 국가를 상대로 무역 적자가 1000억 달러인데 그 상대국이 까분다면, 거래를 끊어 버리면 된다. [그러면]

우리가 대승을 거둔다. 식은 죽 먹기다!"

이에 대해 중국은 절제된 대응을 보인 반면, 유럽연합은 보복관세 조처로 대응하겠다고 나서고 있다. 유럽연합 집행위원장 장클로드 융커는 유럽연합이 할리데이비슨 오토바이, 버번위스키, 청바지 등을 표적 삼을 수 있다고 추정했다. 〈파이낸셜 타임스〉는 유럽연합 내 소식통을 인용해 "유럽연합이 단호하고 분명한 대응"을 준비하고 있다고 보도했다. 트럼프는 유럽산 자동차에 관세를 물리겠다는 협박으로 맞섰다.

가장 최근에 진짜 무역 전쟁이 벌어진 때는 1930년대로, 미 의회가 스무트-홀리법을 통과시켜 관세를 40.1퍼센트에서 59.1퍼센트로 올리면서 벌어졌다. 이 조처는 당시 세계시장을 파탄 낸 여러 조처들 중 하나일 뿐이었다. 예컨대 영국은 금본위제 폐지, 파운드화 가치 절하, 대영제국 내 특혜관세 등 일련의 조처를 취했는데, 이는 대영제국을 폐쇄적 경제블록으로 재편하고자 한 것이었다.

자유주의 경제학의 거장 메이너드 케인스는 이에 그리 발끈하지 않았다. "사상, 지식, 과학, 포용력, 여행, 이런 것들은 본질적으로 국제적인 것이다. 그러나 큰 어려움이 있는 것이 아니라면 언제든, 상품은 내수를 장려해야 하고, 무엇보다 금융은 주되게 일국적이어야 한다."

그러나 사태의 본질을 더 정확히 이해한 것은 파시스트 정권의 감옥에 갇혀 있던 이탈리아 마르크스주의자 안토니오 그람시였다. "모든 주요 국가에서 정치적 헤게모니를 경제적 기반으로 뒷받침하려는 경향이 생길 수 있다. … 이 때문에 세계시장은 더는 개별 국내시장들의 합이 아니라 국제적(국가 간) 시장들[블록경제]의 합이 될 것이다."

다시 말해 1930년대의 무역 전쟁은, 저마다 식민지와 위성국을 거느리고 서로 경쟁하는 거대 제국주의 블록들로 이뤄진 세계경제를 강화했다. 그 제국주의 블록들은 영국·프랑스·미국·독일·일본이었고, 알다시피 이들 간의 무역 전쟁은 결국 이들 간의 진짜 세계대전으로 발전했다.

그러나 트럼프가 기꺼이 치르려는 듯 보이는 이번 무역 전쟁은 1930년대와는 다른 상황에서 벌어진다. 케인스가 뭐라고 생각했든지 간에 오늘날 생산과 금융은 철저히 국제적이다. 세계경제를 주무르는 거대한 다국적기업들은 국경을 가로질러 형성된 생산망에 의존한다. 이는 유럽연합 탈퇴로 영국 자본주의가 곤경에 빠질 수 있는 이유 중 하나다. 그런 생산망의 일부는 특정 지역에 집중돼 있다. 예컨대 북아메리카 대륙에서는 미국을 중심으로, 중동부 유럽에서는 독일을 중심으로 하는 식이다. 그러나 (대표적으로 미국과 중국 같은) 가장 규모가 큰 경제권의 무역과 투자는 대륙의 경계를 뛰어넘는다.

그러므로 [트럼프의] 무역 전쟁은 미국 대자본의 이해관계에 전혀 맞지 않는다. 트럼프의 백악관에서는 골드만삭스의 전 사장 게리 콘이 대자본을 대변한다. 마이클 울프는 트럼프 정부를 폭로한 책《화염과 분노》에서 게리 콘을 "지난 대선에서 힐러리 클린턴에게 투표한 민주당원이자 세계주의자이자 월가 사람"으로 묘사했다.

이번 트럼프의 관세안은 게리 콘이 백악관 국가무역위원장 피터 나바로에게 패한 것으로 흔히 여겨진다. 나바로는 2017년 3월 이렇게 말했다. "트럼프 행정부의 주요 목표 하나는, 미국에 남을 수 있었던 생산망과 제조업 역량을 모조리 되찾는 것이다." 그러나 생산망은 그 안에 있는 기업들의 수익이 보장돼야만 살아남는다. 미국도 마찬가지다.

"나는 혼돈이 좋다. 혼돈은 정말로 좋은 것이다." 트럼프가 2018년 3월 3일 밤 기자들에게 한 말이다. 바로 그 혼돈이 트럼프를 덮칠 듯하다.

트럼프에게 한반도는 더 큰 장기판의 일부일 뿐

2018년 4월 29일

도널드 트럼프는 지금 "중국에 간 닉슨"과* 비슷한 일을 하려는 걸까? 상황을 보면 그와 김정은의 정상회담으로 북·미가 재앙적 전쟁으로 치닫는 대신 실제로 외교적 성과를 볼 수도 있을 듯하다. 이는 미국 안보 전문가들의 통념을 뒤집는 일이다. 그들은 트럼프가 북핵 폐기를 정상회담의 전제 조건으로 고집하지 않은 것이 실수라고 입을 모은다.

그런 반응을 보면, 미국이 한반도에서 "완전하고 검증 가능하며 불가역적인 비핵화CVID"를 요구하는 게 위선이라는 것도 알 수 있다. '한반도 비핵화'는 북한이 핵무기를 포기한다는 것이지, 미국도 포기한다는 게 아니다. 냉전 기간 거의 내내 주한 미군은 핵무기를 보유

---

* 중국에 간 닉슨 1972년 미국 대통령 리처드 닉슨은 이전까지 적대 관계였던 중국을 방문해 당시 주석 마오쩌둥과 정상회담을 하고 양국 관계를 개선했다. 외교 관계에서 180도 전환을 가리킨다.

했었다. 오늘날까지도 미군 2만 8000여 명이 남한에 주둔해 있고, 미국은 인근 바다와 상공에서 광범한 핵 역량으로 그들을 지원한다.

스티븐슨공과대학교의 [핵무기 역사가] 앨릭스 웰러스틴은 〈업저버〉에 다음과 같이 말했다. "사람들은 흔히 북한더러 '미쳤다'고 말한다. 그러나 북한이 할 수 있는 '가장 미친 짓'은 핵무기로 자신을 위협하는 적국을 앞에 두고 핵 억지력을 포기하는 것이다."

이런 분석은 기업 간, 국가 간 경쟁을 동력으로 삼는 자본주의 체제의 일그러진 합리성에도 적용될 수 있다. 동시에, 북한이 잔혹한 스탈린주의 독재 정권이라 할지라도 그들의 목적이 생존이라는 것도 보여 준다. 그래서 김정은은 1990년대에 거의 몰락한 북한 경제를 살리려고 민간 교역 활성화를 허용하며 경제성장을 도모했다.

북한 전문가 안드레이 란코프는 김정은의 악명 높고 무자비한 행동이 당과 군부의 고위 인사를 겨냥해 왔다고 〈파이낸셜 타임스〉에 말했다. 김정은은 "오직 군부 인사들만 죽였다. … 경제 관리자는 단 한 명도 건드리지 않았다. 당신이 은행 경영자라면 안전하다. 6년 동안 김정은은 국방부 장관(인민무력부장)을 7명이나 거느렸는데, 이는 그의 아버지와 할아버지가 60년 동안 거느린 국방부 장관 수와 같다."

그러나 김정은 자신의 잣대로 보더라도 경제성장은 부족하고, 그가 조바심을 내고 있다는 것은 명백하다. 트럼프는 집권한 이래 계속 중국이 나서서 북핵 포기를 압박하라고 요구했다. 냉전 종식 이후 중국은 소련을 대체해 북한 정권의 후견인 구실을 해 왔다. 2015년 중국은 북한 수입의 85퍼센트, 수출의 83퍼센트를 차지했다.

트럼프의 이런 요구가 성과를 거두는 듯하다. 무역 수치를 보면,

2017년 말까지 중국은 북한에 수출하던 석유·석탄·철강·차량 등 필수재 반입을 거의 차단했다. 동시에 북한의 대중국 무역수지 적자는 갑절로 커졌고 북한은 핵심 물품을 수입하려고 외환 보유고를 써야 했다. 전문가들은 2018년 말이면 외환 보유고가 바닥날 수 있다고 전망한다.

이런 상황 때문에 김정은은 먼저 베이징행 방탄 열차를 타고 가서 후견인 시진핑의 의견을 청취한 뒤, 남한 대통령 문재인과 만나고 이후 트럼프를 만나기로 했다. [북한과 미국] 양쪽 모두 이번 만남에 진지하다는 점은 CIA 국장이었다가 국무부 장관이 된 마이크 폼페이오가 북한을 방문해 김정은을 만났다는 사실이 드러나면서 확인됐다.

이제 북한 지도자는 자신이 무엇을 양보할지 말하고 있다. 김정은은 주한 미군 철수라는 북한의 오랜 요구를 포기한 듯 보인다. 왜 미군이 한국전쟁이 끝난 지 65년이 지나도록 여태 남아 있는 것인지 설명하기는커녕 아무도 묻지도 않는 실정이지만 말이다.

김정은은 정전협정을 평화협정으로 바꿔 한국전쟁을 끝내자고 한다. 2018년 4월 21일에는 핵실험이나 미사일 시험 발사를 중단하겠다고 선언했다. 의심 많은 이들은 북한이 더는 실험이 필요 없을 정도로 핵·미사일 역량을 완성했기 때문일 수 있다고 재빨리 지적하고 나섰다.

그렇지만 북·미 대화가 진척되더라도 미국과 중국 사이의 패권 다툼을 끝내지는 못할 것이다. 트럼프에게 남한과 북한은 이 훨씬 큰 장기판의 졸이다.

중국의 부상을 저지하려 애쓰는 미국

2018년 11월 20일

미국 대통령 도널드 트럼프는 2018년 유럽 순방 때도 가는 곳마다 시비를 걸었다. 그러나 정말 중요한 문제는 미·중 관계다. 2018년 3월에 시작된 미·중 무역 전쟁에서 트럼프는 중국의 대미 수출품 약 절반에 관세 폭탄을 부과했고, 중국도 마찬가지 수법으로 대응했다.

최근 트럼프는 몇몇 긍정적 신호를 내비쳤다. 트럼프는 2018년 10월 29일 트위터를 통해, 중국 국가주석 시진핑과 "무역 문제에 역점을 둔 … 매우 유익한 대화"를 나눴다고 밝혔다. 트럼프는 11월 말 개최될 G20 정상회담 때 [중국과] 타협할 수 있다는 기대를 부추겼다. 어쨌든 7월에도 유럽연합과의 무역 전쟁에서 물러섰으니 말이다.

분명 트럼프 정부 내 일부 인사들은 이런 전망을 달가워하지 않는다. 2018년 11월 9일 백악관 국가무역위원장 피터 나바로는 [월가의] "세계주의자 억만장자"들을 향해 경악스런 공격을 퍼부었다. 나바로는 중국이 트럼프로 하여금 관세 부과 정책을 철회하게 하려고

"영향 공작"을 벌이고 있는데, 이들이 그것을 수행하는 "미등록 외국 요원"들이라고 비난했다. "세계주의자"는 극우가 유대인 배척의 의미를 심어 쓰는, "유대인"을 뜻하는 암호명이 됐다.

2018년 9월에 중국 정부가 미국 주요 은행의 최고경영자들을 초대해 국가부주석 왕치산과 면담케 한 것은 사실이다. 그러나 그들의 중국 방문은 "유대인 금융가"들의 음모와 아무 관계가 없다. 미국 은행과 기업은 자유 시장 세계경제 아래에서 수익성은 높고 임금은 낮은 지역으로 자본을 자유롭게 이동할 수 있었던 덕에 큰 이득을 봐왔다.

그렇다고 해서 미·중 무역 갈등이 그저 트럼프가 개인적으로 별종이라 벌어진 일은 아니다. 중국공산당은 1978년부터 중국을 세계 시장에 편입시키기 시작했는데, 중국이 기업들에게 그저 흔한 저임금 투자처에 불과했던 적은 없다.

중국공산당은 은행과 거대 제조업 기업을 여전히 국가 통제 아래 둬 왔다. 이제 중국은 경제 규모가 세계 2위이며 세계 최대 제조업 국가이자 수출국이다. 시진핑 정부의 핵심 정책 하나는 '중국제조 2025'다. 이 정책은 첨단 기술을 더욱더 발전시켜서 중국 경제의 수준을 한 단계 높이려는 정책이다.

중국 기업에 자기 나라 시장을 잠식당할까 봐 우려하는 서방 기업과 정부는 이 정책에 두려움을 느낀다. 중국이 가치 있는 지식재산을 노리고 서방 기업들을 인수하는 것 아니냐는 의심도 널리 퍼져 있다. 2018년 7월에 미국과 유럽연합은 무역 전쟁을 휴전하기로 하면서 중국이 서방의 기술을 훔쳐가는 것 아니냐는 의심을 — 대놓고 그렇게 표현한 것은 아니지만 — 공동 조사하기로 했다. 이는 단순히 경제적 경쟁 문제가 아니다. 중국의 부상은 지금까지 미국 자본주의의 세계적 헤게모니에 제기된 가장 심각한 위협이다.

미국은 군사적 용도로 전환될 수 있는 인공지능 연구에 인민해방군과 연계가 있는 기업들이 접근하려 하는 것을 두려워한다. 미국과 유럽 국가들 모두(영국도 마찬가지다) 자국 안보에 영향을 줄지도 모를 [분야에 대한] 중국의 투자를 단속하기 시작했다.

중국도 긴장감을 느끼고 있다. 시진핑은 마오쩌둥의 오랜 구호였던 "자력갱생"을 부활시켰다. 중국 국방부장 웨이펑허는 인민해방군이 주최한 국제회의에서 대만이 "중국의 핵심 이익"이라며 이렇게 경고했다. "대만을 중국에서 떼어 내려는 자가 있다면 인민해방군은 어떤 대가를 치르더라도 대응할 것이다." 대만은 과거에는 중국의 일부였으나, 지금은 미국의 지원 덕에 [사실상] 독립한 상태다.

미국은 태평양에서 2년마다 벌이는 대규모 다국적 해군 훈련인 환태평양군사훈련에 [전과 달리] 중국을 참가시키지 않았다. 그리고 미국은 인민해방군 일부가 러시아산 S-400 미사일방어체계를 구입했다는 이유로 제재 조처를 가했다.

그런데 이런 조처에 관해서는 미국 지배자들 사이에 이견이 없다. 미국 지배자들은 태평양과 유럽을 모두 관장할 권리가 미국에 있다고 생각한다. 미국 기업가들 사이에 트럼프의 관세 부과에 대한 반대가 많지만, 그들은 중국에게 누가 최고인지를 보여 주기 위한 조처는 괜찮다고 본다.

5장

중동의 전쟁과 혁명

튀니지: 혁명의 패턴

2011년 1월 28일

[2010~2011년] 튀니지 혁명 덕분에 그동안 아랍 세계에서 상식으로 통하던 것들이 급격히 깨져 버렸다. 엄청난 경제적 불평등, 미국 제국주의의 지배에 대한 혐오와 간간이 일어나는 암살에도 불구하고 그동안 이 지역은 믿기지 않을 정도로 정치적 분출이 저조했다.

아랍 국가 중에 가장 중요한 두 나라는 80대의 지배자가 통치한다. 사우디아라비아 왕은 사우디아라비아왕국을 건국한 이븐사우드의 자식 중에 현재 가장 나이가 많은 아들인 압둘라다. 30년 동안 집권한 이집트 대통령 호스니 무바라크는 자신의 아들 가말이 대통령직을 승계하도록 훈련하고 있다.

중동에서는 정치적 토론 때마다 '아랍의 여론'이라는 말이 등장한다. 그러나 대개는 야만적 억압이 그 여론을 잠재웠다. 그런데 튀니지에서 이제 그 여론이 단호하게 울려 퍼졌다.

대통령이었던 진 엘아비딘 벤 알리는 전형적인 혁명적 과정을 거쳐 쫓겨났다. 벤 알리의 몹시 부패한 정부는 회유와 공포를 적절히 이용해 지배했다.

벤 알리의 몰락은 수출 시장을 위축시키고 식료품 가격을 앙등시킨 세계경제 위기 때문이었다. 세계은행은 튀니지가 "빈곤을 저지하고 사회지표를 개선해 공평한 성장이라는 괄목할 만한 진보를 이뤘다"고 칭찬했지만 이 나라의 공식 실업률은 지난 10년간 14퍼센트나 됐다. 청년 실업률 추계는 그보다 훨씬 더 높아서 전국적으로 약 40퍼센트에 이르는데 인구의 42퍼센트가 25세 이하인 튀니지에서는 잠재적 폭발력이 있는 사안이다.

이런 경제적 불만은 무엇 때문에 정치적 위기로 발전했을까? 흔히 그러듯이 대수롭지 않아 보이는 사건이 위기를 촉발했다. 대졸 실업자인 무함마드 부아지지는 청과물을 팔던 좌판이 압수되자 그 항의로 분신자살했다. 경제적 불만과 나란히 정부의 야만성과 부패에 대한 분노가 급등했다. 대중시위가 확산됐다.

초기에 정부는 탄압으로 대처했다. 효과가 없자 타협을 시도했다. 이마저 실패하자 벤 알리는 2014년에 물러나겠다고 약속했다. 하루도 지나지 않아 그는 사임하고 해외로 도주했다.

정권은 아래로부터의 반란 때문에 분열했다. 그 분기점은 이제껏 지배 기구의 일부였던 튀니지노총UCTT이 돌연 시위에 합류하고, 내무부를 봉쇄하고, 총파업을 호소하면서부터였다.

기존 권력 구조를 보호하려면 벤 알리가 희생되는 수밖에 없었다. 군사령관은 시위대에 발포하라는 명령을 거부했다. 사령관이 해임에 맞서 벤 알리를 쫓아냈다는 소문마저 돌았다.

이제, 다시 한 번 전형적 패턴을 따라 투쟁의 초점은 기존 권력 구조를 살려 둘 것인가 하는 문제로 옮겨 갔다. 시위가 계속될 뿐 아니라 이제 사람들은 벤 알리의 입헌민주연합RCD 소속 장관들마저 벤 알리의 후임인 무함마드 간누시가 이끄는 신임 '거국내각'에서 몰아낼 것을 요구한다.

다시 한 번 튀니지노총은 사태를 이끌고 있다. 2011년 1월 22일 집회와 연이은 총파업을 호소했다. 〈뉴욕 타임스〉에는 다음과 같이 실렸다. "현재 노총은 과도정부의 해산을 여전히 요구하는 가장 큰 정치 세력이다. 내각에는 소규모 합법적 야당이 있을 뿐이고 불법화된 이슬람주의 운동은 이제 막 기지개를 켜고 있다."

튀니지 혁명을 어떻게 이해해야 할까? 한 가지는 분명하다. 이 혁명은 미국의 네오콘이 부추긴 친서방 '색깔' 혁명이 아니라는 것이다. 벤 알리의 정부는 신자유주의의 아이콘이었다. 페이스북 '수치스러운 행진'에는 프랑스 대통령 니콜라 사르코지, 미국의 전 국방부 장관 도널드 럼즈펠드나 유엔 사무총장 반기문 같은 높으신 양반들이 벤 알리를 칭찬한 문구들로 가득하다.

튀니지 혁명은 서구의 아랍 지배에 일격을 가했다. 많은 정부들은 혁명이 확산될지도 모른다는 두려움에 사로잡혔다. 예멘에서는 며칠 전 학생들이 미국의 동맹세력인 대통령 알리 압둘라 살레에 반대하는 시위에서 다음과 같이 구호를 외쳤다. "제발, 알리는 친구 벤 알리를 따라 꺼져 다오!"

엑서터대학교의 라비 사디키는 다음과 같이 썼다. "서구의 안보 전문가들에게 필요한 것은 어쩌면 《자본론》을 읽고 카를 마르크스에 심취해 보면서 현실 감각을 회복하는 것일지도 모른다. 마그레브 지역의 튀니지와 알제리에서 아랍 동부의 요르단과 이집트까지, 자긍심에 상처를 입히고 공동체를 무너뜨리고 결혼 같은 기존의 관례

마저 흔드는 실제 위협은 사회·경제적 소외에 대한 두려움이다."

튀니지에서 당장 기로에 서 있는 것은 정치혁명이다. 여전히 거리를 메우는 시위대는 벤 알리를 몰아내는 것에 그치지 않고 그가 대표하던 정치체제 전체를 거부하는 변화를 요구한다.

1830년과 1848년의 프랑스에서부터 동유럽과 중부유럽의 스탈린주의 체제가 전복된 1989년의 혁명들에 이르기까지, 현대 자본주의에서는 정치혁명이 빈번히 일어났다. 이런 정치혁명으로 경제·사회체제, 즉 마르크스가 말하는 생산양식은 거의 손상되지 않았다. 정치혁명은 사회혁명과 달리 기존 체제를 정치적으로 재편할 뿐이다. [영국의 마르크스주의자] 크리스 하먼은 1989년 혁명을 한 형태의 자본주의에서 다른 형태의 자본주의로 옮겨 간 "게걸음"으로 묘사했다.

그러나 튀니지인들이 정치체제의 변화에 충분히 만족할까?

튀니지는 인구가 약 1050만 명에 지나지 않는 소국이지만 상당히 도시화돼 있고 노동력 대부분이 공업과 서비스업에 종사한다. 세계경제 위기로 악화된 물질적 곤궁이 혁명 동력의 일부였다. 신정부와 민주주의 체제로는 이것이 전혀 해소되지 못할 것이다. 오늘날 튀니지의 경제와 정치는 서로 연결돼 있다.

레온 트로츠키는 1905년 러시아 혁명을 겪고 나서 차르 니콜라이 2세에 반대하는 정치 반란이 어떻게 고용주들에 반대하는 경제투쟁으로 "성장·전화"하는 경향이 있었는지를 설명했다. 이것은 산업 노동계급이 러시아를 민주화하는 투쟁의 선두에 섰다는 사실을 반영했다. 정치적 민주주의 투쟁은 자본에 반대하는 경제투쟁과 결합돼 사회주의 혁명으로 나아갔다. 트로츠키는 이 동학을 '연속혁명'이라 불렀다. 러시아에서 그 혁명의 종착점은 1917년 10월 소비에트, 즉 노동자 평의회가 권력을 장악하는 것이었다.

튀니지가 연속혁명의 과정에 들어설지를 당장 판단한다면 속단이 될 것이다. 가장 중요한 사실은 노총이 핵심적 구실을 하고 있다는 것이다.

물론, 벤 알리와 협력해 온 노동조합 지도자들은 그 어떤 혁명도 바라지 않는다. 그러나 구정권을 철저하게 몰아내는 과정에서 그들의 통제를 벗어나는 아래로부터의 힘이 등장할 수 있다. 벤 알리의 민병대들이 혼란을 일으키고자 했을 때 사람들은 스스로 방어하기 위해 지역 방어위원회를 꾸려 조직하고 서로 연계를 맺었다.

국가에서 구악을 걷어 내려는 시도가 혁명적 방향으로 옮겨 갈 수 있다.

지난 50년 동안 서유럽에서 일어난 가장 큰 혁명적 격변은 1974년 4월 포르투갈에서 좌파 군사 쿠데타로 시작됐다. 억압에서 해방된 대중이 가장 먼저 공격한 것은 구정부의 혐오스러운 포르투갈 보안경찰PIDE이었다. 노동자들은 새로이 얻은 파업권을 활용했고 병사들이 거리 시위에 합류했다.

튀니지에서는 경찰은 반란을 진압하려는 일선에 섰지만 군대는 나서지 않았다. 그런데 2011년 1월 22일, 2000명이 넘는 경찰관이 소방관과 방위군 일부와 함께 붉은 완장을 차고 시위에 합류했다. 알자지라는 다음과 같이 보도했다. "이들은 이제 사람들과 함께 서고 싶다고 말한다. 혁명의 일부가 되고자 한다."

국가의 억압 기구들의 내부 분열이 커질수록 진정한 혁명적 변화의 가능성은 더욱 커진다. 그러나 이 가능성의 실현 또한 사태의 전개를 이해하는 대중적 정치조직의 등장에 달려 있다.

어느 국외자도 이런 가능성을 가늠할 수 없다. 서구의 평론가들은 불법화된 이슬람주의 정당이 주도권을 쥐게 되는 것은 아닌지에만 관심을 쏟는다. 반드시 그러리란 법은 없다. 튀니지에는 오랜 독재에 시달리면서도 살아남은 세속 좌파 전통이 있다.

튀니지에서 혁명적 과정이 시작됐다는 것은 명백하다. 이것이 튀니지인들이나 아랍의 나머지 나라들 그리고 세계에 끼칠 의미는 투쟁의 과정에서 확연해질 것이다.

좌파가 서방의 리비아 개입을 지지해야 할까?

2011년 4월 1일

[2011년 3월] 서방이 리비아에 개입한 것을 두고 진정한 좌파 내에서도 얼마간 분열이 일어났다. 놀라운 일이 아니다. 아랍 세계만 살펴봐도, 무아마르 알 카다피를 혐오하는 광범한 여론에 혁명에 대한 지지가 더해지면서 카다피 군대에 대한 서방의 무력행사에 반대하기가 무척 어렵게 됐다.

누구보다 세련되게 서방 개입 옹호 주장을 펴는 이는 내 오랜 친구인 질베르 아슈카르다.* 아슈카르는 서방 제국주의에 한결같이 반대해 왔지만, 이번에는 반제국주의자들이 불가피하게 타협해야 할 때라고 주장한다.

혁명가들이 때때로 제국주의 열강의 도움을 받을 준비가 돼 있

---

* 질베르 아슈카르 레바논계 프랑스 지식인으로 작가이자 사회주의자이며 반전 운동가. 국내에 번역된 책으로《촘스키와 아슈카르, 중동을 이야기하다》(사계절, 2009)가 있다.

었다는 아슈카르의 주장은 옳다. 1917년 10월 러시아 혁명 직후, 독일 군대의 침략으로 갓 출범한 소비에트 공화국의 존립이 위태로워지자 영국과 프랑스가 [독일을 견제하려고] 도움을 주겠다고 제안했다. 이때 레닌은 볼셰비키 중앙위원회에 이렇게 자신의 뜻을 전했다. "영국과 프랑스 두 제국주의 강도한테서 감자와 무기를 받는 데 찬성하는 쪽에 내 한 표를 더해 주시오."

카다피가 어떤 점에서는 '진보적'이고 [리비아 동북부 도시] 벵가지의 혁명 지도부가 알카에다를 지지한다는 좌파 일부의 주장을 아슈카르가 받아들이지 않는 것 또한 옳다. 질베르는 이렇게 되묻는다. "좌파에 속한다는 사람들이 민중운동의 보호 요청을, 그것이 비록 제국주의적 강도-경찰의 도움을 받는 것이라 하더라도 간단히 무시할 수 있단 말인가? 더구나, 민중운동이 요청한 방식의 보호로는 제국주의자들이 그 나라를 마음대로 주무르지 못할 것인데도 말이다."

이 대목에서 나는 역겨움을 느끼기 시작했다. 특히 아슈카르가 미국, 프랑스, 영국 정부가 벵가지에서 벌어질 대학살을 막아야 한다는 여론의 압력에 떠밀려 개입했다고 덧붙였을 때 그 역겨움은 더했다.

이 말을 프랑스의 우파 '철학자'인 베르나르 앙리레비의 다음과 같은 말과 비교해 보라. 그는 2011년 3월 27일 자 〈업저버〉에서 자신이 니콜라 사르코지 대통령을 설득해 서방 개입을 요구하게 했노라고 자랑했다. "이번 사태에서 중요한 것은 드부아 댕제랑스(인권을 심하게 침해한 경우 주권을 침해할 수 있는 권리)가 인정됐다는 점이다." 프랑스에서 'BHL'로 불리는 앙리레비가 중요하게 여기는 것은 개입의 정치학이다. 그는 이번 개입이야말로 이라크 재앙 이후 힘을 잃은 사상, 즉 전 영국 총리 토니 블레어가 옹호한 사상에 대한 지지를 다시금 다질 기회라고 본다. 다시 말해 서방 열강은 자신의 규칙들을 침해한다고 여겨지는 나라들을 공격할 권리가 있다는 사상 말이다.

그러나 최소한 미국 정부의 경우, 이것이 리비아에 개입하는 가장 중요한 이유는 아니다. 아슈카르는 카다피가 서방 기업의 리비아 석유 개발을 더는 허용하지 않았을 것[이고 그래서 서방이 개입한 것]이라는 주장을 논박한다. 나는 석유가 개입의 주된 이유가 아니라는 점에 동의한다. 미국이 아랍 혁명 물결 앞에 부랴부랴 뛰어든 이유는 혁명이 중동에서 자신의 지배 체제를 무너뜨릴 수 있기 때문이다.

〈파이낸셜 타임스〉에 실린 한 백악관 보좌관의 인터뷰가 이런 점을 확인해 준다. "리비아는 우리가 중동에서 가장 관심을 적게 두는 곳입니다." 그는 미국 제5함대의 주둔지이자 석유가 풍부한 양대 국가 사우디아라비아와 이란 사이의 줄다리기에 휘말려 위태로운 한 섬나라 왕국을 가리키며 이렇게 덧붙였다. "우리가 가장 커다란 관심을 두는 곳은 바레인입니다." 사우디아라비아 군대가 조직한 바레인에서의 탄압은 사우디아라비아와 걸프 지역의 다른 독재국가 지배자들이 혁명의 파고를 되돌리려 한다는 점을 잘 보여 준다. 오바마 정부는 바레인과 예멘에서 벌어진 탄압을 강력히 비판했다. 오바마 정부는 이 혁명들을 이용해 아랍 사회들을 더 안정된 신자유주의 노선에 따라 개혁하려 한다. 미국은 카다피와 대결하는 모양을 취하면서 아랍의 혁명들과 관계를 맺고, 이 혁명들의 정치에 영향을 미치려 한다.

앙리레비는 자신이 벵가지의 혁명가들 모임에서 연설하면서 그들이 서방 지도자들에게 지원을 요청하도록 설득했다고 주장한다. 이것은 허풍이다. 그러나 이것은 서방이 혁명을 자신의 영향 아래 두려고 엄청난 노력을 기울이고 있음을 보여 주는 사례다.

아슈카르와 앙리레비가 모두 내세운 마지막 주장이 남았다. 바로 서방 개입이 벵가지에서 벌어질 대학살을 막았다는 것이다. 슬픈 사실은 대학살이 자본주의의 만성적 특징이라는 점이다. 애석하게도, 혁명적 좌파는 그런 학살을 막기에는 아직 역부족이다. 우리가 더 강해지기 전까지는, 적어도 무엇이 중요한지에 관해 정치적으로 명확한 입장을 내놓을 수 있어야 할 것이다.

전 세계 권력자들의 분열을 드러낸 리비아 개입

2011년 4월 7일

서방 정부들의 리비아 개입은 세계 강대국들의 관계가 얼마나 유동적인지 잘 보여 줬다. 그들은 처음부터 이 문제를 둘러싸고 분열했다.

유엔 안보리에서 리비아에 관한 투표가 진행됐을 때 〈파이낸셜 타임스〉의 네오콘 칼럼니스트인 크리스토퍼 콜드웰은 "세계 인구 가운데 30억 명을 대표하며 미래 세계경제의 중핵인 다섯 나라, 즉 브라질·중국·독일·인도·러시아가 기권했다"고 지적했는데, 이것은 큰 과장은 아니었다.

독일 정부가 리비아 개입에 반대하면서 유럽연합은 또 한 번 국제적 위기에 직면해 내부 분열로 마비됐다. 또 다른 〈파이낸셜 타임스〉 칼럼니스트인 필립 스티븐스는 이렇게 말했다. "독일마셜펀드가 주최한 연례 브뤼셀 포럼에 참가한 정치인들과 정책 결정자들은 아랍 세계에 또 한 번 군사개입을 하는 것이 과연 현명한지에 관해 독일 정부가 의문을 제기할 수 있지만 … 유엔에서 러시아·중국 정부와 한편에 선 것은 황당하다고 논평했다."

한편, 프랑스와 영국은 지중해를 건너 진행 중인 서방 군사 공격을 주도하고 있고, 미국 정부는 상대적으로 조심스런 구실을 하고 있다. 비록 미국 국방부가 대부분의 군사 임무를 떠맡고 있지만 말이다.

2011년 3월 28일 연설에서 버락 오바마는 리비아 개입이 미국 정부의 세계 정책에서 어떤 위치를 차지하는지를 명확히 규정하려 했다. 이날 연설에서 가장 중요한 말은 바로 이것이었을 것이다. "우리 안전이 직접적으로 위협받지 않지만, 우리의 이익과 가치가 위협받는 경우가 있을 것입니다. … 그런 경우에 우리는 행동하기를 주저해서는 안 됩니다. 그러나 행동의 부담을 미국 혼자 져서는 안 됩니다."

전임 부시 정권과 연관된 네오콘들은 오바마 연설을 칭찬했다. 윌리엄 크리스톨은 이렇게 말했다. "오바마 대통령은 변명하지 않았고, 자유를 중요한 정책 의제로 수용했으며, 군사력 사용 가능성과 미국식 가치와 이익을 주저 없이 옹호했다."

물론, "신속하고 단호하고 일방적으로 우리 군사력을 사용할 권리"를 천명하면서도 오바마가 최대한 다른 나라와 함께 다자주의적으로 행동해야 한다고 말한 것은 크리스톨의 구미에 딱 맞지는 않았을 것이다. 이런 관점에서 보면, 리비아 개입은 대단히 중요한 사건이다. 지금 미국 정부는 리비아 공중폭격 작전에서 한발 빼려 한다. 그러면 영국과 프랑스가 전면에 나서게 될 것이다.

이런 입장은 미국 국방부 장관 로버트 게이츠가 최근 한 발언과 일치한다. "차기 국방부 장관이 누가 되든 아시아나 중동, 아프리카에 또 한 번 대규모 지상군을 파병하자고 대통령에게 조언한다면 그는 정신 상태를 감정받아야 할 것이다."

오바마는 미국의 군사력을 아껴 쓰려 한다. 〈워싱턴 포스트〉 보도를 보면, 오바마는 아프가니스탄 주둔군 사령관인 데이비드 퍼트레이어스와 한판 붙을 작정이다. 오바마는 애당초 계획대로 2011년 7월부터 아프가니스탄에서 "상당 수준의 철군"을 시작하고 싶어 하기 때문이다.

그러나 오바마가 미국 제국의 영향력을 축소하려는 것으로 오해하지 말아야 한다. [미국 정부 처지에서] 리비아 공습의 한 가지 이점은 미국이 아랍 혁명을 지지하는 것으로 보이게 만든다는 것이다. 이 덕분에 오바마는 바레인의 혁명운동을 파괴하러 개입한 사우디아라비아와 다른 걸프 지역 지배자들과 구별돼 보인다.

역사가 이매뉴얼 월러스틴은 사우디아라비아가 미국을 리비아에 개입하도록 끌어들였다고 주장했다. "[리비아 개입은] 사우디아라비아가 생각하기에 자신이 벌이고 있는 가장 중요한 일, 즉 아랍 반란 탄압에 세간의 주의가 쏠리는 것을 막기 위한 것이었다. 아랍 반란이 사우디아라비아 자신과 다른 걸프 나라들, 더 나아가 전체 아랍 세계에 영향을 미치고 있었기 때문이다."

사우디아라비아는 주의를 분산시키기를 바랐을지 모른다. 그러나 나는 사우디아라비아가 미국의 리비아 개입을 주도했다고 생각하지 않는다. 만약 그랬다면 사우디아라비아는 최근 런던에서 열린 리비아에 관한 국제회의에 대표단을 파견했을 것이다.

[이집트 독재자] 호스니 무바라크가 [이집트 혁명에] 무릎을 꿇은 날 오바마는 연설 중 아주 흥미로운 말을 했다. "저는 또한 최근 이집트 청년들이 보여 준 독창성과 기업가 정신이 새로운 기회, 즉 이 세대

의 놀라운 가능성이 실현되는 것을 도울 일자리와 사업을 창조하는 데 활용될 수 있다고 믿습니다."

다시 말해, 오바마는 아랍 혁명을 신자유주의 노선에 따라 중동을 변화시킬 기회로 활용하려는 것이다. 그는 좀 더 '민주적'인 길을 따라 미국 제국의 기반을 탄탄하게 다지려 한다. 따라서 네오콘이 오바마를 칭찬한 것은 이유가 있었던 것이다.

역사의 재창조: 2011년 혁명 물결의 이해

2012년 2월 2일

2011년 아랍 혁명은 놀라운 끈기를 보여 줬다. 아랍 혁명으로 일부 독재자들이 쫓겨났고 다른 독재자들은 흔들리고 있다. 아랍 혁명은 진행형이다. 이집트 사회를 민주화하려는 싸움이 계속되고 있다. 시리아 정권의 손에 5000명 이상이 죽었지만 시리아 혁명가들은 놀라운 용기와 투지를 보여 주고 있다.

그런데 이 혁명의 중요성을 어떻게 평가해야 할까? 역사적 비교를 해 보는 것이 흥미로울 것이다.

아랍 혁명과 가장 자주 비교되는 것은 1848년 혁명이다. 1848년 혁명은 프랑스 왕정 타도로 시작됐고 유럽의 구체제를 뒤흔들었다. 이런 비교가 썩 내키는 것은 아니다. 왜냐하면 1848년 혁명 때 구체제는 그럭저럭 버텨 냈고 혁명을 진압할 수 있었기 때문이다.

1848년 독일 혁명의 극좌파 지도자 가운데 한 명이던 프리드리히 엥겔스는 20년 후 망명지인 맨체스터에서 당시를 되돌아봤다. 엥겔스는 망명한 또 다른 혁명 지도자이자 친구이자 동지인 카를 마르크스에게 이렇게 썼다. "혁명과 반혁명의 인과관계가 철저히 망각되는 것이야말로 반동이 승리했을 때 필연적으로 뒤따르는 일입니다. 독일의 젊은 세대는 1848년에 관해 아무것도 모릅니다. [그들에게] 역사는 1847년에서 돌연 멈춥니다." 엥겔스는 혁명과 반혁명의 역학에 관한 기억이 반동기에 어떻게 잊히는지 설명했다. 이전 혁명이 패배했을 때 나타나는 결과 하나는 혁명이 되돌아왔을 때 새로운 혁명을 반혁명이 승리한 시절에 만들어진 왜곡된 렌즈를 통해 보게 된다는 것이다.

오늘날이 바로 그렇다. 아랍 혁명은 (그리고 세계경제 위기는) 자본주의가 아무런 제약 없이 날뛰고 혁명이 구시대 유물로 취급되던 신자유주의 시대에 구멍을 냈다. 그래서 사람들은 이런 자유 시장의 반동 시대에 만들어진 신화들을 통해 아랍 혁명을 이해하려고 한다.

이런 신화 가운데 하나는 비교적 깨뜨리기 쉽다. 그것은 바로 튀니지의 벤 알리와 이집트의 호스니 무바라크의 전복이 전 세계에 서구식 자유 자본주의를 확산시킨 '색깔 혁명'의 최신판이라는 것이다. 이런 생각이 명백히 잘못됐음은 튀니지와 이집트 혁명으로 서방 제국주의와 매우 긴밀한 관계를 맺은 지배자들이 제거됐다는 사실만 봐도 알 수 있다. 더욱이 세계은행은 그 정권들이 신자유주의 경제정책을 확고하고 성공적으로 시행했다고 찬양했다. 사실 반란을 추동한 것은 바로 신자유주의의 결과였다. 신자유주의는 이집트와 튀니지 사회를 양극화하고 빈곤하게 만들었고 정권과 밀접히 관련된 소수 엘리트를 살찌웠다. 시리아에서도 이것과 똑같은 동역학이 작용했다. 바샤르 알아사드는 이스라엘·서방과 반목하지만, 그의 경제'개혁'은 한 줌의 사업가 패거리들한테만 이득이 됐다.

그러나 신자유주의가 횡행하던 시절 신자유주의를 비판한 사람들 가운데 일부도 신화를 만들어 냈다. 가장 영향력 있는 것 하나는 마이클 하트와 안토니오 네그리가 《제국》에서 발전시킨 것이다. 이 책은 오늘날 무정형의 '다중'이 반자본주의를 주도한다고 주장했다. 다중은 경제·정치적 권력의 성채를 정면이 아니라 측면에서 공격한다는 것이다.

최근 폴 메이슨은 신간 《사방에서 난리가 나는 이유》를* 통해 비슷한 생각을 퍼뜨리려 한다. 물론, 메이슨은 이 책에서 옳은 지적도 많이 한다. 예컨대, 메이슨은 경제 위기로 미래를 빼앗긴 대졸 실업자들이 아랍 혁명뿐 아니라 긴축에 반대하는 남유럽의 운동, '점거하라' 운동에서 중요한 구실을 했다고 강조한다.

그러나 이런 그럴듯한 분석도 통신 기술과 소셜 미디어에 대한 다소 순진한 열광 탓에 손상된다. 그는 이렇게 쓴다. "정보 네트워크가 사회화되기 시작하면 그 영향은 막대할 것이다. 이제는 진실이 거짓보다 빨리 퍼질 수 있고, 모든 선전이 즉각 불꽃을 일으킬 것이다."

메이슨은 대서양 건너편[미국]에서 소셜 미디어가 자유 시장과 주권州權 옹호를 부르짖는 괴짜 공화당 예비 대선 후보 론 폴의 선거운동에 어떻게 쓰였는지 봐야 한다. 더 나아가 공화당 우파는 정보 통신 기술을 능수능란하게 이용하며 버락 오바마 정부를 약화시켰고 이제는 공화당 대선 후보 경선에서 서로 헐뜯고 있다.

페이스북, 트위터 같은 것들은 활동가들이 의사소통하고 조직하

---

* 국역: 《혁명을 리트윗하라》, 명랑한지성, 2012.

는 데 확실히 중요한 구실을 했다. 그러나 인터넷과 휴대전화 통신이 끊긴 뒤 벌어진, 무바라크를 끝장낸 결정적 싸움이 벌어지는 동안에는 훨씬 구닥다리 기술 — 일반전화와 TV(특히 알자지라) — 이 사용됐다.

현재 이집트 혁명은 무바라크의 몰락 이후에도 최고군사위원회 형태로 살아남은 옛 정권에 맞선 싸움으로 발전했다. 이 투쟁을 추동하는 것은 젊은 노동계급 혁명가들과 국가의 무력(군대와 진압경찰) 사이의 충돌이다. 혁명적인 사밥(청년)들이 트위터로 의사소통할 수도 있다. 그러나 메이슨이나 네그리와 달리 그들은 국가권력을 회피할 것이 아니라 타도해야 한다는 점을 잘 안다.

그런데 아랍 혁명의 미래 궤적을 그릴 때 우리가 맞서야 할 아주 강력하고 견고한 신화가 또 하나 있다. 그것도 역시 신자유주의 시대에 생겼다. 바로 이슬람 혐오다. 많은 사람, 심지어 급진적이고 혁명적인 좌파조차 벤 알리와 무바라크의 타도로 주된 수혜를 입은 것은 이슬람주의자라고 생각한다. 이슬람주의자들 — 튀니지의 알나흐다(부흥)당, 이집트의 무슬림형제단과 자유정의당 — 이 최근의 총선에서 승리를 거둔 것은 사실이다.

그러나 이런 비관적 평가 뒤에는 두 가지 오류가 깔려 있다. 첫째는 이슬람주의를 하나로 통일된 반동 세력으로 다루는 것이다. 사실, 무슬림형제단은 대단히 복잡한 역사를 통해 형성된 복합적 정치 구성물이다. 무슬림형제단은 수십 년 동안 무바라크에게 가장 일관되게 맞선 야당이었기에 이득을 봤다. 반면에 세속 세력(민족주의자와 [스탈린주의] 공산당)은 같은 기간에 영향력과 신뢰를 모두 잃었다. 정치적으로 성공을 거두고 가난한 사람들에게 복지를 제공하려고 노력한 덕택에 무슬림형제단은 매우 다양하고 모순적인 세력들을 지지층으로 확보했다. 명망 있고 사회적으로 보수적인 사업가부터 거리 투쟁을 지지하는 청년 활동가까지 모두 무슬림형제단의 이름으로 활동한다.

이것은 [무슬림형제단이 만든] 자유정의당이 최고군사위원회와 공식적 협력관계를 맺으면서 무슬림형제단이 서로 다른 방향으로 작용하는 거대한 압력 아래 놓이리라는 것을 의미한다. 가장 중요한 압력 하나는 경제 위기의 결과로 나타날 것이다.

이집트의 혁명적 사회주의자들은 최근 성명서에서 이렇게 말했다. "외환 보유고가 빠르게 줄고 있다(혁명 후 1년 새에 360억 달러에서 150억 달러로 하락했다). 가격 통제 장치가 전혀 없는 탓에 물가가 오르고 있다. 실업도 계속 늘고 있다. … 그리고 이런 것들이 모두 세계 자본주의의 심각한 위기라는 배경 속에서 벌어지고 있다. 세계 경제의 위기로 이집트 자본주의가 관광, 수에즈운하, 해외투자에서 벌어들이는 수익이 감소하고 있다."

둘째 오류는 혁명 과정의 일시적 국면을 혁명의 종착점인 양 여기는 것이다. 이전의 혁명들과 마찬가지로 이집트 혁명에서도 의식이 변하는 속도는 다양하다. 적잖은 소수의 혁명적 청년들은 대부분 최고군사위원회를 박살 내야 할 주된 적으로 본다. 그러나 노동자, 농민, 도시 빈민 가운데 더 넓은 층은 군부와 무슬림형제단한테 이집트 사회를 개혁할 기회를 기꺼이 주려 한다. 그러면서도 그들은 혁명가들한테도 호의적이다.

이런 사람들이 어느 방향으로 움직일지가 이집트 혁명의 결과를 결정할 것이다. 그들이 최고군사위원회에 반대해 싸우는 혁명적 소수에 가담할까? 아니면 오른편으로(어쩌면 총선에서 성공한 살라피주의적인 극단적 이슬람주의 신봉자들 쪽으로) 이동할까?

이런 질문에 대한 답은 무엇보다도 이집트 노동자 운동이 장군들과 사장들한테 모두 맞서 집단적 투쟁을 벌이는 진로를 제시할 수 있을지 없을지에 달려 있을 것이다.

지금까지 이집트에서는 새로운 노동조합이 탄생하고 매우 전투적인 파업이 계속 벌어졌다. 그러나 노동자들이 자기 자신의 조직된 정치적 목소리를 갖는 것이 매우 중요하다. 아랍 혁명의 의미를 왜곡하는 온갖 신화들이 있지만, 이 혁명의 미래는 열려 있다. 이런 투쟁의 소용돌이 속에서 우리 역사는 재창조될 수 있다.

혁명 속에서 거듭나는 이집트 민중

2013년 8월 10일

우리는 이집트 혁명을 통해 책으로만 배울 수 있었던 것들을 직접 보고 배울 수 있다. 이집트 혁명에서 볼 수 있듯, 혁명은 일진일퇴를 거듭하는 거대하고 복잡한 과정이다. 2013년 6월 30일부터 한 달여 동안의 경과를 보면 이 점을 분명히 알 수 있다. 6월 30일, 폭넓은 야권 연합이 거대한 거리 시위를 일으켰다. 이집트 전역에서 일어난 그 시위에는 대략 1400만 명이 참가했다.

이 운동은 무슬림형제단이 주도하고 무함마드 무르시가 대통령으로 있던 정부를 끌어내렸다. 그러나 무르시 실각 과정에서 이집트 군부가 대중을 대리했다. 군부는 자신의 지배를 확립하고 (2011년 2월 타도된) 호스니 무바라크의 잔당들을 불러들이려고 재빠르게 움직였다. 2013년 7월 26일 수십만 명이 거리로 나와 국방부 장관 압둘팟타흐 시시 장군의 호소에 응답했고, 새 정부가 '테러리즘'에 맞서는 것을 지지했다. '테러리즘'은 군부가 무슬림형제단 탄압을 정당화하는 코드명이다.

시시가 1960~1970년대 라틴아메리카 장군들처럼 검은 선글라스를 쓰고 TV에 나오는 모습을 보면, 전면적 반혁명이 진행 중임을 쉽게 짐작할 수 있다. 또 혁명 이전에 있었던 보안기관들이 다시 행동에 나선 점을 보면, 군부의 반혁명은 틀림없이 위협이 될 것이다.

군부가 수십만 명을 동원하는 것에 놀라서는 안 된다. 영국 사회주의노동자당의 창립자 토니 클리프는 모든 피켓라인은* 투쟁적 노동자와 후진적 노동자 사이의 갈등을 상징한다고 말하곤 했다. 이는 더 큰 규모의 혁명에서도 사실이다.

지난 몇 주를 돌아볼 때 가장 중요한 사건은 7월 26일이 아니라 6월 30일에 일어났다. 무르시의 퇴진은 혁명의 전진을 보여 준다. 2011년에 혁명은 도심 지역에 집중돼 있었다. 그러나 무르시의 서투른 신자유주의적 권위주의에 맞선 시위는 이집트의 농촌 지역까지 널리 퍼져 나갔다.

2년 반 동안 혁명은 민중의 지지를 받지 못하는 대통령을 두 번이나 끌어내렸다. 그러나 그 과정에서 군부는 민중의 의지를 수행하는 집행자 구실을 했다. 대중투쟁의 급진화를 미연에 막기 위한 것이기도 했다. 군부가 이런 구실을 맡았다는 사실은 이집트의 주요 정치세력들의 약점을 보여 준다. 무슬림형제단은 대중 사이에 조직적 기반을 갖춘 유일한 친자본주의 정당이었다.

그러나 무르시는 혁명가들을 적대하고 군부와 미국에 의존하면서 기회를 날려 버렸다. 결국 바로 그 군부와 미국이 무르시를 공격

* 피켓라인 파업에 들어간 노동자들이 파업 불참자나 대체 인력의 작업장 출입을 막으려고 형성하는 저지선.

했다. 미국 국무부 장관 존 케리는 "민주주의를 복원"했다고 군부를 칭찬했다.

구국전선의* 야당 인사들은 기회주의적 잡탕으로 오직 군부에 쿠데타를 촉구하기 위해서 뭉쳤다. 무르시 퇴진 캠페인을 시작한 활동가 연합 타마로드(반란) 역시 최근 군부의 무슬림형제단 시위대 학살을 보면서도 군부를 추수했다.

야당 세력의 이 약점이 나타내는 것은 반자본주의 좌파 대중정당이 없다는 점이다. 이집트 혁명적사회주의자단체RS는** 놀라운 일들을 해냈지만, 지금 이집트에서 행동하는 수백만 명을 이끌기에는 너무나 작다.

군부가 개입한 것은 오직 군부만이 이집트 자본주의를 안정시킬 수 있을 것처럼 보이기 때문이다. 그러나 이것은 오직 겉모습일 뿐이다. 무르시는 극심한 경제 위기 상황에서 IMF가 요구하는 신자유주의 정책을 추진하려다 몰락했다.

무르시 퇴진 이후 노동자 파업이 급증하고 있다. 군부가 독립 노조 운동의*** 지도자 카말 아부 아이타를 노동부 장관으로 임명했는

---

* 구국전선 자유주의, 나세르주의, 무바라크 잔당 등 이질적 정치 세력이 이슬람주의에 반대한다는 이름 아래 뭉친 야권 연합. 반혁명 세력까지 포함한 무원칙한 연합이기 때문에 이집트 혁명적사회주의자단체는 처음부터 참가하지 않았다.

** 혁명적사회주의자단체 이집트의 혁명적 사회주의자들의 조직으로 이집트 혁명의 주요 국면들에서 중요한 구실을 했다. 지은이 알렉스 캘리니코스의 소속 단체인 영국 사회주의노동자당의 자매단체다.

*** 독립 노조 운동 이집트 노동운동을 지배한 친정부 노총에서 독립한 노동조합을 만들려는 운동으로 2011년 혁명으로 본격화했다.

데도 그렇다. 혁명의 발상지 중 한 곳인 마할라 방직 공장의 파업은 불과 8시간 만에 승리했다. 이전 정부와 마찬가지로 군부는 경제 위기라는 망치와 노동자 운동이라는 모루 사이에 끼어 있다.

이전의 위대한 혁명들처럼, 이집트에서 일어나고 있는 일도 거대한 학습 과정이다. 처음에 민중은 무바라크를 내쫓았다. 그다음에는 무바라크를 제거한 군부에 맞섰다. 이제, 민중은 무슬림형제단에게 줬던 기회를 빼앗고 다시 군부에 기회를 줬다. 이것이 오래가지는 않을 것이다.

그러나 이집트 혁명이 정치 영역에서 이 같은 반복을 벗어나려면 가장 선진적인 노동자들과 청년들이 자신들의 정치적 도구, 바로 자신들의 정당을 만들어야 할 것이다. 반혁명 세력들이 자신감을 되찾았으니, 이 문제를 해결하는 일이 점점 더 시급해지고 있다.

좌파의 과제는 ISIS가 아니라 제국주의를 물리치는 것이다

2015년 11월 16일

파리 참사에* 대한 말들 중 가장 멍청한 것을 꼽으라면 프랑스 대통령 프랑수아 올랑드가 이를 "전쟁 행위"라고 비난한 것일 성싶다. 전쟁 행위는 맞지만 이 전쟁은 2015년 11월 13일보다 한참 전에 시작됐기 때문이다. 이 전쟁은 아무리 짧게 잡아도 1990~1991년 걸프 전쟁 때 시작됐다. 중동에 대한 제국주의 개입의 역사를 최대한 짧게 거슬러 올라가더라도 말이다.

그렇다고 해서 파리에서 총을 쏘고 폭탄을 터뜨린 것이 정당한 반제국주의 투쟁의 일부인 것은 아니다. 무차별적 민간인 살해는 ISIS와 그 동조자들이 저지르든 미국과 그 동맹들이 저지르든 잘못된 일이다.

그러나 많은 좌파들처럼 이를 대등한 두 악의 세력 사이의 갈등

---

* 파리 참사 2015년 11월 13일 파리에서 동시다발 테러로 132명이 사망했다.

이라고 보는 것은 오류다. ISIS는 반동적이고 반혁명적인 운동이다. 그러나 ISIS는 2003년 미국의 이라크 침공과 점령으로 인한 파괴와 '아랍의 봄' 패배의 산물이다. 그러므로 ISIS 성장의 근본적 책임은 서구 제국주의 열강과 그들의 중동 동맹국들에 있다.

노동당 예비내각의 법무부 장관 팔코너 경(2003년 이라크를 침공한 토니 블레어 내각의 각료이기도 했다)은 2015년 11월 15일 [보수적 토크쇼] 〈앤드루 마 쇼〉에서 여러 차례 "ISIS 격퇴"를 언급했다. 2003년 이라크 침공에 반대해 강력한 운동을 조직했던 전쟁저지연합도 "ISIS 격퇴"라는 표현을 쓰고 있다. 그러나 ISIS의 근거지인 시리아와 이라크의 현 상황을 고려하면, "ISIS 격퇴"는 공허한 언사다.

최근 [중동에서 오랫동안 특파원으로 활동한] 패트릭 코번은 〈런던 리뷰 오브 북스〉에 이렇게 썼다. "몇 년 전 바그다드에서 한 이라크 정치인이 내게 이렇게 말했다. '이라크의 모든 정당이 너무 강하기도 하고 너무 약하기도 해서 문제입니다. 이들은 패배하기엔 너무 강하고, 승리하기엔 너무 약합니다.' 오늘날 시리아의 상황도 마찬가지다. 어느 한쪽의 무장 세력이 일시적으로 패배해도 국외 세력의 도움을 받고 위기에서 벗어난다. 2014년에는 사우디아라비아·카타르·터키가 허약해진 반정부군(ISIS 제외)을 일으켜 세웠고, 2015년에는 러시아·이란·헤즈볼라가 [시리아 독재자] 알아사드를 지켜 줬다."

요즘 시리아에 [군사적으로] 개입하는 미국과 러시아 같은 제국주의 열강도 마찬가지다. 미국은 이라크에서, 러시아는 아프가니스탄에서 각각 패배를 겪은 바 있기 때문에, 둘 다 대규모 지상군 투입을 꺼린다. 그래서 둘 다 시리아에 폭탄과 미사일만 퍼붓는 것이다. 11월 13일의 파리 참사는 이런 폭격이 허사였음을 단적으로 드러냈다.

[영국 총리] 데이비드 캐머런은 [11월 13일] 총리 관저 앞에서 특별 기자회견을 열고, 드론 공격으로 [아랍계 영국인이고 참수 동영상에 자주 등장해 '지하드 존'으로 알려진] 무함마드 엠와지를 사살한 것에 영국이 기여한 바를 떠벌렸다. 그러나 기자회견 후 불과 몇 시간 만에 [파리 공격이 벌어져], 이런 "정당방위 행위"로는 서방 국가 시민들을 절대 보호할 수 없음이 구체적으로 드러났다.

ISIS는 조직적 약탈과 이데올로기적 열성에 기반해 만만찮은 전투조직을 만들었다. ISIS는 서방의 개입이 부추긴 분노와 증오를 뒤틀린 방향으로 향하게 한다.

[옥스퍼드대 연구교수] 리디아 윌슨은 이라크 북부 키르쿠크에서 생포된 ISIS 대원들을 인터뷰한 내용을 최근 〈네이션〉에 썼다. 윌슨은 ISIS 대원들을 "점령이 낳은 산물"이라고 묘사하며 이렇게 썼다. "그들을 부추긴 것은 '국경 없는 칼리프 국가'라는 이상향이 아니다. 그보다는 자존심에 상처받고 분개한 청년들에게 자신의 존엄·가족·부족을 지킬 수 있는 방법을 (알카에다 몰락 이래) 제시한 최초의 세력이 ISIS라는 점이다."

아랍 혁명의 부흥만이 ISIS에 맞설 만한 강력한 사회 세력을 만들어 낼 수 있다. 제국주의 지배에 저항하고 아랍 지역의 지배계급을 타도할 더 나은 방법을 제시할 수 있기 때문이다. 데이비드 캐머런이 파리 참사 1주일 전쯤 총리 관저 앞에서, 이집트 혁명을 압살한 대통령 압둘팟타흐 시시를 환대한 것은, 두 과제가 연결돼 있음을 분명히 드러냈다.

[좌파가] 올랑드처럼 파리 학살에 "무자비한 전쟁"으로 대응하겠다고 다짐하는 것은 제국주의 개입과 잔혹 행위라는 악순환을 이어

가겠다고 선언하는 셈이다. 그리고 그 대가는 중동 지역과 제국주의 심장부 모두에서 더 많은 죽음과 고통이 될 것이다.

서방에 사는 우리는 "ISIS를 격퇴"할 수 없다. 그러나 우리는 지배자들의 제국주의적 깡패 짓을 끝장낼 수 있는 대중운동을 건설해, 악순환의 고리를 끊는 데 일조할 수 있다.

중동 긴장 고조의 배후에는 사우디–이란 갈등이 있다

2017년 11월 15일

사우디아라비아(이하 사우디)는 대체로 중동에서 제국주의 질서를 유지하는 단단한 기둥 구실을 해 왔다. 석유의 안정적 유통을 원하는 미국이 사우디의 생존을 보장했다. 이븐사우드가 건국한 사우디 왕조는 무자비한 탄압과 극도로 보수적으로 해석된 수니파 이슬람 교리에 기대 권력을 유지해 왔다.

그랬던 사우디가 갈수록 중동 불안정의 요인이 되고 있다. 2017년 11월 초부터 지금까지 부패 척결을 내세운 사정 드라이브로 억만장자 투자가 알왈리드 빈탈랄 왕자를 포함해 200명이 체포됐다. 사우디답게, 체포된 이들은 수도 리야드의 리츠칼튼 호텔에 감금됐다. 한편, 리야드를 방문한 레바논 총리 사드 알하리리가 [돌연] 사임을 표명했다. 레바논 대통령과 이란은 사우디 정부가 그를 납치했다고 비난했다.

이런 상황은 내부적 요소와 외부적 요소가 결합된 결과다. 지난

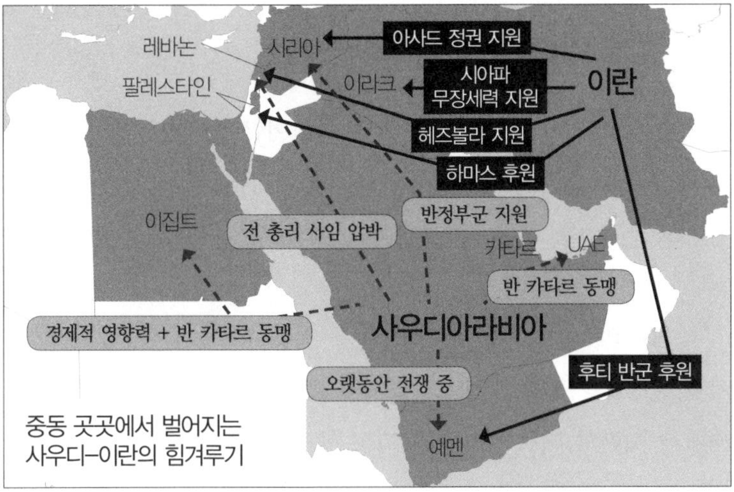

중동 곳곳에서 벌어지는 사우디-이란의 힘겨루기

몇 년간 사우디 정부는 살만 왕의 야심 찬 아들 무함마드 빈살만이 지배했다. 빈살만이 추진하는 '비전 2030'은 구조조정과 민영화를 통해 사우디 경제의 석유 의존도를 낮추려는 프로그램이다. 지금까지 결과는 신통치 않았다. 그래서 빈살만은 판돈을 올리고 있다. 2017년 6월 그는 전임 왕세자를 퇴출시키고 스스로 왕세자 자리에 올랐다. 그는 정적을 제거하는 데 부패 문제를 이용했다. 부패는 사우디 지배자들 사이에 만연한 문제다. 1996년 사우디 주재 미국 대사관이 계산한 바에 따르면, 이븐사우드의 자손 5000여 명에게 정부가 지급하는 돈이 해마다 20억 달러에 이른다. 고위 왕자들은 추가로 50억 달러를 이슬람 성지 메카와 메디나에서 챙기고, 정부 계약에 대한 뇌물도 받는다.

그래서 빈살만의 반부패 사정은 평범한 사우디인들에게 인기가 많다. 그러나 한 전직 외교관은 〈파이낸셜 타임스〉에 이렇게 말했다. "이런 종류의 칼바람이 과연 어디에서 끝날까? 사우드왕가 전체가 몇 대에 걸쳐서 똑같은 부패를 저질러 왔다."

빈살만은 이란과의 경쟁도 격화시켰다. 이란은 사우드왕가가 혐오하는 시아파 이슬람의 중심이다. 또한, 이란은 레바논에서 시아파 정치 운동 헤즈볼라를 지원하고, 시리아에서는 궁지에 몰린 바샤르 알아사드 정권을 떠받쳐 주면서 최근 중동에서 영향력을 상당히 높였다.

[사우디 국방부 장관이기도 한] 빈살만은 이웃 나라 예멘에서 유혈 낭자한 전쟁을 기획했다. 사우디는 [예멘 정부에 반기를 든] 시아파 후티 민병대가 이란의 지원을 받고 있다고 주장하며, 이들을 제거하기 위해 [예멘 내전에] 개입했다. 그 결과 수많은 민간인이 살해당했고, 난민 300만 명이 생겼고, 난민들 사이에 콜레라가 만연한 상태다.

사우디는 페르시아만의 다른 지역에서도 힘을 과시해 왔다. 사우디는 [아랍에미리트와 연합해] 카타르를 배척하려 했다. 사우디가 보기에 카타르의 통치자들은 3가지 죄를 지었다. 이란에 우호적이고, [카타르 정부가 지원하는] 알자지라 뉴스가 아랍 정권들을 비판하도록 허용하고, 이집트의 무슬림형제단을 지원했다. 사우디는 무슬림형제단을 극도로 싫어한다. 자신이 수니파 이슬람을 대표한다는 이데올로기에 무슬림형제단이 도전하기 때문이다.

그러나 모든 것이 빈살만의 뜻대로 된 것은 아니다. 특히 아랍의 심장부 이라크와 시리아에서 일이 잘 안 풀리고 있다. ISIS와 사우디의 관계는 불명확하지만, 사우디가 수니파 이슬람 근본주의 이데올로기를 공유하는 시리아 지하드 그룹들을 지원하고 있음은 명백하다. 최근 [시리아에서] ISIS 수도 락까가 함락된 것은 알아사드 정권에 도움이 됐다. 이라크 내 ISIS의 아성이었던 모술을 탈환할 때는, 이란 혁명수비대가 훈련시킨 시아파 민병대가 중요한 구실을 했다. 이 두 사건으로 이란의 지정학적 영향력이 증가했다.

이에 빈살만은 레바논에서 새로운 전선을 펼치는 것으로 대응하려는 듯하다. 사우디의 공격적 대외 정책은 버락 오바마가 중동에서 상대적으로 신중하게 움직이면서 생긴 공백을 메우려는 시도다. 사우디는 [2011년 이집트 혁명 때] 오바마가 이집트 독재자 호스니 무바라크를 버린 것에 분노했다. 지금도 사우디는 막대한 지원금으로 무바라크의 후계자 압둘팟타흐 시시가 권력을 유지하도록 돕고 있다.

오바마와 달리 도널드 트럼프는 빈살만의 정책을 강력하게 지지한다. 트럼프는 대통령에 취임하고 가장 먼저 사우디를 방문했다. 트럼프는 이란의 핵 프로그램에 대한 합의를 폐기하려고 안달이다. 사우디를 이란에 맞서는 대항 세력으로 이용하려는 것이다. 이런 경쟁은 전쟁을 야기할 수 있고, 그러면 이미 고통받고 있는 중동에 더한 고통을 가져올 것이다.

6장

제국주의 개입으로 생지옥이 된 시리아

시리아 혁명은 민중에 뿌리박고 있다

2012년 8월 2일

근래 시리아의 세력균형이 바샤르 알아사드와 그 정권에 결정적으로 불리하게 기울어진 것으로 보인다. 역설적으로 서방 좌파의 한 주요 분파도 특정 세력을 지지하는 방향으로 결정적으로 기울어졌다. 예를 들어, 널리 알려진 타리크 알리의* 인터뷰를 보면, 그는 시리아에서의 투쟁은 "재식민지화를 위한 한 과정"이라고 주장했다. 나는 비록 타리크 알리를 매우 존경하고 애정을 품고 있지만 이 주장은 터무니없는 소리다.

2003년 3월 이라크 침공으로 이라크가 (워싱턴이 지명한) 네오콘이 이끈 "연합군임시행정처" 지배 아래 잠시 재식민지화된 것은 사실이다. 그렇지만 점령에 대한 이라크인의 저항으로 이 기획은 그 기획자들에게 부메랑이 됐다. 미국 군사력에 의해 창출된 새 이라크

---

* 타리크 알리 파키스탄계 영국인으로 저명한 저술가이자 좌파 활동가. 《뉴 레프트 리뷰》 편집위원이다.

정권이 결국 미군으로 하여금 이라크에서 철수하도록 내몰았다.

시리아가 "재식민지화"되고 있다는 생각은 알아사드 정권을 축출하는 것이 서방의 오랜 숙원이었다는 생각을 함축한다. 그렇지만 그렇다는 근거는 전혀 없다. 바샤르의 아버지 하페즈 통치 아래 시리아 국가는 폭압적이지만 신뢰할 만한 자본주의의 운영자가 됐다.

시리아 혁명이 발발하자 중동 지역에 있는 시리아 정권 반대파들은 시리아 정부를 자신들에게 더 친화적인 정권으로 대체하려는 시도를 당연히 강화했다. 알아사드의 뿌리가 이단적 알라위파[시아파의 한 분파]라고 보며 시리아가 이란의 시아파와 협력하는 것을 싫어하는 사우디아라비아나 카타르의 수니파 무슬림 지배자들이 특히 그랬다. 걸프 국가들이 알아사드 정권에 맞서 싸우는 세력들 일부에게 무기를 제공했다는 증거들이 많이 있다. 서방도 알아사드 퇴진을 요구하고 나섰다. 그렇지만 미국과 영국이 여기서 더 나아가 시리아에 대규모 병력을 보내고 리비아에서 한 것처럼 반란군에게 공중엄호[비행 금지 구역 설정]를 제공할 가능성은 매우 적다.

한 가지 이유는 서방이 이라크에서의 실패를 되풀이할까 봐 두려워한다는 점이다. 그러나 또한 러시아가 중동의 유일한 동맹 세력인 알아사드 정권을 지지하기 때문이기도 하다.

타리크 알리는 인터뷰에서 시리아 민중은 서방의 지지를 받는 시리아국가위원회나 알아사드 정권 둘 모두 지지하지 않는다고 말했다. 내 생각에 이 주장은 적어도 민중 다수를 보자면 옳다.

그런데 이 다수 대중은 어디에 있을까? 알아사드 정권에 맞서 시위를 벌이고 때로는 전투를 벌이지만 서방의 개입은 원하지 않는 수많은 시리아 민중이 그들이다. 최근 시리아 혁명이 가장 큰 도시인 알레포와 다마스쿠스로 확산됐다. 반란군은 두 도시 중심부를 거의 장악할 뻔했다.

타리크 알리와 그를 지지하는 사람들은 이들이 모두 미국과 걸프 반동 세력들의 꼭두각시라고 확신하는 것일까? 만약 그렇다면 이 꼭두각시들은 그 주인에게 배신당했다. 왜냐하면 알아사드 정권의 군대는 반란군이 탱크와 중화기가 부족했기 때문에 이들을 물리칠 수 있었기 때문이다.

그러나 현재 알아사드 정권 쪽도 사상자가 많이 발생하고 있다. 알아사드 핵심 측근 몇 명을 살해한 며칠 전 폭탄 공격 같은 '사건들'은 하나의 작은 사례일 뿐이다.

시리아에서 벌어지는 전투에서 자생적이고 필사적인 무장봉기의 모든 특징이 나타나고 있다. 반란 세력이 자신들의 투쟁을 이렇게 빨리 군사화한 것이 정치적으로 현명한 것이었는지를 두고 우리가 논쟁을 벌일 수는 있다. 이집트 혁명에서 그토록 중요했던 독립적 노동계급 행동이 없는 것에 아쉬움을 표현할 수도 있다.

그렇지만 시리아에서의 저항이 이토록 빨리 내전으로 발전했다고 해서 시리아 저항의 뿌리가 대중 반란이라는 사실이 바뀌지는 않는다. 아랍 혁명이 보여 준 한 가지는 이 지역의 많은 좌파가 정치적으로 파산했다는 것이다. 이를 가장 잘 보여 준 것은 최근 대선에서 군부 후보인 아흐마드 샤피끄를 지지한 이집트 공산당이다. 분별없는 "반제국주의"를 내세워 시리아 혁명에 등을 돌리는 서방 좌파들 역시 자신들의 정치적 파산을 고백하고 있을 뿐이다.

시리아에서 샅바 싸움하는 열강들

2013년 6월 8일

전쟁으로 피 흘리는 시리아를 두고 세계 열강이 서로 싸우는 듯한 모습이다. 영국과 프랑스는 유럽연합을 움직여 시리아 반군에 대한 무기 금수 조치를 풀었다. 러시아는 이에 대응해 S-300 대공미사일을 알아사드 정권에 보내겠다고 밝혔다. 자유시리아군은 공군이 없으므로, 러시아의 움직임은 서방이나 이스라엘이 시리아에 비행금지 구역을* 설정할 경우를 대비하는 것으로 보인다.

지역 열강도 시리아 혁명에 점점 더 개입하고 있는데, 이는 십중팔구 사태를 더 위험하게 할 것이다.

레바논 시아파 이슬람주의 운동인 헤즈볼라는 2006년 이스라엘 군대의 침략을 막아 내며 전 세계 반제국주의 진영의 환호를 받은 바 있다. 헤즈볼라는 현재 알아사드 정권에 대한 군사 지원을 확대

---

* **비행 금지 구역** 강대국(들)이 일방적으로 특정 국가 일부 지역의 항공기 운항을 금지하는 것. 보통 해당 국가의 군사력을 무력화하기 위한 폭격을 동반한다.

하고 있다. 알아사드 정권이 북부 도시 쿠사이르를 탈환할 때 헤즈볼라 전사들이 결정적 구실을 했다고 한다. 이 불행한 마을 쿠사이르는 전략적 요충지인 홈스 갭에 있다. 홈스 갭은 시리아 수도 다마스쿠스와 북서부 해안 지역을 연결하는 통로고, 북서부 해안 지역은 정권의 기반인 알라위파의 심장부다. 쿠사이르 전투에서 헤즈볼라는 자신들이 알아사드 정권을 적극적으로 지원한다는 것을 분명하게 보여 줬다. 전략·정보 웹사이트 스트랫포는 이렇게 보도했다. "외부의 도움으로 시리아 정부는 국민방위군이라고 알려진 새로운 민병대를 창설해 자유시리아군한테 입은 손실을 상쇄할 수 있었다. 이란과 헤즈볼라의 도움으로 알아사드 정권은 새 민병대를 빠르게 훈련하고 배치할 수 있었다. 국민방위군은 친정부 진영에 믿을 만한 병력일 뿐 아니라, 그 덕분에 기존 군대가 까다로운 공격작전을 수행할 여유도 생겼다."

헤즈볼라와 알아사드는 이란의 이슬람 공화국 정부와 오랫동안 동맹 관계였다. 그러나 헤즈볼라는 무엇보다도 이스라엘에 맞서 투쟁하며 레바논 민중에게 많은 지지를 얻었다. 시리아 내전에 더 깊이 개입하겠다는 헤즈볼라 지도자 하산 나스랄라의 결정은 재앙을 낳을 것이다.

알아사드 정권은 민중 봉기를 다수파인 수니파 무슬림 대對 소수파인 알라위파·시아파·기독교 연합의 종파·종단 간 내전으로 바꾸려고 필사적이다. 알아사드가 성공할수록 이 전쟁이 레바논으로 번져, 1970년대와 1980년대 레바논을 찢어 놓은 피비린내 나는 종파 갈등이 재점화할 위험은 더욱 커질 것이다.

갈등이 확산돼도 알아사드는 잃을 것이 없다. 2013년 5월 30일 알아사드는 골란 고원에서 "저항 전쟁을 시작"하겠다고 위협했다. 골란 고원은 시리아 영토지만 1967년부터 이스라엘이 점령 중인 곳이다. 이스라엘은 이미 S-300 대공미사일 가동을 막겠다고 위협한 바 있다.

이런 사태 전개는 (서방 제국주의한테 중동이 전략적으로 중요하기 때문에) 아랍 혁명이 두 가지 측면에서 전개되고 있음을 보여 준다. 첫째는 민중 반란과 반혁명적 반동의 투쟁이라는 일국적 측면이고, 둘째는 세계 열강과 지역 열강 사이에 벌어지는 지정학적 갈등이라는 국제적 측면이다.

몇몇 좌파는 시리아 혁명을 오로지 지정학적 관점에서만 바라보려 한다. 그들은 알아사드 정권이 이스라엘에 맞선 투쟁에서 "진보적" 구실을 한다고 과장하며 알아사드를 지지한다. 이런 주장은 오류다. 왜냐하면 시리아 혁명이 일어난 사회적 뿌리를 보지 못하기 때문이다. 시리아 혁명은 알아사드의 독재에 반대해 일어났을 뿐 아니라, 알아사드가 집권 후 부추긴 족벌 자본주의에 반대해 일어난 것이기도 하다.

물론 지정학적 갈등이라는 측면이 시리아 혁명을 뒤덮을 위험도 분명히 존재한다. 그렇다고 해서 영국, 프랑스, 러시아가 시리아에서 정면충돌할 가능성이 크다는 뜻은 아니다. 러시아는 중동 내 주요 동맹(시리아)을 돕기로 결심한 듯하지만, 양측은 서로 샅바 싸움을 하고 있는 측면이 크다. 러시아 미사일이 시리아에 도착하기까지 1년 넘게 걸릴 수도 있다. 유럽연합이 금수 조치를 폐기한 것은 알아사드에 대한 [군사적 압력이 아니라] 외교적 압력을 키우려는 목적으로 보인다. 게다가 미국 대통령 버락 오바마는 이슬람권에서 또 다른 전쟁을 벌일 생각이 없는 듯하다. 미국은 시리아 반군의 최대 무기 공급책인 카타르를 제지하기도 했다.

그럼에도, 외부 열강들이 시리아에서 벌이려는 대리전은 종파 간 충돌을 확대할 가능성이 있다.

서방의 시리아 개입은 위험한 도박이다

2013년 8월 29일

2013년 8월 21일 시리아 수도 다마스쿠스 동부에서 일어난 화학무기 공격의 진실이 무엇이든 간에, 그 공격의 규모는 매우 컸던 것으로 보인다. 국경없는의사회는 자신들이 후원하는 다마스쿠스 소재 병원 세 곳에서 신경독소 증상으로 치료받은 사람이 3600명이라고 밝혔다. 그중 355명은 사망한 것으로 보고됐다.

버락 오바마와 [영국 총리] 데이비드 캐머런은 "국제사회의 중대한 대응이 있을 것"이라고 밝혔다. 그러나 유엔이 바샤르 알아사드 정권에 개입하는 것을 러시아와 중국이 반대하기 때문에, 여기서 '국제사회'란 서구 열강만을 가리킨다.

그런데 어떻게 "대응"할 것인가? 이라크 전쟁에서 한 차례 패배했고, 아프가니스탄 전쟁에서 또 한 차례 패배하는 상황에서 오바마는 중동에 다시 파병하는 것을 필사적으로 거부한다. 2013년 8월 23일에 오바마는 "돈이 많이 들고, 어려우며, 희생이 큰 개입에 끌려들어가는" 것을 경계했다. "그런 개입은 현지에서 분노만 더 불러일으킨다."

영국 총리 캐머런과 프랑스 외무부 장관 로랑 파비위스는 개입에 더 적극적이다. 그러나 2011년 나토의 리비아 개입을 보면 중대한 결정을 하는 데서 영국과 프랑스가 얼마나 미국에 의존하는지를 알 수 있다. 캐머런은 또한 시리아 개입을 두고 자신의 정당(보수당) 내에서 꽤 큰 반발에 부딪혔다. 2013년 6월 보수당 평의원들은 모든 군사행동에 앞서 표결을 해야 한다고 하원에 요구했다.

리비아 때처럼, 시리아의 경우에도 개입의 형태는 공습과 미사일 공격이 될 가능성이 가장 크다. 이스라엘의 일간지 〈하레츠〉에 따르면, 이스라엘 군대는 미국이 "토마호크 외교"에 의존할 것이라고 예상한다고 한다. 토마호크 미사일로 무장한 미군 구축함 4척이 시리아 해안으로 더 가까이 이동했다는 것이다.

미국과 서방의 개입이 알아사드 정권과 시리아 혁명가들 사이의 처절한 싸움에 얼마나 큰 영향을 미칠지는 누구나 예상할 수 있다. 2013년 6월 아주 괜찮은 중동 문제 평론가 패트릭 코번은 〈런던 리뷰 오브 북스〉에 이렇게 썼다. "다섯 가지의 서로 다른 갈등이 시리아에서 얽히고설켜 있다. 독재에 대항하는 대중봉기는 수니파와 알라위파 간의 종파 분쟁이기도 하다. 중동 지역 수준에서 벌어지는 시아파와 수니파 사이의 싸움은 이란을 중심으로 한 동맹국들과 미국·사우디아라비아로 대표되는 이란의 숙적 사이에서 일어난 수십 년 묵은 갈등이기도 하다. 마지막으로, 또 다른 수준에는 '러시아·중국 대 서방'이라는 냉전적 대결의 부활이 있다." 오바마가 망설이는 데에는 이처럼 시리아 상황이 복잡하다는 것이 한몫한다.

오바마는 오랫동안 알아사드가 화학무기를 사용하는 것은 "레드

라인(금지선)"을 넘는 것이고, 이를 넘으면 개입하겠다고 했다. 그러나 이제는 이란군 합참차장 마수드 자자예리가 오바마의 말을 돌려주며 이렇게 경고했다. "시리아라는 '레드 라인'을 넘으면 미국은 치명적 결과를 맞이할 것이다."

이미 전쟁은 시리아의 국경을 넘어서고 있다. 레바논의 시아파 조직 헤즈볼라는 투사들을 보내 알아사드의 군대를 지원했다. 2013년 8월 23일 레바논의 제2도시 트리폴리에서는 알아사드에 반대하는 수니파 사원을 겨냥한 차량 폭탄 테러로 42명이 사망했다. 이라크에서도 종파 간 살인 사건이 급증해 왔다.

따라서 서방의 선택의 폭은 매우 좁다. 코번은 2013년 8월 25일자 〈인디펜던트〉에서 다음과 같이 지적했다. "미국과 서유럽에서 인도주의적 비극을 개탄하는 모든 자들에게는 현재의 [교착] 상태가 자신들의 이해관계와 완전히 배치되는 것만은 아니다. 여태까지 아랍 세계에서 서방과 이스라엘에 맞서는 핵심 세력이었던 시리아는 이제 분열하고 약해졌다. 전쟁이 어느 한쪽의 결정적 승리로 끝나는 것은 모두 서방의 이익을 해칠 위험성이 분명히 있다." 알아사드와 그의 후원자들이 강화되거나 알카에다와 연계된 지하드 저항 세력이 강화될 수 있기 때문이라는 것이다.

이것이 시리아의 비극이다. 의도했든 안 했든 외부 세력들이 알아사드를 되살렸다. 러시아, 이란, 헤즈볼라는 군사적으로 그를 지원했다. 사우디아라비아와 카타르 같은 알아사드 반대 진영 주변국들은 온 힘을 다해 혁명에 수니파 종파주의를 덧씌워 혁명이 주변국으로 확산되는 것을 방해했다.

한편 미국은 힘의 한계를 느끼고 있다. 그러나 중동의 국가 체제 전체를 책임지는 제국주의 보증인으로서 미국은 이 대재앙에 깊이 연루돼 있다. 진정으로 민주적인 힘은 서방이 아니라 아래로부터의 대중 혁명이라는 점이 어느 때보다 분명해지고 있다.

제국주의 각축장이 돼 버린 시리아

2015년 10월 7일

시리아에 대한 러시아의 군사개입은 그곳에서 벌어지고 있는 전쟁의 가장 기본적인 현실이 무엇인지를 확인시켜 줬다. 시리아의 운명은 점점 더 외부 열강에 의해 결정될 것이라는 점 말이다.

시리아 내전은 2011년에 일어난 진정한 대중 혁명에서 시작했다. 더 정확히 말해, 튀니지·이집트 혁명에 뒤이어 시리아에서도 대중 반란이 일어났고, 시리아의 바샤르 알아사드 정권은 자신을 지키려고 종파적 내전을 시작했다. 이 전략은 먹혔지만 대가는 컸다. 알아사드는 지금까지 정권을 보존했지만 나라의 많은 부분에 대한 통제력을 상실했다.

이뿐 아니다. 1971~2000년에 시리아를 통치한 그의 아버지 하페즈 알아사드는 강대국들과 이스라엘로부터 시리아의 독립을 지키려 분투했다. 이제 강대국들이 시리아로 들어왔다. 미국은 ISIS를 폭격한다. 러시아는 다양한 알아사드 반대 진영을 노골적으로 공격한다. 터키·사우디아라비아·카타르는 시리아 내 여러 수니파 전사들을 후원한다. 이란과 그 동맹인 레바논의 시아파 운동 헤즈볼라는 알아사드의 뒤를 받친다. 지금 시리아 동부의 많은 지역을 통치하고 있는 ISIS조차 근본적으로는 이라크 세력이다.

이렇게 시리아가 해체돼 있다는 사실이 내전 지속의 주요 원인이다. 서로 경쟁하는 외부 강대국들은 각자 자신의 정치적 목표를 추구하느라 정신이 없다. 가장 근본적인 문제는 알아사드 정권을 제거할 것인지 보존할 것인지다. 강대국들은 자기 이익을 챙기는 것 말고는 전쟁을 끝내는 데 관심이 없다.

일부 좌파는 러시아의 시리아 개입에 동조한다. 이런 태도는 특이한 형태의 맹목성을 보여 준다. 그런 관점은 서방만을 제국주의로 여기고 러시아가 나름의 경제적·지정학적 이익을 추구하는 제국주의 열강이라는 사실을 보지 못한다.

지금 러시아 대통령 블라디미르 푸틴은 알아사드의 군사적 힘이 약해지고 있어서 시리아 개입을 결정한 듯하다. 알아사드가 무너지면 러시아는 중동의 주요 동맹을 잃게 된다. 그러면 러시아는 미국과 유럽연합이 우크라이나 위기를 이유로 러시아에 부과한 제재를 해제하라고 요구하는 데 쓸 유용한 협상 카드 하나를 잃게 된다.

러시아는 [강력한 대공미사일 S-300 64기를 탑재한] 순양함 모스크바호와 전투기를 시리아로 보냈다. 이 때문에 알아사드에 대해 비행 금지 구역을 설정하려던 서방의 계획에 차질이 생겼다. 푸틴은 2011년 나토가 리비아의 독재자 무아마르 알 카다피에 맞서 리비아에 비행 금지 구역을 설정하도록 용인한 것을 땅을 치고 후회했다. [카다피 제거 이후 리비아에서 러시아의 영향력이 크게 줄었기 때문이다.]

〈인디펜던트〉의 패트릭 코번은 러시아의 시리아 개입을 정교하게 옹호했다. "크게 보면, 러시아가 옆에 비껴 서 있기보다는 시리아에 깊숙이 개입하는 편이 낫다. … 그러면 알아사드가 시리아 권좌에 계속 앉아 있게 되겠지만, 러시아의 힘 때문에 알아사드는 행동 방식을 바꿀 것이고, 폭력이 줄어들고, 총성이 멈추고, 권력이 지역으로 분산될 것이다." 알아사드를 떠받치면 미국과 그 동맹들이 시리아 분할 구상에 찬성하도록 압박할 수 있다는 논리다. 그러나 버락 오바마가 그 구상에 관심이 있다는 징후는 어디에도 없다.

오바마는 러시아가 폭격을 시작한 뒤 황당한 발언을 했다. "우리는 시리아에서 러시아와 대리전에 빠지지 않을 것이다. 우리 쪽의 전략적 악수惡手가 될 것이기 때문이다."

전략적 악수라고? 핵을 보유한 초강대국 둘이 시리아에서 서로 군사행동을 벌이는 것은 전략적 고려를 떠나 그 자체로 근본적으로 위험한 일 아닐까?

2014년 오바마는 ISIS를 어떻게 다룰지 전략이 없다고 시인하는 유명한 말을 했다. 오바마의 처지는 여전하다. 폭격을 한다고 ISIS를 물리칠 수 있는 것이 아님을 모두가 안다.

미국 국방부는 "온건파" 시리아 반군을 효과적 전투부대로 변모시키는 것을 목표로 하는 "훈련 및 장비 제공" 프로그램을 갖고 있다. 2015년 9월 말 이 계획이 일부 보류됐다. 훈련 참가자가 무기와 차량을 알카에다의 시리아 가맹 조직인 누스라전선에 넘긴 사실이 드러났기 때문이다.

시리아를 분할한다는 구상의 가장 근본적인 결함은 현재 ISIS가 가장 넓은 영토를 차지하고 있다는 사실이다. 설령 미국과 다른 열강들이 협상에 나선다 한들, ISIS가 그에 협조하리라고 볼 근거는 어디에도 없다. 그리고 미국이든 (마찬가지로 공군에 의존하는) 러시아든 ISIS를 군사적으로 격퇴할 전망이 높은 것도 아니다. 그러므로 이 끔찍한 아비규환은 슬프게도 계속될 것이다.

제국주의의 술책에 희생되는 쿠르드족

2015년 10월 21일

[2015년 10월 10일 터키 수도] 앙카라 광장 폭탄 테러는 쿠르드족과 터키 정부의 꼬인 관계가 중동 위기의 급격한 악화와 밀접하게 연관돼 있음을 보여 줬다.

정확히 말하면 쿠르드족은 중동 지역의 모든 국가와 관계가 꼬여 있다. 쿠르드족은 제1차세계대전 후 오스만제국 분할의 가장 큰 피해자 중 하나다. 쿠르드족의 민족자결권은 부정당했고, 거주지는 이란·이라크·시리아·터키 네 나라로 분할됐다.

터키의 쿠르드족이 특별한 이유 하나는 터키 내 사회적 비중이다. 《CIA 월드 팩트북》에 따르면 쿠르드족은 터키 인구의 18퍼센트 가량[약 1300만여 명]으로 추정되며, 그중 200만~400만 명가량이 이스탄불에 거주한다. 또, 전통적으로 쿠르드족 밀집 지역인 아나톨리아 반도 남동부 지역에서 쿠르드노동자당PKK이 1980년대 중반 이래로 강고한 무장투쟁을 벌인 것도 터키 쿠르드족의 영향력을 키웠다.

레제프 타이이프 에르도안이 이끄는 이슬람주의 정당인 정의개발당AKP이 2003년 선거에서 승리하면서, 터키 정부와 쿠르드노동자당은 오랜 시간에 걸쳐 거북이 걸음으로 평화 협상에 임해 왔다. 쿠르드족에게 일부 자치권을 인정하고 쿠르드어語 사용과 쿠르드 문화가 더는 박해받지 않도록 하는 것이 협상의 주된 내용이었다.

최근 1~2년 사이 평화 협상이 더 어려워진 데는 두 가지 요인이 있다. 첫째 요인은 바샤르 알아사드 시리아 정권이 터키-시리아 국경 지대의 쿠르드족 거주 지역을 포기하고 시리아 내 쿠르드노동자당 동조 세력이 그 지역을 장악한 것이다. 알아사드는 에르도안을 곤란하게 하려고 그런 듯하다. 에르도안은 쿠르드노동자당과 합의에 이를 생각은 있지만 그들의 영향력 확대는 저지하고 싶어 하기 때문이다. 둘째 요인은 2015년 6월 터키 총선에서 쿠르드노동자당에 친화적인 인민민주당HDP이 13.12퍼센트를 득표한 것이다. 이 때문에 정의개발당은 의회 다수당 자리를 지킬 수 없게 됐다. 현 대통령인 에르도안 입장에서 더 안 좋은 점은, 총선 결과 때문에 정의개발당의 대통령제 개헌 시도가 저지됐다는 것이다.*

이런 이유들 때문에 터키 국가와 쿠르드족 사이의 적대가 심화됐다. 소강상태였던 터키군과 쿠르드노동자당 간의 무장 충돌이 재개됐다. 에르도안은 [연정 구성 실패로 인한] 총선 재실시를 앞두고 터키 민족주의 선전을 대폭 강화했다.

이런 상황은 쿠르드족에게 끔찍한 일이지만, 서구 제국주의 열강

---

* 에르도안이 속한 정의개발당의 당규는 총리 4선을 금하고 있어, 2003년부터 총리를 지낸 에르도안은 2015년 총선 이후에는 총리가 될 수 없었다. 그러자 에르도안은 2014년 정의개발당 후보로 대통령에 당선했고, 2017년에는 대통령제 개헌 법안을 통과시켰다. 2018년 6월 대통령 재선에 성공했다.

들에게도 골치 아픈 일이다. 무엇보다 저마다 시리아를 두고 노리는 바가 다르다. 에르도안은 사우디아라비아나 카타르처럼 알아사드 정권의 몰락을 위해 전력을 다하고 있는데, 이를 위해 시리아 내의 여러 지하드 세력을 지원하고 있다.

미국은 여전히, 알아사드 정권을 무너뜨리고 싶다고 말하지만, 미국이 더 신경 쓰는 것은 ISIS다. 시리아 내 쿠르드족 전사들은 ISIS에 맞서 미국의 가장 효과적인 군사동맹이다. 그래서 2015년 여름에 터키가 시리아 내 쿠르드족을 공습하기 시작하자, 터키의 서방 동맹국인 나토 소속 국가들은 불평을 늘어놓았다.

유럽 난민 문제도 복잡한 요소다. 터키의 유럽연합 가입 신청은 몇 년째 처리될 기미도 없었다. 표면적 이유는 에르도안이 최근 권위주의로 선회한 것이었다. 그러나 진정한 이유는 8000만 무슬림이 유럽연합에 속하는 것을 프랑스, 독일, 오스트리아 같은 유럽연합 회원국들이 인종차별적 이유에서 반대했기 때문이다.

그런데 터키는 시리아 난민을 200만 명 넘게 받아들였다. 유럽연합 지도자들은 난민의 유럽 유입을 터키가 막아 주기를 바란다. 그러나 에르도안은 그에 상응하는 대가를 톡톡히 받아 내겠다고 공언했다.

2015년 10월 18일 독일과 터키의 정상회담에서 메르켈은 지원금 22억 파운드[약 4조 원], 터키인들이 비자 없이 유럽을 여행할 권리, 터키의 유럽연합 가입 협상 재개 등 유럽연합의 '행동 계획'을 약속했다. 〈파이낸셜 타임스〉는 "유럽연합이 터키에 이렇게 적극 다가서는 것은 본 적이 없다. … 산타클로스라도 온 것 같다"면서 유럽연합 집행위원회가 [유럽연합 가입 절차의 일환인] 터키의 인권 실태에 대한 보고서를 11월 터키 총선 이후에 발표하도록 가로막았다고 보도했다.

아이러니하게도, 유럽연합은 에르도안이 자유주의적일 때는 거리를 두더니 에르도안이 쿠르드족과 전쟁을 재개하는 방향으로 급선회하자 유화정책을 펴기 시작했다. 한 세기 전과 마찬가지로, 제국주의 열강과 지역 지배계급의 술책에 쿠르드족이 희생되는 듯하다.*

* 미국은 2019년 말에 또다시 쿠르드족을 배신한다. 337쪽 참고.

제국주의 경쟁에서 한쪽을 편들어선 안 된다

2015년 12월 9일

중동에서 전쟁의 북소리가 더욱 커지고 있다. 영국 하원이 [2015년 12월 2일] 시리아 공습 개시를 결정한 직후, 독일 연방의회가 시리아 파병을 승인했다(전투 임무에는 참가하지 않는다고 선을 그었지만 말이다). 미국은 이라크와 시리아 모두에 특수부대를 증파하고 있다. 따라서 사회주의자들과 반제국주의자들은 반전운동을 최대한 광범하고 거대하게 건설해야 한다. 그러나 이 과제는 이전과 달리 복잡다단한 문제에 직면해 있다.

2003년 미국과 영국의 이라크 침공은 없던 전쟁을 일으킨 것이었다. 이번에는 시리아에서 이미 전쟁이 벌어지고 있었다. 그리고 이 전쟁은 12월 2일 힐러리 벤[공습을 강하게 주장한 노동당 의원]이 영국 하원에서 연설하며 되지도 않게 갖다 붙인 스페인 내전과는 성격이 완전히 다르다.

스페인 내전은 파시스트와 반동적 세력이 한편에 서고 진보적 부르주아지와 사회주의자가 맞은편에 서서 벌인, 비교적 단순한 구도의 투쟁이었다. 후자에 속한 스탈린주의자들과 사회민주주의자들이 힘을 합쳐 혁명가들을 분쇄한 것은 사실이지만, 그조차 시리아 내전에 비하면 이데올로기를 따른 분단선이 명확한 편이었다.

[반면] 시리아 내전은 대립의 양상이 복잡하고 온갖 갈등이 중첩돼 있다. 그 결과, 시리아 내 여러 세력이 서로 충돌하고, 그 충돌은 갈수록 종단적·종파적 성격을 띠고 있다. 지역적·세계적 열강은 각자 자기 잇속을 챙기려 하며 시리아 내 세력들을 지원하고 있다. 2011년 아랍 혁명으로 일어났던 세속적·민주적 물결은 명맥만 간신히 유지하고 있다.

더구나 여러 서구 좌파들은 시리아 내전에서 저마다 다른 편을 지지한다. 일례로 [영국의 좌파 정당 리스펙트의 대표] 조지 갤러웨이는 바샤르 알아사드가 이끄는 바트당 정권을 진보적·세속적 세력으로 보며 공공연히 지지해 왔다. 시리아 정부가 전쟁에 참가하지 않았던 2003년에는 이 견해가 문제가 되지 않았다. 지금은 이런 주장 때문에 반전운동이 분열할 수 있어서 문제가 된다. 예컨대 많은 좌파들은 터키가 ISIS한테서 시리아 동부 유전의 원유를 사들인다는 러시아의 주장을 받아들인다. 그런 좌파들은 이것이 터키 대통령 레제프 타이이프 에르도안이 ISIS의 핵심 후원자 중 하나라는 증거라고 주장한다.

이런 주장은 두 가지 점을 놓치고 있다. 첫째, 시리아 동부 유전에서 나는 원유가 시리아-터키 국경을 지나 수출된다는 점은 새로운 사실이 아니다. 터키뿐 아니라 여러 세력이 ISIS와 교역한다. 〈파이낸셜 타임스〉는 알아사드 정권이 ISIS한테 원유를 구입하고 무기를 판매하고 기술자를 지원해 ISIS가 점령지에서 발전소를 가동하도록 도

왔다는 사실을 여러 차례에 걸친 탐사 보도로 밝혔다. 둘째, 에르도안 정부가 시리아 내 여러 수니파 지하드 세력에 재정을 지원하고, ISIS를 눈감아 주고 있다는 것은 분명 사실이다. 그러나 이는 쿠르드 민족주의 정당인 쿠르드노동자당이 시리아에서 점유 지역을 굳건히 해서 그 힘으로 터키 내 민족 해방 투쟁을 강화하는 것을 막는 것이 에르도안 정부의 핵심 관심사이기 때문이다. 에르도안은 쿠르드노동자당의 성장을 억제하는 데 ISIS를 이용하려 한다.

시리아 내전에 개입하는 외세들은 하나같이 이런 식으로 자기 잇속을 셈하고 있다. 에르도안을 만악의 근원으로 삼고자 하는 사람들은 러시아의 시리아 개입을 지지하는 경향이 있다. 그러나 블라디미르 푸틴은 ISIS를 무너뜨리기 위해서가 아니라, 오랫동안 중동 지역에서 러시아의 가장 가까운 동맹이었던 살인마 알아사드를 지키려고 시리아 폭격을 개시했다.

여기서 배울 교훈은 반전운동이 열강의 각종 지정학적 계책과 이를 정당화하려는 허울뿐인 주장에 거리를 둬야 한다는 것이다. [미국의 동맹인 영국에 사는] 우리의 과제는 미국이 주도하는 중동 내 군사작전에 반대하고 우리 정부가 그 전쟁에 참가하는 것에 반대해 운동을 건설하는 것이다. 이런 광범한 입장으로 공습에 반대하는 시리아인들의 지지를 얻을 수 있다.

그렇다고 해서, 러시아나 심지어 알아사드를 지지하는 사람들을 반전운동에서 내쫓아야 한다는 말은 아니다. 영국 내 어떤 좌파들은 그런 사람들이 반전 집회 대열에 함께한다는 점을 빌미로 전쟁저지연합에 참여하지 않아 왔다. 이는 아주 심각한 잘못이다. 시리아 내전에 대한 견해가 서로 다르다는 것을 인정하면서도 함께 행동해야 한다. 혁명적 사회주의자들은 시리아 혁명과 그 혁명이 애초 제기한 요구를 강력히 지지한다. 그러나 우리는 주적이 국내에 있다는 점을 잊지 않을 것이며, 그 적에 맞서는 운동을 건설하고자 하는 사람이라면 누구와도 함께할 것이다.

시리아인을 제물 삼아 힘겨루기 중인 제국주의

2016년 10월 18일

시리아 전쟁은 무고한 사람들의 피와 살을 주식으로 삼는 흉측한 괴물과도 같다. 이 전쟁은 바샤르 알아사드가 민중의 혁명운동을 무력으로 짓밟으려 한 데서 촉발됐고, 이 운동은 약해졌지만 여전히 이어지고 있다. 그럼에도 지금 시리아에서 더 지배적인 양상은 제국주의 열강과 그 동맹, 열강에 의존하는 현지 세력까지 모조리 참여하는 각축전이다. 아직도 시리아에서 전쟁이 멈추지 않는 이유는 각축전에 뛰어든 모든 세력에게 전쟁을 지속하는 것이 이익이기 때문이다.

2015년 러시아가 전쟁에 뛰어들면서 전세가 크게 변했다. 가장 중요한 변화는 러시아 덕분에 알아사드 정권이 다시 강해졌다는 것이다. 이제 알아사드 정권은 러시아의 무자비한 [공습] 지원 아래 시리아의 가장 큰 도시 알레포를 탈환하려고 한다.

각 세력의 관계는 아주 복잡하게 얽혀 있다. 2015년 11월 터키는 러시아 전투기를 격추한 바 있다. 그렇지만 특히 2016년 7월 터키에서 실패한 쿠데타가 벌어진 이후 터키와 러시아는 가까워졌다. 8월 말에 터키 군대는 시리아 영토 깊숙이 진격했다.

현재 터키 대통령 에르도안의 머릿속을 가득 채운 것은 한 가지다. 시리아에서 일정 지역을 차지한 쿠르드 민족주의 세력이 터키 내 쿠르드인들과 연계를 맺지 못하도록 하는 것이다. 〈파이낸셜 타임스〉는 다음과 같이 보도했다. "전에 러시아는 시리아에 있는 쿠르드 세력을 일시적이고 기회주의적으로 지원했는데, 이제는 터키더러 그들을 마음껏 공격해도 된다고 청신호를 보냈다." 한편, 터키는 시리아 반군 내 자국의 동맹 세력이 알레포 방어 전투에 참가하지 않도록 만들었다.

이처럼 쿠르드인들이 러시아한테 토사구팽당한 것은 러시아 역시 미국과 다를 바 없는 제국주의 세력임을 보여 준다. 러시아가 시리아 개입을 통해 일차적으로 이루려는 것은 이런 것인 듯하다. [2014년] 우크라이나 사태에 대한 보복 조치로 서방이 러시아에 가하는 경제제재를 중단하고 나아가 국제 무대에서 러시아를 주요 중재자로 인정하게 하는 것.

지금까지만 보면 러시아 뜻대로 되지는 않고 있다. 짧았던 시리아 휴전이 2016년 9월에 끝나자 서방은 더욱더 호전적 언사를 내뱉고 있다. 2016년 10월 9일 영국 하원에서 외무부 장관 보리스 존슨[현 영국 총리]은 서방 외무부 장관들이 런던에 모여 "더 역동적이고 군사적인 옵션"을 의논할 것이라고 말했다. 그러나 이런 제스처는 별 의미가 없다. 총리 대변인은 영국 정부가 "군사행동을 벌일 계획이 없다"고 밝혔다. 무엇보다, 서방이 시리아를 놓고 어떤 행동을 벌일지는 런던이 아니라 워싱턴에서 결정될 것이다.

버락 오바마가 미국 대통령으로 남아 있는 동안에는 서방이 시리아에서 대대적 군사개입을 벌일 가능성은 낮다. 오바마는 중동 수렁으로 되돌아가는 것을 극도로 꺼린다는 의향을 분명히 했다. 그 때문에 [시리아를 놓고] 러시아와 협상해야 하는 국무부 장관 존 케리가 사용할 카드가 줄어들었다. 오바마의 눈으로 중동을 볼 때 지금은 이라크 도시 모술을 ISIS한테서 탈환하는 군사작전이 더 중요한 것이다.

오바마의 뒤를 이을 것으로 예상되는 힐러리 클린턴은* 지금보다 더 호전적인 대외 정책을 추구할 것이 거의 확실하다. 그럼에도 미국과 러시아는 마치 냉전 시기에 그랬듯 계속 복잡한 전략적 계산에 따라 움직일 것이다. 다시 말해, 직접 충돌은 피하려 할 것이다. 인류 전체를 끝장낼 핵전쟁으로 이어질 수 있기 때문이다. 벌써부터 언론은 그런 충돌이 벌어질 가능성을 떠들고 있다. 스트랫포는 자신의 웹사이트에 러시아가 미국과 "여러 전장에서 대결에 직면"한다고 썼다. 그러나 러시아의 경제적·군사적 힘은 여전히 옛 소련에 견줘 훨씬 약하다.

러시아가 세계 무대에서 자신의 존재감을 키울 가장 좋은 방법은 중국과 팀을 이루는 것이다. 실제로 두 나라는 합동 군사훈련을 벌이기 시작했다. 그러나 중국 지배자들은 시리아를 놓고 전면전을 벌이기는 원치 않는다.

---

* 2016년 미국 대선에서 미국 권력자들의 주류는 힐러리 클린턴을 지지했지만, 경제 위기와 기성 정치에 대한 반감 때문에 도널드 트럼프가 대통령으로 당선했다. 트럼프도 이란 핵 협정에서 탈퇴하는 등 호전적 정책으로 중동 정세를 악화시키고 있다.

지금 벌어지는 상황이 위험하지 않다는 말이 아니다. 냉전 시기인 1961년 베를린, 1962년 쿠바에서 그랬듯이 지역적 분쟁이 아무도 통제하지 못하는 상황으로 치달을 수 있다. 보리스 존슨이 주장하는 시리아 비행 금지 구역 선포가 실제로 실시돼 러시아와의 충돌이 벌어진다면 말이다. 미국과 러시아 등 외세가 모두 시리아에서 손을 떼야 하는 수많은 이유 중 하나다.

시리아에서 넘실대는 제국주의 충돌 위험

2018년 2월 21일

두말할 것도 없이, 시리아는 현재 세계에서 가장 위험한 곳이다. 여러 세력이 복잡하게 얽힌 전쟁으로 사람들이 끝없이 죽어 가고 있다. 게다가 전쟁을 부추긴 지역적·세계적 열강의 경쟁이 훨씬 더 격화될 수 있다.

이 비극의 땅에서 강력한 군대들이 계속 충돌하고 있다. 2018년 2월 10일 이스라엘은 국경을 넘어 시리아에 있는 이란의 드론(무인기) 기지를 공격했다. [그 공격 중에] 시리아 공군은 이스라엘 전투기 한 대를 격추했고, 이스라엘은 그 보복으로 시리아와 이란의 시설에 추가 공격을 가했다.

2018년 2월 15일 러시아 외무부 장관은 2월 초 미국의 시리아 공습으로 러시아인 5명이 사망하고 그보다 많은 사람이 부상당했다고 공식 발표했다. 블라디미르 푸틴이 바샤르 알아사드 정권을 지키기 위해 시리아 내전에 본격적으로 개입한 것은 2015년 9월이었다. 러시아군은 여전히 시리아에서 활동 중이다. 그러나 최근 사망한 러시아인들은 상당수가 민간인 용병이고 그 일부는 2014년 우크라이나 남동부에서 친러시아 자치 정부를 세우는 데도 참여했던 것으로 보인다.

시리아와 이라크에서 벌어진 전쟁으로 가장 크게 득을 본 곳은 러시아와 이란이다.

이란은 [시리아의] 알아사드 정부, 시아파 주도의 이라크 정부를 모두 지원하고 있다. [그런데] 러시아의 개입은 시리아 상황을 좀 더 복잡하게 만들었다. 이란 정권은 시리아와의 동맹 관계를 내세워 각종 이권 사업을 따내 돈을 벌려고 하고 있지만, 러시아와 중국 기업을 더 끌어들이고 싶어 하는 시리아 정권은 [이란과의] 거래를 지연시키고 있다.

시리아에서 가장 큰 패배를 당한 쪽은 물론 시리아 민중과 2011년에 혁명을 일으킨 활동가들이다. ISIS도 시리아 내 거점을 잃었지만, 그들의 지하드주의 정치는 또 다른 형태로 살아 남을 것이 분명하다.

또 다른 패배자는 터키 대통령 레제프 타이이프 에르도안이다. 그는 2011년 혁명을 강력히 지원하며 자신과 같은 이슬람주의자가 시리아에서 집권하길 원했다. 그의 이 목표는 철저히 실패했을 뿐 아니라, 시리아 북동부 지역에서 [ISIS를 격퇴하기 위해 서방의 지원을 받아] 잘 무장한 쿠르드인 민병대와 대면하게 됐다.

[2011년 혁명이 터져 나오자] 알아사드는 그 지역에서 병력을 뺐고, 쿠르드 민족주의 세력인 인민수비대YPG가 그 지역을 차지했다. 인민수비대는 쿠르드노동자당의 동맹 세력인데, 쿠르드노동자당은 지난 수십 년 동안 터키 국가에 맞서 싸워 왔다. 에르도안은 쿠르드노동

자당과의 평화 협상을 폐기하고 터키 내 쿠르드인 거주 지역에 대한 공격을 재개하는 것으로 대응했다.

그러나 에르도안은 인민수비대가 주도하는 시리아민주군SDF이 ISIS 격퇴 전쟁의 핵심 세력으로 부상하는 것을 막지 못했다. 시리아민주군이 그럴 수 있었던 것은 인민수비대의 이데올로기적 헌신성과 군사적 역량 때문이기도 하지만, 미국의 어마어마한 지원 때문이기도 했다. 시리아에서 ISIS 격퇴 전쟁을 벌일 때, 미국이 가장 믿을 수 있었던 동맹 세력은 쿠르드인 무장 세력이었다.

이제 ISIS는 사라졌고, 시리아에 개입 중인 세력들은 쿠르드인이 통제하는 지역도 내버려 두지 않고 있다. 러시아인들을 살해한 미국의 공습은 쿠르드인이 통제하는 마을 쿠샴과 살리히야를 공격하려는 알아사드 정부군을 겨냥한 것이었다. 2018년 1월 말 터키군은 국경을 넘어 시리아 아프린의 쿠르드인 거주 지역을 공격했다. 이 행동도 강대국 간 군사적 충돌을 유발할 위험이 있다. 미국은 병력 2000명을 시리아 북동부에 남겨 시리아민주군을 지원할 것이라고 발표했다.

2018년 2월 16일 미국 국무부 장관 렉스 틸러슨은 터키로 가서 에르도안 등 고위 관료들을 만났다. 그 뒤 틸러슨은 양국이 시리아 북부에서 "힘을 합칠" 것이라고 발표했다. 이게 무슨 뜻일까? 터키와 미국 모두 ISIS에 맞서 싸운다고 하지만, 터키가 아프린을 공격할 때 옛 ISIS 병사들이 참가했다는 얘기도 들린다. 진정한 난제는 여전히 인민수비대다. 에르도안은 인민수비대와 그들을 지원하는 미군이 시리아 북부의 고대 도시 만비즈에서 철수하기를 원한다. 틸러슨은 "신경 쓰겠다"고만 약속했다.

가장 최근에는 인민수비대가 터키의 공세를 막으려고 시리아 정부군이 아프린으로 들어오도록 합의했다는 보도가 나왔다. 시리아라는 생지옥을 둘러싼 위험한 패권 쟁투는 계속될 것이다.

쿠르드족을 또 배신한 미국

2019년 10월 16일

미국 대통령 도널드 트럼프가 터키의 시리아 북부 침공을 막아 온 미군을 철수한다고 결정하자 쿠르드족이 이끄는 시리아민주군은 "배신"이라고 비난했다. 지당한 비난이다.

시리아민주군은 미국이 시리아에서 ISIS를 토벌할 때 핵심 현지 동맹이었다. 트럼프는 쿠르드족이 "제2차세계대전 때 미국을 돕지 않았고, 노르망디상륙작전 때도 아무런 도움을 주지 않았다"고 둘러댔다. 어처구니없는 변명이다. 노르망디에서 3000킬로미터 떨어진 곳에서 네 국가에 지배당한 나라 없는 민족이 어찌 노르망디상륙작전에 군대를 보낼 수 있었겠는가?

《포린 폴리시》는 시리아민주군과 함께 활동한 여러 전·현직 미군 장교들을 인터뷰해 이렇게 전했다. "그들은 터키가 쿠르드 군대를 도륙하도록 미국이 방관하기로 했다는 소식을 듣고 망연자실했다. 여러 명이 뼈아픈 수치심을 느낀다고 했다." 한 장교는 이렇게 말했다. "미군 한 세대 전체가 이 배신을 잊지 못할 것이며, 이 일에 대해 끊임없이 용서를 빌 것입니다."

사회주의자와 반제국주의자의 주된 임무는 터키의 침공에 반대하고, 쿠르드족에게 연대를 표하며, 쿠르드족의 민족자결권을 지지하는 것이다.

그러나 지금 벌어지는 일에서 교훈을 얻기도 해야 한다.

미국이 쿠르드족을 배신한 것은 이번이 처음이 아니다. 역사가 그레그 그랜딘은 헨리 키신저(닉슨과 포드 행정부에서 국무부 장관을 지냈다)를 다룬 자신의 명저를 페이스북에서 인용했다. 1970년대 초 키신저는 "이라크 바트당 정권을 흔들기 위해 이란 샤 왕조와 손잡고 쿠르드족을 지원하는 계략을 꾸몄다. 쿠르드족에게 무기를 줘서(미국 국무부를 놀래지 않으려고 이스라엘이 무기를 제공하게 했다) 이라크 북부에서 독립 전쟁을 벌이게 하는 계략이었다. … 1975년 12월, 이란과 이라크의 세력균형이 장기적으로 미국에게 유리해졌다고 판단한 키신저는 쿠르드족 지원을 철회했다. 이라크 정부는 재빨리 맹공을 퍼부어 수많은 쿠르드인을 학살하고 인종 청소를 자행했다. 아랍인들을 대거 쿠르드인 거주 지역으로 이주시켰고 쿠르드인 수십만 명을 다른 곳으로 강제 이주시켰다."

그럼에도 이라크 북부의 쿠르드 민족주의자들은 미국에 대한 의존을 끝내 버리지 못했다. [시리아 북부의] 쿠르드민주연합과, 그 연합의 군사 조직이자 시리아민주군의 핵심 전력인 인민수비대는 [이라크 북부의 쿠르드 민족주의자들보다] 훨씬 더 인상적인 운동을 벌였다. 《포린 폴리시》가 인터뷰한 미군 장교들은 인민수비대가 해방시킨 지역에서 보여 준 정치 운영 능력을 찬양해 마지않았다.

인민수비대는 쿠르드노동자당의 동맹이다. 쿠르드노동자당은 터키 내 쿠르드 지구에서 오랫동안 무장 항쟁을 벌여 왔다. 바로 이 쿠르드노동자당과의 관계 때문에 인민수비대는 터키 대통령 레제프 타이이프 에르도안의 분노를 샀다. 에르도안과 그와 가까운 군부 인사들은 국경 너머 시리아 북부에 쿠르드 자치구가 공고해지면 쿠르드노동자당이 더 강해질 것을 우려한다.

시리아민주군이 누린 정치·군사적 운신의 폭은 더 강력한 세력들 사이에서 만들어진 것이다. 한편에서는 잔혹한 바샤르 알아사드 정권이 시리아 혁명이 벌어지자 시리아 내 쿠르드 지역을 포기했다. 혁명적 무장 조직들에 대처하는 데에 힘을 집중하고 그들을 분열시키기 위해서였다. 다른 한편에서 미국의 버락 오바마 정부와 뒤이어 들어선 트럼프 정부는 시리아민주군이 ISIS 격퇴에 유용한 동맹이라고 여겼다.

아니나 다를까 이번에도 미국은 쿠르드족을 배신했다. 이번 사태를 볼 때 지나치게 트럼프에게만 초점을 맞추려는 유혹에 넘어가서는 안 된다. 십중팔구 오바마도 같은 결정을 내렸을 것이다.

스트랫포는 미국의 결정에 깔린 냉혹한 논리를 이렇게 풀이했다. "백악관은 결정적 순간이 다가오면 충직하지만 상대적으로 작은 국지적 동맹을 방어하기보다는, 중대한 전략적 동맹국과 협력 관계를 강화하기를 택해 왔다. 터키는 국경 지역 장악을 중대 사안으로 보고 커다란 위험도 무릅쓸 용의가 있는 반면, 미국은 이미 시리아를 뜨려 하고 있었고 국경 문제로 터키와 충돌하고 싶어 하지 않는 듯하다."

시리아민주군은 운신의 폭이 좁아지고 있다. 이제 쿠르드족은 터키의 맹공에서 살아남기 위해 [시리아인 수십만 명을 살해한] 알아사드 정권과 협약을 맺었다.

제국주의 열강과의 동맹에 기대는 실수 때문에 이토록 엄청난 고통을 대가로 치러야 하다니 정말 비극이다.

7장

팔레스타인 문제

'두 국가' 방안이 팔레스타인 문제를 해결할 수 없는 이유

2006년 8월 7일

[2006년 7월 30일] 카나 대학살은 이스라엘이 지금껏 수많은 전쟁에서 저지른 끔찍한 야만의 전형적 사례다. 이 학살은 끊임없이 제기된 문제, 즉 이스라엘이 다른 중동 국가들과 평화롭게 공존할 수 있는가 하는 문제를 다시 제기한다.

전 세계 좌파와 진보적 여론층의 많은 지지를 받아 온 팔레스타인 운동은 지난 30년 동안 '두 국가' 방안을 공식 정책으로 채택했다. 두 국가 방안이란, 이스라엘과 팔레스타인 사람들이 두 개의 독자적 민주주의 국가를 이뤄 평화롭게 공존함으로써 이스라엘·팔레스타인 문제를 해결할 수 있다는 것이다. 최근까지 팔레스타인해방기구PLO 의장을 지낸 야세르 아라파트는 1993년 오슬로협정이 두 국가 방안을 향한 일보전진이라고 평가하며 이스라엘과의 협정 체결을 정당화했다.

그러나 오슬로협정 이후 "평화 프로세스"의 경험은 두 국가 방안이 현실에서 가능하지 않다는 것을 명백히 보여 줬다. 먼저 양 진영 사이에 힘의 차이가 엄청나다. 미국의 지지와 지원을 등에 업은 이스라엘은 가장 강력한 군사 대국 가운데 하나다. 반면, 팔레스타인 자치 정부는 조각난 영토에 제한적 통치력만 행사할 뿐 아니라, 재정적으로도 유럽연합 같은 외부 세력에 의존하고 있다. 이 외부 세력들은 하마스의 등장 이후 지원을 철회할 수 있다는 태도다. 이스라엘의 정책은 팔레스타인 자치 정부를 계속 취약하고 외부 의존적인 처지로 만들어 이런 불균형을 영속화하겠다는 것이다.

두 국가 방안을 지지하는 사람들은 이런 상황이 팔레스타인인들의 무기력감을 이용하는 이스라엘 정치인들의 사악함 때문이라고 주장한다. 그러나 이 주장은 이스라엘 지도자들이 팔레스타인 자치 정부를 약화시키기 위해 온갖 수단을 동원하는 이유를 설명해 주지 못한다. 그것은 바로 유대 국가의 안전을 보장하기 위해서다. 이것은 위선만은 아니다.

이스라엘은 식민지 정착민 국가다. 다시 말해, 특권을 가진 외부인들이 서방 제국주의 세력의 지원을 등에 업고 원주민들한테서 영토를 빼앗아 건설한 국가다. 모든 정착민 국가는 자신들이 빼앗은 땅에 원래 살던 사람들을 어떻게 해야 하는가 하는 문제와 마주하기 마련이다. 정착민의 관점에서 보면, 가장 좋은 해결책은 원주민을 몰살하는 것이다. 이 과정이 수백 년 동안 천천히 진행된다면 금상첨화일 것이다. 미국·캐나다·호주가 이 정책의 성공 사례다. 또 다른 해결책은 원주민을 정착민의 노동력으로 전환하는 것이다. 남아프리카공화국·로디지아(오늘날의 짐바브웨)·케냐·알제리에서 이 정책이 시행됐다. 그러나 이 정책은 쫓겨난 원주민들이 조만간 조직화해 영토를 되찾고 만다는 큰 문제를 안고 있다. 앞선 모든 사례가 그랬다.

시온주의 식민주의자들은 수백만 명의 팔레스타인인 중 대부분을 인근 지역으로 내몰았다. 나머지는 여전히 이스라엘의 지배하에 살고 있다. 정도의 차이는 있지만 그들은 이스라엘의 지배를 증오하고 이에 맞서 저항하고 있으며, 이것은 아랍 대중의 전폭적 지지를 받고 있다. 따라서 이스라엘은 영원히 불안정한 상태로 남을 수밖에 없다. 이스라엘은 자신이 쫓아낸 이들과 끝없이 전쟁을 하며 살아야 한다.

이스라엘은 결코 팔레스타인인들을 몰살할 수 없다. 나치조차 홀로코스트를 추진하는 데 제2차세계대전이라는 구실이 필요했다. 이스라엘의 우파 정치인들은 팔레스타인인들을 이웃 나라들로 추방해야 한다고 주장하지만, 이것은 아랍 세계의 반감을 증대시킬 뿐이다. 그렇다고 이스라엘이 팔레스타인인들과 평화롭게 지낼 수도 없다. 진정한 해결책은 팔레스타인 난민 수백만 명의 귀환을 허용하는 것뿐이지만, 이것은 배타적 유대 국가라는 이스라엘의 존재 기반을 무너뜨릴 것이다.

따라서 이스라엘의 팔레스타인 문제 '해결책'은 결국 속임수일 뿐이다. 이스라엘 전 총리 이츠하크 라빈이* "평화 프로세스"를 추진한 이면에는 팔레스타인해방기구가 팔레스타인인들에게 질서를 강요할 수 있는 비민주적 기구라는 냉소적 가정이 깔려 있었다. 따라서 진정한 민주주의가 약간만 진전해도 — 예컨대 하마스의 총선 승리

* 이츠하크 라빈 이스라엘-팔레스타인 평화 프로세스를 추진하다 1995년에 암살됐다.

같은 — 모든 것이 허사가 될 수 있다.

단 하나의 진정한 해결책은 팔레스타인해방기구가 일찍이 1970년대 중반에 포기한 정책에서 찾을 수 있다. 즉, 유대인과 아랍인, 기독교인과 무슬림이 평등하게 함께 사는, 세속적이고 민주적인 하나의 팔레스타인 국가 말이다. 지금처럼 대량 학살이 진행되는 와중에 이것은 완전히 몽상적인 대안처럼 보일지도 모른다. 그러나 지금 벌어지는 이 야만 때문에라도 급진적 대안이 필요하지 않을까?

오바마는 이미 이스라엘과 같은 편이다

2009년 1월 7일

이스라엘은 [2008년 12월 말부터 시작된] 가자 공격으로 무엇을 얻으려 하는가? 부시와 곧 취임할 오바마는 이 공격에서 어떤 구실을 하고 있는가?

많은 점에서 이번 이스라엘의 가자 공격과 가장 비슷한 사례는 2006년 이스라엘의 레바논 침략이다. 그때도 지금처럼 이스라엘이 내세운 목표는 급진 이슬람주의 운동(2006년에는 헤즈볼라, 오늘날에는 가자의 하마스)이 이스라엘을 공격하지 못하도록 한다는 것이었다.

2006년에도 지금처럼 이스라엘 지도자들은 적을 완전히 섬멸하겠다고 장담하며 판돈을 키웠다. 이스라엘 부총리 하임 라몬은 2009년 1월 2일 이렇게 말했다. "내 생각에 우리가 해야 할 일은 하마스가 더는 [가자를] 통치하지 못하도록 하는 것이다." 그때도 지금처럼 조지 W 부시는 이스라엘의 침략을 옹호하면서 국제적인 즉각 휴전 요구를 묵살했다. 그때나 지금이나 부시의 목적은 이스라엘이 성공적으로 전쟁을 끝마칠 수 있도록 시간을 벌어 주는 것이었다.

그러나 성공을 가로막는 장애물이 있다. 이스라엘의 레바논 침략은 재앙이었다. 이스라엘이 공중폭격으로 민간인을 무참히 학살하자 국제적으로 이스라엘에 대한 반감이 커졌다. 헤즈볼라는 이스라엘의 공격을 견뎌 냈고, 당황한 이스라엘 정치인들이 명령한 혼란스런 지상 작전에서 이스라엘군은 상당한 손실을 입었다. 많은 평론가들은 이스라엘이 가자를 공격한 중요한 이유 하나가 2006년 패배의 기억을 제거하고 이스라엘 군사력의 위엄을 회복하는 것이라고 지적한다. 그러나 이것은 군사작전이 성공해야 가능할 것이다. 과연 이 작전이 성공할 수 있을지 전문가들은 엇갈리는 의견을 내놓는다. 2009년 1월 4일 〈뉴욕 타임스〉는 한 이스라엘 군사 전략가의 말을 소개했다. "가자는 레바논 남부보다 작고 지대가 평평하며, 더 중요하게는 무기를 공급받을 수 있는 나라(예컨대, 시리아)와 국경을 접하고 있지 않다. [이스라엘은] 이집트 시나이반도에서 가자로 연결되는 밀수 터널을 파괴하고 [하마스의] 무기고와 발사대와 그 기반 시설까지 완전히 파괴할 수 있을 것이다."

이스라엘은 가자를 공격해 하마스의 군사력·정치력을 약화시키려고 하는 것 같다. 그러나 그 과정에서 이스라엘군도 위험에 빠질 것이다. 팔레스타인 점령지의 군정장관이었던 퇴역 장군 슐로모 가지트는 〈워싱턴 포스트〉에 이렇게 말했다. "지상군이 가자 지구에 투입돼 150만 명의 팔레스타인인들에 둘러싸이는 것은 가자 사람들뿐 아니라 이스라엘군에게도 재앙이 될 것이 뻔하다."

그러나 설사 이스라엘의 공격이 하마스를 심각하게 약화시키더라도(실제로 그럴 가능성은 별로 없다), 근본적 상황은 조금도 바뀌지 않을 것이다. 고통받는 팔레스타인인들은 여전히 가자와 서안 지구에 고립돼 있을 것이고, 그들의 분노도 여전할 것이다. 하마스를 대체할 세력은 대중에게 불신받는 파타[팔레스타인해방기구의 후신]가 아니라 무장투쟁에 헌신하는 더 급진적인 운동 세력일 것이다.

대중이 오바마에게 기대가 큰 것은 그가 이런 절박한 상황을 해결하려고 진지하게 노력할 것이라는 믿음 때문이다. [그래서] 이스라엘이 부시의 임기가 끝나기 전에 가자를 공격했다고 보는 사람이 많다. 예컨대 〈뉴욕 타임스〉는 이렇게 보도했다. "이스라엘 정부 관료들은 오바마 당선인이 과거에 이스라엘의 자위권을 지지했음에도, 그가 부시 정부만큼 이스라엘에 무조건적 지지를 보낼지 확신할 수 없었다."

그러나 오바마가 미국의 이스라엘 정책을 변화시킬 것이란 증거는 전혀 없다. 오바마의 수석 보좌관 람 이매뉴얼은 심지어 이스라엘 군대에서 일한 적도 있다. 지금까지 오바마는 이스라엘을 노골적으로 두둔하지는 않았다. 이것은 십중팔구 오바마가 중동 정책에서 계속 주도권을 쥐고 싶어 하기 때문일 것이다. 그러나 아랍 세계에서 그의 침묵은 이스라엘의 가자 파괴에 대한 암묵적 지지로 받아들여지고 있다.

이 전쟁으로 팔레스타인인들은 엄청난 희생과 고통을 겪을 것이다. 그러나 이 전쟁은 아무것도 변화시키지 않는다. 팔레스타인인들의 땅을 강탈해 건설한 시온주의 국가는 영원히 전쟁 상태일 수밖에 없다. "정의가 없으면 평화도 없다"는 구호가 지금처럼 절실한 적도 없다.

가자 침공을 실패로 끝나게 만든 아랍 혁명

2012년 12월 1일

엥겔스는 1854년에 이렇게 썼다. "때때로 유럽의 이른바 5대 '열강'을 힘으로 압도하고 두려움에 떨게 만드는 제6의 세력이 유럽에 존재한다는 것을 잊지 말아야 한다. 그 세력은 바로 혁명이다."

오늘날 중동에 대해서도 똑같은 말을 할 수 있을 것이다. 단지 군사적 세력균형만을 놓고 본다면 이스라엘이 최근 가자 지구를 상대로 벌인 전쟁에서는 아무것도 달라진 것이 없는 듯 보일 수도 있다. 물론 하마스가 텔아비브까지 도달할 수 있는 파즈르-5 미사일을 보유하게 된 것이 달라진 점이기는 하지만, 그럼에도 군사력 면에서는 이스라엘이 여전히 압도적 우위를 점하고 있다. 그러나 이렇게 사태를 군사적 측면에서만 바라보는 것은 피상적이다. 실제로는 [이스라엘이 2009년에 가자 지구를 공격했을 때와는] 상황이 180도 달라졌다.

이스라엘의 자유주의 일간지 〈하레츠〉는 이집트 대통령 무르시가 제안한 휴전안을 놓고 이스라엘 정부의 수뇌부(총리 네타냐후, 국방부 장관 바라크, 외무부 장관 리에베르만)가 고심한 과정을 다음과 같이 흥미진진하게 보도했다. "미 국무부 장관 힐러리 클린턴이 도착하기 직전에 열린 회의에서 이스라엘 지도자들은 이집트가 제안한 휴전 조건이 이스라엘보다 하마스의 입장에 훨씬 가깝다는 사실을 깨달았다. 이 3인 회의에 배석한 정보부 관리들은 이집트가 무바라크 시절 때와는 달리 하마스를 편들면서 하마스의 치적 쌓기를 돕고 있다는 의견을 피력했다."

바라크는 그래도 이스라엘군이 하마스에게 본때를 보여 줬으니 그만 휴전을 받아들이자고 했고, 리에베르만은 지상군 투입을 주장했으며, 네타냐후는 결단을 못 내리고 있었다. 세 사람은 "좀 더 공평한 휴전안을 제시하도록 이집트를 압박해 달라"고 클린턴에게 요청했다. 그러나 클린턴은 세 사람에게 이집트의 조건을 받아들일 것을 종용했고, 오바마도 전화를 걸어 그렇게 요구했다. 결국 그들은 이집트의 조건을 수용했다. 초강경 우파인 리에베르만조차 굴복해서 다른 각료들에게 이렇게 말해야만 했다. "[이츠하크] 라빈은 가자에서 로켓이 날아오면 가자를 다시 점령해야 한다고 말했지만, 그렇게 하기는 명백히 어려운 상황입니다."

하마스가 승리로 내세울 만한 휴전을 무르시가 이끌어 낼 수 있었던 배경에는 바로 아랍 혁명이 있다. 가자 지구를 둘러싼 이번 전쟁은 아랍 혁명이 중동의 지정학 구도를 바꿔 놓기 시작했음을 보여 준다.

아랍 혁명 이후 네타냐후는 이스라엘의 우월한 군사력을 이용해 주도권을 되찾으려 해 왔다. 첫째 책략으로 그는 이란에 맞선 전쟁(미국의 지원 없이는 실행하기 어려운)을 촉구했으나 측근들의 반발과 오바마의 제지에 부딪혔다.

네타냐후의 그다음 꼼수는 가자 지구와 관련한 새로운 휴전협정이 논의되고 있던 상황에서 하마스의 군사 지도자인 아흐마드 자바리를 암살한 것이었다. 팔레스타인계 미국인 저널리스트인 램지 바루드는 네타냐후가 롬니를 지지했음에도 오바마가 재선에 성공한 상황에서 "이스라엘의 안보 문제를 신임 정부의 최우선 의제로 부각하는 것"이 이번 전쟁의 목적이었을 것이라고 추측한다.

그러나 막상 미국 지배자들의 시선은 동아시아를 향하고 있었다. 이스라엘이 가자를 공격하는 동안 오바마는 버마를 중국으로부터 떼어 놓으려고 버마를 방문하고 있었다는 사실이 이를 상징적으로 보여 준다. 이처럼 미국이 가장 피하고 싶은 사태는 중동에서 또 다른 전쟁에 휘말리는 것이다.

한편 네타냐후는 중동에서도 강력한 동맹국들을 잃었다. 이집트는 물론이고, 이스라엘과 군사협정을 맺었던 터키도 돌아섰다. 터키 총리 에르도안은 최근 이스라엘을 "테러 국가"라고 비난했다.

그러나 무르시와 에르도안에게는 문제가 하나 있다. 그들이 비록 이스라엘을 상징적·외교적으로 흠집 낼 용의는 있어도 이스라엘에 맞선 무력 투쟁을 재개할 용의는 없다는 것이다. 특히 무르시는 이처럼 말뿐인 제스처에 더는 만족하지 못하는 국민을 통치해야 하는 처지다. 최근 타흐리르 광장 시위에서도 드러났듯이, 아랍 혁명은 무슬림형제단 같은 일개 정당의 당파적 이익에 맞게 길들일 수 없는 역동적 흐름이다. 엥겔스의 말마따나 그것은 아랍권과 이스라엘을 포함한 모든 정권을 두려움에 떨게 한다. 심지어 혁명을 계승했다고 자처하는 정권도 예외가 아니다.

알렉스 캘리니코스의 국제 관계에 대하여
세계적 마르크스주의 석학의 시사논평

지은이 | 알렉스 캘리니코스
엮은이 | 이정구

펴낸곳 | 도서출판 책갈피
등록 | 1992년 2월 14일(제2014-000019호)
주소 | 서울 성동구 무학봉15길 12 2층
전화 | 02) 2265-6354
팩스 | 02) 2265-6395
이메일 | bookmarx@naver.com
홈페이지 | http://chaekgalpi.com
페이스북 | http://facebook.com/chaekgalpi
인스타그램 | http://instagram.com/chaekgalpi_books

첫 번째 찍은 날 2020년 3월 13일

값 15,000원

ISBN 978-89-7966-178-1
잘못된 책은 바꿔 드립니다.